S.F.
V.

TEDDY KOLLEK
mit Shulamith Eisner

JERUSALEM

Der Bürgermeister führt durch seine Stadt

Fotografien
von Richard Nowitz

S. Fischer

Die nicht von Richard Nowitz aufgenommenen Fotografien
erscheinen mit der freundlichen Genehmigung von:
Ben-Dov (Israel Museum): S. 36
Central Zionist Archives Jerusalem: S. 97
Eisenstark: S. 138
Tim Gidal: S. 12
David Harris: S. 82, 84–85
Israel Government Press Office: S. 20, 103
Israel Museum/David Harris: S. 110, 114, 115
Jewish National and University Library, Hebrew University, Jerusalem: S. 43
Keren Kajemeth Le Jisrael: S. 51
Garo Nalbandian, Jerusalem: S. 55
Eli Ross: S. 13
Weidenfeld Archives: S. 75, 81, 129
Zoom 77/Eli Hershkovitz: S. 6, 88–89, 127

Die englische Originalausgabe erscheint gleichzeitig unter dem Titel
»My Jerusalem. Twelve Walks in the World's Holiest City«
bei George Weidenfeld & Nicolson Ltd., London
Umschlaggestaltung: Buchholz/Hinsch/Walch,
unter Verwendung zweier Fotografien von Richard Nowitz
Satz: Fotosatz Otto Gutfreund, Darmstadt
Printed in Italy
ISBN 3-10-041110-2

Inhalt

Vorwort

Jerusalem ist eine Stadt der verblüffenden Gegensätze. Es ist eine mystische, ewige Stadt der Kontemplation und Zurückgezogenheit, aber es ist auch eine Stadt, in der eine halbe Million Menschen ihren Platz in der modernen Welt zu finden sucht. Es ist die einzigartige Stadt, in der die Kraft der spirituellen Vergangenheit mit den Wechselfällen und Gelegenheiten einer fortschrittlichen, modernen, technologischen Gesellschaft zusammentrifft. Es ist eine Stadt, die ein Beispiel dafür geben muß, wie religiöse Traditionen in einer demokratischen, pluralistischen Gesellschaft blühen können.

Und es ist eine Stadt der Schönheit, der einzigartigen historischen und religiösen Schauplätze, der Kultur und der Künste. Es ist eine Stadt, die den Besucher einlädt zu forschen und zu genießen.

Dies ist kein typischer Reiseführer, der Fakten und Zahlen verzeichnet und katalogisiert. Es ist ein sehr persönliches Buch, eine Mischung aus Geschichte, lokaler Überlieferung und Autobiographie. Es entstand aus meinem Wunsch, die Gesetze der Physik, die Gesetze von Zeit und Bewegung zu umgehen, die die Möglichkeit ausschließen, daß ich mit jedem Besucher der Stadt durch Jerusalem wandere. Ich wollte Sie an der Hand nehmen und an Ihrer Seite gehen, so daß Sie die Stadt, der jeder meiner wachen Augenblicke gewidmet ist, intimer erleben können.

Die Spaziergänge können ausgeführt oder sie können einfach nur gelesen werden, vor einem Besuch, nach einem Besuch oder – Gott behüte – anstatt eines Besuchs. Die Dauer der einzelnen Spaziergänge ist nicht festgelegt, obwohl sie im Durchschnitt einen halben Tag in Anspruch nehmen (mit Ausnahme des vierten, Berg Zion und das Jüdische Viertel, der länger dauert.)

Groß ist die Zahl der Menschen, denen man bei einem Buch wie diesem Dank schuldet. Zu ihnen gehören die Könige und Propheten, Kaiser und Sultane, Rabbis und Bischöfe und Scheichs, die absichtlich oder unabsichtlich der Stadt ihren Stempel aufdrückten; Pilger und Reisende, die unserer Generation die mündlichen, schriftlichen und bildlichen Chroniken der Jahrhunderte hinterließen, die Menschen, die an der Entwicklung der Stadt teilhatten, solche, deren Namen auf Tafeln erscheinen, und solche, deren Namen für die Geschichte verloren sind; und vor allem die Bewohner Jerusalems, für die die Freuden und Leiden der Stadt das tägliche Brot sind.

Zu unermeßlichem Dank verpflichtet sind meine Mitautorin und ich unseren Familien, die die Lasten und Widerwärtigkeiten unseres Versuches teilten, zwei Berufe auszuüben und ein Buch zu schreiben, und unseren Kollegen und Mitarbeitern, die Hilfe leisteten, sooft sie darum gebeten wurden. Wir möchten diejenigen einzeln nennen, die daran beteiligt waren, uns zu führen und zu beraten und das Manuskript wieder und wieder zu lesen: Magen Broshi, Daniel Furman, Rabbi Dr. David Hartman, Pater Immanuel, Salah Jarallah, Aryeh Kofsky, David Kroyanker, Irene Lewitt, Abraham Rabinovitch, Dr. Rehav Rubin, Noemi Teasdale und Yitzhak Yaacovy.

Besonders dankbar sind wir Colin Grant und Linda Osband vom Verlag Weidenfeld & Nicolson, die redigierten, Fragen stellten und oft imstande waren zu entdecken, was wir übersehen hatten, und die außerordentlich geduldig waren mit unseren bedauernswerten Verzögerungen und mit den Launen der Übersendung von Bildmaterial. Und schließlich gilt unsere Dankbarkeit George Weidenfeld, der die Idee zu diesem Buch hatte und für seine Verwirklichung sorgte.

JERUSALEM: DIE SPAZIERGÄNGE

Die Ausgangspunkte der Spaziergänge sind mit der jeweiligen Nummer des Kapitels markiert. Eine Karte des einzelnen Spaziergangs finden Sie jeweils am Kapitelanfang.

MEA SHEARIM
SHMUEL HANAVI STREET
ST GEORGE STREET
SHECHEM ROAD (NABLUS ROAD)
SALAH DIN STREET
NAHAL HAEGOZ ST
EL MAQADDAS ST
SHMUEL BEN ADAYA STREET
SHIVTEI YISRAEL STREET
SULTAN SULEIMAN STREET
JERICHO ROAD
Damaskus-tor
MOSLEMISCHES VIERTEL
Löwen-tor
HATZANHANIM STREET
VIA DOLOROSA
Rat-haus
Neues Tor
SHLOMO HAMELECH STREET
CHRISTLICHES VIERTEL
TEMPLE MOUNT/
Tempelberg
AL SHARIF
West-Mauer
ÖL-BERG
RABA AL ARDAWIYA
MAMILLA
ALTSTADT
Jaffa-tor
JÜDISCHES VIERTEL
KIDRON-TAL
Dung-tor
Ophel
HAOPHEL ROAD
ARMENISCHES VIERTEL
Stadt Davids
HATIVAT YERUSHALAYIM STREET
Zions-tor
MA'ALEH HASHALOM
YEMIN MOSHE
BERG ZION
DAVID REMEZ STREET
SILWAN RD
SILWAN
HEBRON ROAD
BETHLEHEM ROAD
NAOMI STREET
400 Meter
1
2
3
4
5
6
7
8

1
Vom Rathaus zur West-Mauer

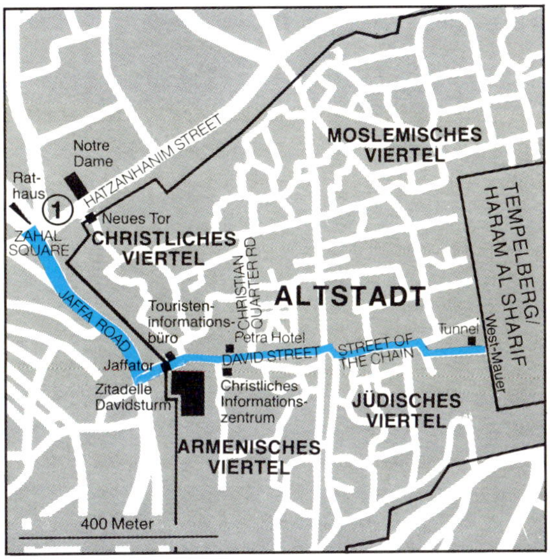

Selbst in Büchern, in denen die Wahl eines bestimmten Ausgangspunktes einleuchtend erscheinen mag – Biographien und Geschichtsbücher, zum Beispiel –, bedarf er doch sorgfältiger Überlegung. Für unseren Rundgang durch Jerusalem war die Wahl eines Ausgangspunktes kein einfaches Unterfangen. Sollten wir an der ältesten Stätte beginnen? Oder an der schönsten? An dem einen Ende der Stadt oder vielleicht am andern?

Meine Wahl des Rathauses war weder Laune noch Willkür. Es ist der Mittelpunkt der Stadt und flankiert die Kreuzung der Straßen zwischen der alten und der neuen Stadt: Einen Häuserblock weiter südlich dokumentiert die Zitadelle 2000 Jahre Geschichte; einen Block weiter nördlich befindet sich das Hauptpostamt mit zahllosen modernen Fernmeldeverbindungen. Das Rathaus stand – in den neunzehn Jahren von 1948 bis 1967, in denen die Stadt geteilt war – an der Grenze zwischen Jordanien und Israel, als allerletztes Gebäude auf der jüdischen Seite. Das arabische Jerusalem lag unmittelbar im Osten, das jüdische Jerusalem im Westen. Und ich beginne jeden Tag im Rathaus, ein Umstand, der nicht ohne Einfluß auf meine Wahl unseres Ausgangspunktes blieb.

Vielleicht ist es unfair, einen Rundgang mit einem Ort zu beginnen, der für den Leser nicht leicht zugänglich ist, denn während das Gebäude offensteht für den Bürger, der seinen Steuerbescheid anfechten oder sich über die Beleuchtung in seiner Straße beschweren will, ist es kaum ein Aufenthaltsort für Touristen.

Es wurde 1934 erbaut und diente dem britischen Mandat als Sitz des Bürgermeisters von Jerusalem (der mit Ausnahme einer kurzen Periode, in der ein Engländer dieses Amt versah, immer ein Araber war). Die Türen des Gebäudes, die ich oft als erster morgens um 6.15 Uhr aufschließe, stellen die Tore der Altstadt dar und wurden in den frühen siebziger Jahren von einem Kunsthandwerker aus Jerusalem geschaffen. Der Sitzungssaal des Stadtrates ist mit modernistischen Fenstern mit Glasmalereien geschmückt, die ein Werk des israelischen Künstlers Avigdor Arikha sind. Und wenn die doppelte Stärke des Glases offenbar den Straßenlärm fernhalten soll, so dient sie auch dazu, die hohen Dezibel des Geschreis zu dämpfen, das nur allzu regelmäßig unsere Stadtratssitzungen kennzeichnet. Die Verschiedenartigkeit Jerusalems ist nicht immer wohltemperierten Beratungen förderlich.

Der Sitzungssaal beschwört ein *Potpourri* von Erinnerungen herauf. Da war die allererste Sitzung, die ich als Bürgermeister, ein nervöser Neuling, leitete. Da gab es die Sitzungen, bei denen ich brüllte, und da gab es die Sitzungen, bei denen ich angebrüllt wurde. Und die Menschen, die durch mein Büro gingen ... nicht nur Bürger der Stadt mit Beschwerden, sondern auch Besucherdelegationen von Kongreßabgeordneten, Geschäftsleuten, Wissenschaftlern, Sportlern, Akademikern und sogar Feuerwehrmännern aus Brooklyn. Es kamen israelische Schulkinder und ausländische Teenager, die britische Premierministerin Margaret Thatcher und Königin Beatrix der Niederlande, Liv Ullmann und Jane Fonda. Es kamen Arthur Rubinstein und Isaac Stern. Es kamen römisch-katholische Kardinäle und griechisch-orthodoxe Patriarchen. Das Rathaus von Jerusalem ist der Mittelpunkt einer Stadt, deren geistige Anhängerschaft die halbe Welt umfaßt. Es gab Gelegenheiten, bei denen wir Staatsmänner und Freunde Jerusalems ehrten. Natürlich erinnere ich mich besonders an David Ben-Gurions achtzigsten Geburtstag, an dem wir ihm die seltene Auszeichnung der Ehrenbürgerschaft von Jeru-

Die West-Mauer und der angrenzende Platz auf dem sich eine große Anzahl von Besuchern versammelt.

salem verliehen. Er war mein Mentor gewesen, und die Ideale, die er mir vorlebte, haben viele meiner Gedanken und vielleicht ebenso viele meiner Handlungen geleitet.

Als ich 1965 zum Bürgermeister gewählt wurde, war das Rathaus nicht *auf* der Grenze, es war *die* Grenze. Mein Vorgänger hatte Pläne für ein neues Rathaus im Zentrum des (neuen) jüdischen Jerusalem gebilligt, und ich fand das Architektenmodell für dieses Unternehmen vor, als ich das Amt übernahm. Meine Entscheidung, diesen Plan aufzugeben, hatte einen guten Grund. Während des Massenzustroms von Einwanderern in den fünfziger und frühen sechziger Jahren – von Flüchtlingen vom Holocaust und aus moslemischen Ländern –, bestanden zahlreiche Neuankömmlinge darauf, in Jerusalem zu leben, dem Brennpunkt ihrer Gebete seit Generationen. Die rasch errichteten Unterkünfte standen entlang einer manchmal gefährlichen Grenze, die sich durch die Stadt schlängelte. Es erschien mir nicht richtig, Familien an der Grenze unterzubringen, während sich die Stadtväter in ein weniger gefährdetes Gebiet zurückzogen.

Ich hatte einen zweiten, eher esoterischen als pragmatischen Grund. Ich glaubte, daß die Stadt eines Tages – wenn nicht in unserer Generation, dann in der unserer Kinder oder Kindeskinder – vereinigt werden würde. Und für eine vereinigte Stadt war das Rathaus vollkommen richtig gelegen. Mein Traum war natürlich eine Wiedervereinigung mit friedlichen Mitteln.

Zwischen 1965 und 1967 geleitete ich oft Besucher auf das Dach des Rathauses, um ihnen die Aussicht zu zeigen. Man sah den schreienden Widerspruch zwischen der Schönheit der Altstadt und dem häßlichen – beleidigenden – Stacheldraht, den Panzerfallen, den Betonmauern und verlassenen Gebäuden, die anschließend an das Rathaus die Grenze bildeten. Eine Fotografie, die nach dem Sechstagekrieg, kurz nach dem Waffenstillstand, aufgenommen wurde und das Niederreißen der gegen die Heckenschützen errichteten Mauern zeigt, hängt an der Wand meines Büros, eine bittere Mahnung. Wenn man heute auf demselben Dach steht, kann man die Kugeleinschläge von zwei Kriegen sehen: dem Unabhängigkeitskrieg Israels von 1948 und dem Sechstagekrieg von 1967. Man sieht aber auch das Getriebe einer blühenden Stadt, und Parks und Gärten bedecken die physischen Narben der Teilung. Geistige Wunden heilen langsamer.

Da sich die Bevölkerung der Stadt verdoppelte und die städtischen Behörden Aufgaben übernahmen, die unter die Jurisdiktion der Mandatsregierung gefallen waren, erwies sich das von den Briten erbaute Rathaus

Teddy Kollek blickt von der Terrasse des Rathauses aus auf die Altstadt (1966). Mauern gegen Heckenschützen stehen quer über die Straße, die ins Mamilla-Viertel führt.

Die Mauern gegen Heckenschützen werden 1967 nach dem Sechstagekrieg abgerissen.

bald als unzulänglich. Die Zahl der Beamten verdoppelte sich in engen Räumen. Abteilungen übersiedelten an neue, weit abgelegene Adressen. Die Geschäfte, die ein Bürger bei den städtischen Behörden zu erledigen hatte, brachten oft zwangsweise einen Rundgang durch die Stadt mit sich, und die Zusammenarbeit zwischen den Abteilungen konnte sich nur noch verschlechtern. Ein neues Rathaus war kein Luxus mehr.

Die Gebäude, die man rechts und links sieht (ein architektonischer Genuß, wenn sie nicht von dem notwendigen Übel der Baugerüste verdeckt wären), werden dem neuen Komplex angegliedert. Der in den Plänen vorgesehene Rathausplatz ist zweifellos ein Resultat meiner europäischen Kindheit. Das neue Rathaus wird eine Fläche von zehn Morgen vom gegenwärtigen Rathaus bis zum Russischen Viertel bedecken. Es wird renovierte alte und sorgfältig eingefügte neue Gebäude und den Rathausplatz umfassen. Ein Platz für Zeremonien und Feiern (und zweifellos auch Demonstrationen) wird die demokratische Qualität der Stadt erhöhen. Das Ziel ist, funktionelle Gebäude und öffentliche Räume für eine besser funktionierende Stadtverwaltung zu schaffen – was alles dann mein Nachfolger genießen wird . . .

Der Architekt, Jack Diamond, erklärte, daß er den Rathauskomplex als den Gipfel seiner Karriere betrachtet. Er sieht ihn als eine Verbindung von historischer Kontinuität und eklektischer Entwicklung. Als König David vor rund dreitausend Jahren Jerusalem zur Hauptstadt seines Reiches machte, stellte er wahrscheinlich irgendwo ein Zelt auf, damit die Menschen einen Ort hatten, zu dem sie mit ihren Klagen kommen konnten. Das war das erste Rathaus.

Verlassen wir das Rathaus, und gehen wir südwärts um das Gebäude herum auf die Altstadt zu. Die westlichste Ecke der Altstadt ist nur wenige Meter entfernt. Ein Blick über die linke Schulter zeigt das St. Louis-Krankenhaus für ambulante Behandlungen und die schöne, restaurierte Pilgerherberge Notre Dame. Vor 1967 konnten Touristen – gegen Eintrittsgeld – auf das Dach des Gebäudes steigen und über die Grenze zum Tempelberg hinüberblicken. Heute beruht der Ruhm Notre Dames auf seinem guten Restaurant.

Es ist vielleicht noch ein bißchen zu früh, Sie mit den Kompliziertheiten des Lebens in Jerusalem zu belasten, aber um die Stadt zu verstehen, muß man sich dessen bewußt sein, wie eine gewöhnliche behördliche oder auch nur kommerzielle Entscheidung internationale Folgen heraufbeschwören kann. Die Geschichte des Hospizes Notre Dame spiegelt diese Schwierigkeiten wider.

Es war im Jahre 1969. Notre Dame war kein Grenzposten mehr, und ein großer Teil der Trümmer in der Umgebung war beseitigt worden, aber es wurde noch nicht als lukratives kommerzielles Objekt betrachtet. Die Assumptionisten-Patres, denen damals das Hospiz gehörte, beschlossen, dieses riesige Gebäude aus dem 19. Jahrhundert zu verkaufen, für das sowohl

Mönche als auch Dienstpersonal schwer zu bekommen waren. Die Hebräische Universität, die ein Studentenwohnheim suchte, bot sich gern als Käufer an. Alle gesetzlichen Verträge wurden aufgesetzt und unterzeichnet. Der Preis wurde gezahlt. Der Verkauf war abgeschlossen.

Aber nicht ganz. Die Assumptionisten-Patres hatten nicht die Genehmigung des Vatikans erbeten oder erhalten, Kirchenbesitz in der Heiligen Stadt zu verkaufen. Als die Nachricht von dem Verkauf Rom erreichte, war das Wehgeschrei des Heiligen Stuhls sogleich in Jerusalem zu hören. Die Angelegenheit war nicht einfach, da der Verkauf gesetzlich bindend war. Und dennoch hätte die Übergabe dieses Gebäudes den Beziehungen Israels zur katholischen Kirche unermeßlichen Schaden zugefügt. Der apostolische Gesandte in Jerusalem, Monsignore Pio Laghi, wandte sich an mich. Sehr viel Ansehen stand auf dem Spiel. Ich gewann schließlich die Überzeugung, daß es klüger wäre, das Eigentum zurückzugeben, aber um den Verkauf zu annullieren, mußten zahllose andere einschließlich des Ministerpräsidenten überzeugt werden. Die Opposition war heftig: Warum sollte man ein neu erworbenes, geschätztes Wahrzeichen wieder an Ausländer abtreten? Schließlich wurde das Gebäude dennoch zum ursprünglichen Preis zurückgegeben, obwohl sich sein Wert auf dem freien Markt inzwischen vervierfacht hatte. So kann eine einfache Transaktion mit der Bürde von Jahrhunderten belastet sein.

Das kleine Tor in der Mauer der Altstadt gegenüber Notre Dame, das in das Christliche Viertel der Altstadt führt, wurde 1889 gebaut und trägt den Namen »Neues Tor«. (In Jerusalem wird etwas, was erst ein Jahrhundert steht, als neu bezeichnet.) Der türkische Sultan Abd al-Hamid II. hatte der französischen Regierung das Grundstück, auf dem Notre Dame erbaut wurde, als Anerkennung für die Hilfe geschenkt, die die Franzosen den Türken im Krimkrieg gegen die Russen geleistet hatten. Das Neue Tor sollte die Verbindung mit dem Christlichen Viertel herstellen.

Der Weg zum Jaffator führt durch Grünanlagen und Blumen. Obwohl ich die Idee eines Grüngürtels um die Mauer der Altstadt gern für mich in Anspruch nehmen würde, wurde der Plan kurz nach General Allenbys Eroberung Jerusalems im Ersten Weltkrieg von Sir Patrick Geddes, dem vielleicht ersten modernen Stadtplaner, entworfen. Er hatte diesen Traum, aber die britischen Behörden waren außerstande, ihn zu finanzieren. Wir fanden die Pläne und nahmen seinen Traum ein halbes Jahrhundert später wieder auf. Gewiß waren wir weniger wohlhabend als das britische Kolonialamt. Selbst vor der Wiedervereinigung der Stadt standen wir dringenden Notwendigkeiten mit ausgefransten Taschen gegenüber. Weit über zweitausend von der Steuer befreite Institutionen – Synagogen, Kirchen, Klöster und Moscheen, Ministerien und Regierungseinrichtungen, Universitäten und Museen, diplomatische Missionen – tragen nicht dazu bei, die Truhen der Stadt zu füllen. Ich kann nur meinen Kollegen in Tel Aviv beneiden, in dessen Hauptbüchern Banken und kommerzielle und industrielle Unternehmen erscheinen. So lernten wir schon früh, daß mit allem Fleiß und aller Hingabe das, was gebraucht wurde, ohne Hilfe von außen nicht zu bekommen war. Kurz nachdem ich zum Bürgermeister gewählt worden war, schlugen Freunde in New York die Schaffung eines Fonds vor, der es Freunden im Ausland, für die Jerusalem die Quelle ihrer geistigen Stärke ist, ermöglichen würde zu helfen. In einem Winkel meines Büros in Jerusalem – und in einem kleinen Raum der Hemdenfirma eines Freundes im Bekleidungsviertel New Yorks – wurde die Jerusalem Foundation gegründet. Es fing an mit einem kleinen Park hier und einem Basketballplatz dort, und seither hat sich eine blühende Partnerschaft mit Freunden Jerusalems auf allen Kontinenten entwickelt, und ihr Emblem ist selbst in den obskursten Winkeln unserer Stadt ein vertrauter Anblick.

Während die eine Seite der Straße zum Jaffator ein buntes Gemisch von Blumen ziert, ist die andere Seite ein Durcheinander von verlassenen Gebäuden. Pläne für die Erneuerung dieses Gebietes liegen nun nach vielen Argumenten und Qualen vor (siehe S. 96).

Manchmal wird der Fortschritt durch lokale Bürgergruppen behindert, die darum kämpfen, alles und jedes zu erhalten, oft ohne ernsthafte Überlegung, was erhalten zu werden verdient. Während des letzten Teils des 19. Jahrhunderts wagten es die ersten – tapferen – Seelen, außerhalb der Mauer der Altstadt zu leben; aber allzuweit reichte ihr Mut nicht, und sie bauten ihre Häuser direkt an die Mauer. Diese Wohnungen und Läden, im Niemandsland der geteilten Stadt gelegen, waren unbewohnt, als die Stadt wiedervereinigt wurde. Nur durch ihren Abriß konnte die Schönheit der Mauer freigelegt und Sir Patrick Geddes' Grüngürtel geschaffen werden. Diese verlassenen Gebäude – man kann noch ihre Spuren erkennen – waren größtenteils Kirchenbesitz, und wir zahlten hohe Entschädigungen.

Wir erreichen rasch das Jaffator. Noch bevor wir die Altstadt betreten, begegnen wir Straßenhändlern, die das Proszenium des arabischen Marktes bilden. Die Sesam-Bagels sind ihren Preis wert, und man sollte nach dem dazugehörigen Gewürz, *zaatar* (Ysop) fragen, das elegant in die Zeitung von gestern eingewickelt wird. Wir können das Jaffator entweder durch das Tor für Fußgänger oder durch die Einfahrt für Fahrzeuge betreten. Die breite Bresche in der Mauer wurde 1898 von den Ottomanen geschlagen. Die Mauer wurde durchbrochen und der Graben aufgefüllt, so daß Kaiser Wilhelm hoch zu Roß und die Kaiserin in einer Kutsche die Stadt mit dem entsprechenden Pomp betreten konnten. Ich versuche mir die Reaktion der Welt vorzustellen, wenn wir einen ähnlichen Durchbruch machten. Jerusalem liegt heute immer unter dem Mikroskop der internationalen Medien. Die Ottomanen brauchten sich nicht um Nachrichtendienste, die *New York Times* oder eine drohende Sitzung des UN-Sicherheitsrates zu kümmern.

Das Jaffator, der westliche Eingang zur Altstadt, mit der Zitadelle oder dem Davidsturm zur Rechten und den Blumen des »Grüngürtels«, der jetzt die Altstadt umgibt, im Vordergrund.

Wenn sie eine Bresche in der Mauer benötigten, machten sie eine. Wir gehen durch den Eingang zur Zitadelle, und dies könnte eine gute Gelegenheit für einen Besuch sein, obwohl ich ihn im Zusammenhang mit unserem Spaziergang längs der kulturellen Meile vorgesehen habe (siehe S. 79). Auch der Besucher, der zum erstenmal kommt, erkennt sofort den charakteristischen sogenannten Davidsturm, ein Minarett aus dem 15. Jahrhundert, das für Generationen Jerusalems nicht eingetragenes Warenzeichen gewesen ist. Ich war zwar schon vor 1948 am Jaffator gewesen, aber meine deutlichsten Erinnerungen gehen auf den Juni 1967 zurück. Am Rande des Niemandslandes gelegen, war das Jaffator während der neunzehn Jahre der Teilung der Stadt zugemauert gewesen. Als ich hinkam, stand ich vor den Barrieren, die den Zugang verwehrten, und ich betrat die Altstadt zuerst durch das Löwentor (Stephanstor) auf der gegenüberliegenden Seite der Stadt in den Fußstapfen unserer Soldaten.

Der Name Jaffator erklärt sich selbst, denn die Straße von hier aus führte und führt noch nach Westen zur alten Hafenstadt Jaffa. Der arabische Name für dieses Tor ist Bab al Khalil, das Tor des Freundes, mit Bezug auf Abraham, der in Hebron (Khalil) begraben ist, wohin diese Straße auch, in der entgegengesetzten Richtung, führt. Die Kreuzfahrer nannten es Porta David und bezeichneten es so auf ihren Karten.

Wenn wir durch den L-förmigen Eingang für Fußgänger gehen, können wir die Schrammen sehen, die die Wagenachsen in die Mauern rissen, bevor die Verbreiterung des Tors den Fahrzeugen einen weniger beschwerlichen Zugang ermöglichte.

Das Jaffator ist auch ein möglicher Aufstieg für den Spaziergang auf der Mauer der Altstadt – die Stadtmauerpromenade –, auf den wir uns in einem späteren Kapitel begeben werden (siehe S. 37).

Das offene Gelände, auf dem wir stehen, ist der Omar ibn al Khattab-Platz, so benannt nach dem moslemischen Eroberer Jerusalems im 7. Jahrhundert. Die Euphorie der ersten Tage nach dem Sechstagekrieg brachte zahlreiche Vorschläge für die Neubenennung dieses Platzes hervor, die von historischen jüdischen Gestalten bis zu zeitgenössischen israelischen Helden reichten. Wir waren jedoch entschieden der Meinung, daß die Integrität solcher Stätten erhalten bleiben sollte, und fügten lediglich eine hebräische Inschrift auf der armenischen Tafel, die des Namen dieses großen Kalifen gedenkt, hinzu.

Die Altstadt

Wenn wir die Altstadt betreten, befindet sich unmittelbar zu unserer Linken eine kleine Einfriedung mit zwei Grabsteinen. Eine ziemlich weit hergeholte Legende, aus der unsere Touristenführer eine Überlieferung machten, berichtet, daß dies die Gräber der beiden Baumeister sind, die um die Mitte des 16. Jahrhunderts im Auftrag Suleimans des Prächtigen die Mauer um die Altstadt bauten, die wir heute kennen. Bei seiner Rückkehr nach Jerusalem stellte Suleiman fest, daß die Baumeister den Berg Zion außerhalb der Mauern gelassen hatten, und er ließ sie kurzerhand enthaupten. Neben dem kleinen Friedhof steht das Touristeninformationsbüro, das helfen kann, einen Ausweg aus allen verzwickten Lagen zu finden.

Zu unserer Linken befindet sich das Christliche Viertel, das leicht an den Namen der Straßen zu erkennen ist, durch die wir gehen: Latin Patriarchate Road, Greek Catholic Patriarchate Road (ironischerweise bringt uns eine kurze Umleitung längs der Greek Catholic Road zu einem kleinen Museum des griechisch-orthodoxen Patriarchats), und es gibt sogar die Copts Road, die von der Gegenwart der alten christlichen Kirche Ägyptens zeugt. An der hinteren Ecke dieses Platzes beherbergt ein Gebäude das Christliche Informationszentrum (Christian Information Center), was groß quer über die Fassade des Hauses geschrieben steht. Vor 1914, als die europäischen Mächte überall in der Heiligen Stadt weitgehende Rechte hatten, war dies das österreichische Postamt.

Das Christliche Informationszentrum, das vom katholischen Verwahrer des Heiligen Landes verwaltet wird, ist eine Schatzgrube der Informationen in bezug auf christliche heilige Stätten, Feiertage und Gottesdienste – eine Überfülle an Einzelheiten, wenn man bedenkt, daß in Jerusalem mehr als vierzig christliche Bekenntnisse anzutreffen sind. Die nahe gelegene anglikanische Kirche, beispielsweise, bietet nicht nur Gottesdienste für Pilger, sondern auch Kammerkonzerte, die sowohl Touristen als auch nichtchristliche Einwohner Jerusalems anlocken.

Wer gern Menschen beobachtet, mag sich versucht fühlen, den türkischen Kaffee in dem Café neben dem Informationszentrum zu probieren. Man kann auch die Terrasse des Bar-Restaurants der Zitadelle oder des Café Moses wählen. Hier hat man das Gefühl, im Mittelpunkt der Welt zu sein, wie Jerusalem allgemein auf Karten des 15. und 16. Jahrhunderts dargestellt wurde. (Ich schenkte einmal einen Druck der berühmtesten dieser Karten, Jerusalem im Zentrum eines Kleeblatts, dem Oberhaupt der russischen Kirche, dem Metropoliten Filaret, der Jerusalem besuchte. Seine erste Reaktion war die Feststellung, daß Rußland überhaupt nicht auf der Karte erschien, aber er war sofort besänftigt, als ich darauf hinwies, daß auch die Vereinigten Staaten nicht verzeichnet waren.)

Menschen aus aller Welt gehen vorüber: die schwarzgekleideten Chassidim und die jungen Leute mit T-Shirts und Rucksäcken, die armenischen und griechischen Priester in den langen Kutten, die äthiopischen Mönche und die Kibbuzniks in kurzen Hosen und Sandalen, die kräftig beschuhten amerikanischen Baptisten-Pilger und die verschleierten Moslemfrauen. Ab und zu ein Soldat oder Polizist. Und ab und zu noch ein beladener Esel, eine Ziege oder ein Schaf, vielleicht auf dem Wege zur Schlachtbank.

Mit dem Kaffee in der Hand können wir die majestätische Zitadelle und ihren zugbrückenähnlichen Zugang betrachten, der elegant einen Wallgraben der Kreuzfahrer überspannt. Voll von alter Geschichte hat sie auch einen Hauch von moderner Geschichte, denn hier nahm 1917 General Allenby, der (im Gegensatz zum Kaiser) von seinem Pferd stieg und die Stadt zu Fuß betrat, die Kapitulation der Türken von zweitrangigen Beamten entgegen. Der türkische Bürgermeister, der die Stadt vor General Allenbys Ankunft schon zweimal niedrigeren Offizieren übergeben hatte, war heiser und lag mit einer Erkältung im Bett.

Eine amüsante Begebenheit folgte auf diese Kapitulation. Als der britische Militärgouverneur sein Kommando an den ersten britischen Hochkommissar, Sir Herbert Samuel, abtrat, bat der Offizier Sir Herbert in guter Form um eine Quittung. Der Text, den Sir Herbert unterschrieb, lautete: »Von Generalmajor Sir Louis Bols erhalten ein Palästina, vollständig.« Die Quittung trug den Vermerk »Irrtümer und Auslassungen ausgenommen«, eine übliche Formel auf offiziellen britischen Dokumenten. Man kann sich immer darauf verlassen, daß die Briten die nötigen Formalitäten einhalten.

Jenseits des Eingangs der Zitadelle befindet sich der Kishle, von den Türken als Kaserne erbaut und von den Briten und dann von den Jordaniern als Polizeirevier und Gefängnis verwendet. Der Tradition getreu, dient er nun als israelisches Polizeirevier. Eines Tages werden wir darunter graben und vielleicht die Überreste des Palastes des Herodes finden, der an dieser Stelle stand.

Der Suq

An dieser Stelle müssen wir uns auch entscheiden, wie unser Spaziergang weitergehen soll. Das Christliche Viertel ist im Norden, das Armenische und das Jüdische Viertel im Süden, aber wir nehmen die einladenden Laute, Bilder und Düfte des Suq, des Marktes, auf, der vor uns liegt.

Wir betreten den Markt in der David Street, die im wesentlichen die Ost-West-Achse der Altstadt, den römischen Decumanus, darstellt. Auf einem unserer späteren Spaziergänge werden wir den Cardo entlanggehen, die Nord-Süd-Achse und die Hauptstraße wie in jeder römischen Stadt oder in jedem römischen Lager.

Wenn ich diesen Markt betrete, denke ich oft an die ersten Tage des Waffenstillstands von 1967. Noch bevor die Kämpfe geendet hatten, warteten unzählige Aufgaben auf uns, die schwer zu erfüllen waren bei dem Mangel an tauglichen Männern, die alle von ihren Reserveeinheiten einberufen worden waren. Wir

---

Die Greek Orthodox Patriarchate Street in der Altstadt.

mußten für eine ordentliche Bestattung der Toten sorgen, Wasser, Brot und Milch für die arabische Zivilbevölkerung beschaffen und sicherstellen, daß die Notvorräte dorthin gelangten, wo sie am meisten gebraucht wurden.

Die Dringlichkeit dieser Arbeit ließ uns keine Zeit, uns über den verfallenen Zustand eines großen Teils der Altstadt Gedanken zu machen oder ihn auch nur zu bemerken. Aber sehr bald waren wir dafür zuständig, und sehr bald waren dies Probleme, die wir zu lösen hatten. Zugegeben, die Altstadt war schmutzig und unhygienisch, und sie spiegelte die schlechte Presse wider, die Jerusalem im 19. Jahrhundert in Mark Twains *The Innocents Abroad* bekommen hatte: »Lumpen, Elend, Armut und Schmutz . . . allüberall. Jerusalem ist düster und trostlos und leblos. Ich möchte hier nicht leben.«

Aber der modernen Bevölkerung konnte man keinen Vorwurf machen. Jerusalem war von der jordanischen Verwaltung ignoriert worden, die alle Ressourcen auf die neue Hauptstadt Amman konzentrierte. Nur wenige Verbesserungen oder Reparaturen waren im jordanischen Jerusalem nach 1948 vorgenommen worden. Nur zehn Prozent der Häuser hatten fließendes Wasser, und selbst diese bekamen nur ein- oder zweimal in der Woche Wasser zugeteilt. Die private Zisterne mit in den Wintermonaten gesammeltem Regenwasser war die Wasserquelle für die Mehrheit. Unsere erste größere Unternehmung war es daher, fließendes Wasser in die Häuser der Altstadt und anderer arabischer Viertel zu leiten. Doch das öffnete eine Büchse der Pandora und führte zu neuen Problemen: denen der Kanalisation. Die Kanalisations- und Wasserrohre der Altstadt waren von verschiedenen Behörden von der römischen bis zur ottomanischen Zeit gelegt worden – wahre Museumsstücke –, aber die meisten Häuser hatten nur Senkgruben. Diese waren, wie sich sehr bald zeigte, nicht imstande, die größeren Wassermengen aufzunehmen, die wir lieferten, und wir mußten ein völlig neues Kanalisationssystem anlegen. Da wir den Boden aufreißen mußten, nutzten wir die Gelegenheit, um das schlechte Pflaster auszubessern. Wir gruben die Pflastersteine aus vergangenen Jahrhunderten aus und verwendeten sie wieder.

Am Eingang des Marktes könnte man eine kurze Unterbrechung in Betracht ziehen und rasch einen Gang durch das Petra-Hotel zur Linken machen. Von seinem Dach aus sieht man unten den Teich Hesekiels. Es ist ein weiteres unserer Projekte, die frühere Schönheit des Teiches wiederherzustellen und ihn Besuchern zugänglich zu machen.

Vor Ihnen befindet sich nun eine Reihe von Läden und Buden, die Sie in Versuchung führen mit Schaffellpantoffeln, Perlmutt-Schmuckkästchen, armenischen Töpfereiwaren, bestickten Hemden und Kleidern, Teppichen, Schmuck, Glas- und Lederarbeiten. Handarbeiten aus Stroh gibt es ungefähr einen Block weiter unten und ein paar Treppen rechts hinauf. Feilschen wird erwartet, und es ist ratsam, Preisvergleiche anzustellen. Man wird Ihnen sagen, daß Sie einen guten Preis bekommen, weil Sie der erste Käufer des Tages sind – oder vielleicht der letzte (und beide Behauptungen werden unverfroren auch zu Mittag vorgebracht).

Ich habe eine besondere Schwäche für Antiquitäten und begann in den späten vierziger und fünfziger Jahren kleine Objekte zu sammeln, als es wenige Käufer gab und seltene Stücke oft billiger waren als der übliche Touristentand. Doch ich werde der Versuchung widerstehen, jetzt einen der Antiquitätenläden zu betreten, denn in Gegenwart der Jahrtausende verliere ich leicht das Gefühl für bloße Stunden. Während ein Liebhaber von Antiquitäten einen guten Blick dafür haben mag, was echt und was ein bißchen weniger echt ist, muß der Neuling schon etwas vorsichtiger sein. Wenn der Preis gut ist, ist das Stück wahrscheinlich weniger gut.

Ein möglicher Umweg ist die Christian Quarter Road, die erste Abzweigung nach links in der David Street, eine Hauptverkaufsstraße des Marktes. In den ersten Monaten nach der Wiedervereinigung der Stadt waren die armenischen Schuhgeschäfte in dieser Straße ein ebenso beliebtes Touristenziel wie Gräber aus dem 2. Jahrhundert. Im Arabischen ist diese Straße seit der Zeit der Kreuzfahrer als Straße des Patriarchen bekannt.

Weiter unten längs der David Street ist zur Linken ein Obst- und Gemüsemarkt – in einem Gebäude der Kreuzfahrer aus dem 12. Jahrhundert. Wenn ich hier vorbeigehe, werde ich an ein Prosa-Gedicht von Yehuda Amichai, einem unserer führenden israelischen Dichter, erinnert:

> Einst saß ich auf den Stufen bei einem Tor am Davidsturm, ich stellte meine beiden schweren Körbe an meiner Seite nieder. Eine Gruppe von Touristen stand um ihren Führer, und ich diente ihnen als Zielangabe. »Sehen Sie den Mann mit den Körben? Rechts von seinem Kopf ist ein Bogen aus der Römerzeit. Genau rechts von seinem Kopf. Aber er bewegt sich, er bewegt sich!« Ich sprach zu mir selbst: Die Erlösung wird erst kommen, wenn ihr Führer zu ihnen sagt: »Sehen Sie diesen Bogen aus der Römerzeit? Er ist nicht wichtig: aber daneben, links und ein Stück weiter unten, sitzt ein Mann, der Obst und Gemüse für seine Familie gekauft hat.«

Am Ende der David Street zweigen drei Straßen ab, die vor Jahrhunderten spezifische Märkte waren. Der erste ist der Fleischermarkt – Suq al Lahamin –, der im Gegensatz zu den anderen größtenteils noch ist, was er einmal war, ein Fleischmarkt. Man kann an Schafsköpfen und Rümpfen von Schlachttieren vorbeigehen, die im Freien hängen wie in vergangenen Jahrhunderten. Der Unterschied ist die vom Gesetz vorgeschriebene, neu eingeführte Kühlung und die Abwesenheit der Fliegen, von denen es einst auf diesem Markt wimmelte.

Als nächstes kommt der Gewürzmarkt – Suq al Atta-

Der Gemüsemarkt in der David Street mit einigen der Gewölbe aus der Kreuzfahrerzeit.

rim –, auf dem es tatsächlich noch Buden mit Gewürzen gibt, aber vielleicht weniger als in der nahe gelegenen Street of the Chain. Der dritte Markt schließlich ist der Juweliermarkt – Suq al Khawajat –, auf dem man zwar noch Schmuck findet, aber nicht mehr als in anderen Teilen des Suq.

Die Franzosen, die mit den Kreuzfahrern hierher kamen, hatten ihren eigenen Namen für dieses Gebiet, *Mal cuisinat* (schlechte Küche), der ihre Meinung über den Geruch des hier gebratenen Fleisches ausdrückte. Tatsache ist, bei aller Hochachtung vor den Franzosen, daß die schmucklosen, gemütlichen Restaurants in der Altstadt die besten Lammspieße anbieten, die Sie je kosten werden, und ebenso den besten Salat, sehr fein gehackt, wie es hier der Brauch ist, aus reifem Gemüse, das wahrscheinlich erst am selben Morgen geerntet wurde.

Die Geschichte Jerusalems ist immer auf subtile Weise gegenwärtig. An einigen der Gebäude auf diesen Märkten kann man die Kennzeichnungen der Vergangenheit sehen: T für die Tempelritter, SA für die Kirche von St. Anna, die beide aus den Einkünften dieser Läden erhalten wurden.

Es heißt, daß Bashouras Billardsaal die Stelle des Tetrapilons gewesen sein könnte, der Kreuzung von Decumanus und Cardo, den beiden Achsen der Stadt.

Und hier hat man wieder die Wahl, in welche Richtung man weitergehen will: nach rechts in den unlängst freigelegten Cardo und ins Jüdische Viertel (siehe S. 53), nach links durch die Märkte zum Damaskustor (siehe S. 33) oder geradeaus – tatsächlich nach rechts und unmittelbar darauf wieder nach links – durch die Street of the Chain zur West-Mauer. Wir entscheiden uns für letzteres.

Unterwegs sollte man allgemein die Architektur der Mameluckenbauten aus dem 13. bis 15. Jahrhundert beachten. Man sieht oft ein schwarzweißes Streifenmuster mit ein wenig Rot. Das gebogene Muster erinnert an Stalaktiten. Auch hier fanden wir Arbeit für die Bauabteilung der Stadt, da die Fundamente zerbröckelten und verstärkt werden mußten. Und hier wie immer mußten wir das Mißtrauen der Bewohner zerstreuen und ihnen versichern, daß wir nur ihr Wohl im Auge hatten und daß unsere Arbeit nicht Teil einer schändlichen (zionistischen) Verschwörung war.

Die West-Mauer

Es gibt Schilder, die den Weg zur West-Mauer weisen, aber der Fluß der Menge zeigt die Richtung noch deutlicher an. Nach wenigen Minuten erreichen wir die Stufen, die zur West-Mauer und dem freien Platz davor hinunterführen.

Nicht nur der Besucher, der zum erstenmal kommt, neigt dazu, auf dieser Treppe stehenzubleiben, hinunterzublicken und darüber nachzudenken, was sein Auge aufnimmt. Die West-Mauer, nichts anderes als eine äußere Begrenzungsmauer, ist seit der Zerstörung des Zweiten Tempels im Jahre 70 n. Chr. eine heilige Stätte für die Juden. Sie ist der Brennpunkt von Träumen und Hoffnungen, sie ist das Symbol Jerusalems und der Erlösung. Der hebräische Name, *Hakotel Hamaravi*, bedeutet West-Mauer, aber die Tränen von Generationen haben daraus die Klagemauer gemacht.

Die West- oder Klagemauer im späten 19. Jh. mit der schmalen Gasse, die den Gläubigen bis 1967 Zugang bot.

Jahrhundertelang hat die Mauer zu Gebeten, Gedichten, Liedern, Legenden, Gemälden und Fotografien inspiriert. »Hakotel« hat als Refrain: »Es gibt Menschen mit einem Herzen aus Stein, und es gibt Steine mit dem Herzen eines Menschen.«

Die West-Mauer ist ein mächtiges Symbol der Einheit des jüdischen Volkes. Für alle Juden symbolisiert sie das ewige Drama der jüdischen Geschichte und die zentrale Stellung Jerusalems im jüdischen Bewußtsein. Doch niemandem, der sich der West-Mauer nähert, wird gesagt, wie und auf welche Weise er Gebete darbringen und Hoffnungen ausdrücken soll (obwohl es Zwischenfälle gab, als Frauen eine Andacht zu halten versuchten und den Zorn der Ultra-Orthodoxen erweckten). Jeder kann auf seine eigene Weise der Vergangenheit lauschen und von der Zukunft träumen. Keine einheitliche Form der Andacht ist vorgeschrieben.

Heute sieht man vor der Mauer einen weiten Platz, auf dem sich die Neugierigen mit den Frommen mischen. Als ich 1937 zum erstenmal zur Mauer kam, begrüßte mich ein ganz anderer Anblick. Ich war beinahe ein Jahr zuvor aus Wien nach Haifa gekommen. Aber während ich mich an das Kibbuzleben in Galiläa gewöhnte und darum kämpfte, mehrere aufeinanderfolgende Typhusanfälle zu überleben, verging eine ganze Weile bis zu meinem ersten Besuch in Jerusalem. Tatsächlich war es dann mein fünfter Typhusanfall, der mir die Gelegenheit zu diesem Besuch bot, denn man hatte mich in ein Genesungsheim in Motza, einem Vorort Jerusalems, geschickt. Als ich endlich ein wenig Kraft wiedergewonnen hatte, machte ich mich mit einem Freund auf den Weg nach Jerusalem. Wir erreichten die West-Mauer in einer engen Gasse, die beinahe nicht von anderen engen Gassen zu unterscheiden war und zu den verfallenen Slums des Moghrabi-Viertels gehörte.

In meiner glühendsten Phantasie hätte ich mir nicht vorstellen können, daß ich drei Jahrzehnte später einen nur wenige Stunden nach dem Waffenstillstand von 1967 gefaßten Beschluß, dieses Viertel niederzureißen, ausführen würde. Die Briten hatten im Jahre 1920 Pläne vorbereitet, diese Slums zu zerstören, und zwar aus humanitären Gründen, aber für uns kam noch eine andere Überlegung hinzu: Wir wollten einen Zugang zur West-Mauer für die Hunderttausende von Gläubigen schaffen, denen dieser Zugang neunzehn Jahre lang verwehrt worden war.

Es war spät am Samstagabend, am 10. Juni 1967. An diesem Abend versammelten sich Jerusalemer, die die Woche noch in Schutzräumen verbracht hatten, in der Konzerthalle Binyanei Ha'uma, um Zubin Mehta, Daniel Barenboim und Jacqueline du Pré zu hören. Es war ein esoterisches Gemisch von Freude und Trauer. Der Krieg und der Sieg hatten ihren Zoll gefordert. Als die letzten Töne verklungen waren und die meisten Jerusalemer nach Hause gingen, fuhr ich zur West-Mauer. Dort wartete schon eine Gruppe unserer Bauunternehmer. Ihre Planierraupen standen bereit. Es dauerte mehrere Stunden, bis das Gelände freigeräumt war. Als die Dämmerung nahte, hatten wir die

West-Mauer vor uns, so wie sie vor Jahrhunderten gewesen war.

Schon vor dem Waffenstillstand verlangten diejenigen, die einmal täglich an der Mauer gebetet hatten und denen dieses Recht neunzehn Jahre lang verweigert worden war, und die, die nur davon geträumt hatten, dort zu beten, danach, zur Mauer zu gelangen. Einige Mutige setzten sogar ihr Leben aufs Spiel und gingen zur Mauer, obwohl die jordanischen Legionäre aus dem Hinterhalt schossen.

Es war zu früh, um die ganze Stadt frei nach beiden Seiten zu öffnen, aber wir fühlten, daß wir den Gläubigen einen Besuch der Mauer nicht länger verwehren konnten. Daher gaben wir eine Woche später, am Shavuoth-Fest (Pfingsten), von der ersten Dämmerung an, den Zugang zur West-Mauer frei. Es war ein schrecklich heißer Tag, und obwohl die festgelegte Route viele Windungen hatte, fanden 300 000 Menschen ihren Weg zur Mauer. Die Barriere, die heute die Männer von den Frauen trennt, war noch nicht errichtet worden – und tatsächlich hatte es vor 1948 auch gar keine gegeben –, aber der Anlaß war so feierlich, daß schwarzgekleidete Chassidim unbekümmert neben jungen Mädchen beteten.

Der uralte Brauch, einen Wunsch auf irgendein Stückchen Papier zu schreiben und es in die Risse der Mauer zu stecken, wurde wiederaufgenommen. Man kann auch christliche Pilger sehen, die diesem Brauch folgen. Ich war eines Morgens nach einem besonders heftigen Regen an der Mauer, und die Papierstückchen waren auf den Boden geschwemmt worden. Ich sah zu, wie ein älterer Mann sie sorgsam einsammelte und in der Nähe ehrfurchtsvoll in der Erde begrub.

Es gibt einige Regeln für Besucher der West-Mauer. Sittsame Kleidung wird verlangt, aber es werden Stoffstücke zur Verfügung gehalten, um rasch Röcke oder Schals für unzulänglich Bekleidete anzufertigen. Die Männer müssen ihren Kopf bedecken, aber man kann auch eine *kippah* (ein Käppchen) aus Pappe bekommen. Am Shabbat, der am Freitag bei Sonnenuntergang beginnt und am Samstag bei Sonnenuntergang endet, darf nicht fotografiert werden.

Die Besucher sehen oft die ausgestreckten Hände von Menschen, die um ein Almosen bitten. Es sind keine Bettler im eigentlichen Sinne. Sie sammeln Geld für eine kranke Mutter von zehn Kindern oder eine mittellose Braut, für eine Synagoge oder eine *yeshiva* (Talmudschule). Die Leute finden diese Bitten lästig, zumal die Zahl der Hilfesuchenden immer mehr zunimmt, und man beschwert sich im Rathaus, obwohl die richtige Adresse das Ministerium für Religiöse Angelegenheiten wäre, das hier zuständig ist.

Da die West-Mauer die heiligste Stätte der Juden ist, hat sich der Brauch eingebürgert, die Bar Mizwa eines Sohnes – seine Einführung in die jüdische Glaubensgemeinschaft mit dreizehn Jahren – dort zu feiern. (Es ist technisch komplizierter, die entsprechende Bat Mizwa einer Tochter zu begehen.) Die *Bar Mizwoth* werden gewöhnlich am Shabbat gefeiert, können aber auch an anderen Tagen, an denen während der Morgengebete aus der Thora gelesen wird, an Montagen und Donnerstagen, stattfinden. Da gläubige Familien am Shabbat nicht reisen, kommen sie an diesen Tagen aus dem ganzen Land hierher, um die Bar Mizwa ihres Sohnes zu feiern.

Obwohl die Aschkenasim, die der mittel- und osteuropäischen Tradition anhängen, ihre Kinder gewiß ebensosehr lieben wie die Sephardim, können sie mit dem Pomp der letzteren nicht mithalten: der Bar Mizwa wird oft in eine farbenprächtige Tracht gekleidet und auf kräftigen Schultern zur Mauer getragen, und die ganze Prozession wird von Hörnern und Trommeln begleitet.

Die Geschichte der heutigen West-Mauer wäre unvollständig ohne einen Blick in die Vergangenheit. Die Archäologie ist eine Hauptstütze des Lebens in Jerusalem. Unsere Archäologen sind keine Amateure, die gelegentlich eine Pfeilspitze ausgraben, sondern wissenschaftliche Forscher, für die die mühsame Suche Zoll für Zoll ebenso wichtig ist wie die Begeisterung über unerwartete Funde.

Bar-Mizwa-Feiern an der West-Mauer.

Der Tunnel an der West-Mauer

Das Gebiet der West-Mauer wimmelt von Überresten der Vergangenheit, denen Sie auf unserem nächsten Spaziergang begegnen werden. Aber der Tunnel der West-Mauer gehört hierher, und ich schließe ihn mit ein in der Hoffnung, daß er öffentlich zugänglich sein wird, bevor dieses Buch erscheint. Der Eingang wird sich am oberen Ende der Mauer befinden.

Schulbücher stellen historische Perioden immer stark vereinfacht dar: eine hübsche, kleine Karte mit hübschen, kleinen Kästchen. Die Archäologie vermittelt oft auch diese irreführende Vorstellung: hübsche kleine horizontale Schichten. Wäre es doch nur so einfach! Die in Stein eingegrabene Wahrheit des einen Tages wird am nächsten Tag falsch gedeutet und am folgenden Tag erst klar erkannt. Ein kurzer Blick zurück bringt uns in das 13. Jahrhundert, in die Zeit der Mamelucken. Die Mamelucken waren Militärsklaven, wie ihr Name, »die Besessenen«, andeutet. Aber 1250, als sie immer mehr Macht erlangt hatten, sahen sie keinen Grund mehr, weiterhin Saladins Nachfolgern zu dienen, und sie rebellierten. Um 1260 beherrschten sie den größten Teil des Vorderen Orients mit Ausnahme Akkos, das bis 1291 in den Händen der Kreuzfahrer blieb. Sie waren ursprünglich keine Moslems, bekehrten sich aber zum Islam. Sie hatten die Macht erlangt, erkannten aber ihre ephemere Natur. Die Leiter ging in zwei Richtungen, und Kerker und Strangulierung waren vertraute Schicksale. Nachdem sie die riesigen unterirdischen Bauten angelegt hatten, von denen hier die Rede sein soll, schenkten sie ihren Besitz dem Waqf, dem Religiösen Rat der Moslems, der ein gewisses Maß von Schutz bot.

Der Tunnel erstreckt sich von der West-Mauer bis zur Via Dolorosa und hat eine Länge von 440 Metern. Er wurde im 19. Jahrhundert von dem Archäologen Charles Warren entdeckt, aber Warren stieß auf ihn von der nördlichen Seite her, durch das Kloster der Schwestern Zions (siehe S. 69), und erforschte ihn nicht in seiner ganzen Länge. Die Öffnung des ganzen Tunnels wurde in den siebziger und achtziger Jahren von dem Archäologen Dan Bahat vorgenommen, der über jeden einzelnen Stein einen Vortrag halten kann. Riesige Steine wurden verwendet, um dem Bauwerk Gewicht zu verleihen. Man kommt an einem Stein vorbei, der 12,5 m lang, 3,25 m hoch und 3 m tief ist und 370 Tonnen wiegt.

Wir erreichen eine Betonmauer, die der Kreuzungspunkt dieses Tunnels und eines schrägen Tunnels ist; letzterer führt vom Herodesschen Niveau zum Tempelberg und diente als Zisterne. Während der Ausgrabungen – welche im allgemeinen auf den Widerstand der Moslems stießen, die eine Schwächung ihrer Bauten über dem Tunnel befürchteten – hielt Rabbi Goren, ein ehemaliger Oberrabbiner, dies für den zentralen Synagogenbezirk von ehedem und blies zur Feier das Widderhorn. Dieses Trompeten fachte die Besorgnisse der Moslems an und führte zu einem schweren Zusammenstoß. Die Betonmauer ist das Ergebnis dieser Konfrontation.

Wir gehen an mehreren Zisternenöffnungen vorbei, die am rauheren Aussehen der Steine und an dem wasserfesten Verputz erkenntlich sind, den die Mamelucken anbrachten. Schließlich waren das Zisternen: Das Praktische mußte vor dem Ästhetischen den Vorrang haben.

Unmittelbar hinter einer Säule, die auf der Seite liegt, kommt ein offener Raum, eine Straße aus Herodes' Zeiten, wofür als weiterer Beweis die Säulen dienen, die man an Ort und Stelle findet. Aller Wahrscheinlichkeit nach war ein Säulengang geplant, der aber wegen des Todes des Herodes nie vollendet wurde.

Die Tunnelmauer weiter vorn ist dieselbe Mauer, die man von der anderen Seite aus im Kloster der Schwestern Zions sieht.

Daß wir immer noch Schwierigkeiten haben, den Tunnel für die Öffentlichkeit freizugeben, ist wiederum das Ergebnis politischer Empfindlichkeiten. Da der Tunnel eng ist, kann er nur einen Einbahnverkehr aufnehmen, so daß ein Ausgang im Bereich der Via Dolorosa, nur wenige Meter von einem der Zugänge zum Tempelberg entfernt, nötig ist. Im Juli 1988 versuchte das Ministerium für Religiöse Angelegenheiten eine Probeöffnung des Tunnels in der Via Dolorosa, obwohl Beamte der Stadtverwaltung der Meinung waren, das sollte wegen der schon existierenden Spannungen nicht ohne Absprache mit den stets mißtrauischen Moslembehörden geschehen. Es kam unmittelbar zu einem schweren Zusammenstoß. Von den Minaretten aus wurde dazu aufgerufen, das Gebiet zu verteidigen, und Hunderte erschienen und warfen mit Steinen und Flaschen. Die Konfrontation war ebenso heftig wie unangebracht. Verhandlungen sind im Gange, um die Zustimmung zur vollständigen Eröffnung des Tunnels zu erhalten. Sobald das erreicht ist, erhält die archäologische Karte Jerusalems einen aufregenden Zusatz.

Dieser Spaziergang endet, ohne Tunnel, an der West-Mauer, und der Spaziergänger kann nun zwischen mehreren Möglichkeiten wählen: eine rasche Taxifahrt nach Hause, eine weniger schnelle Fahrt mit dem Bus oder ein noch langsamerer Fußmarsch. Wenn es noch früh genug am Tage ist und die Moscheen noch offen sind, kann der Tüchtige gleich den nächsten Spaziergang unternehmen. Wenn die Moscheen geschlossen sind, ist die zweite Hälfte des nächsten Spaziergangs, mit den Ausgrabungen an der südlichen Mauer beginnend, eine Möglichkeit.

Wenn der Tunnel einmal offen ist, wird der Spaziergang in der Nähe der Via Dolorosa enden.

2
Der Tempelberg, der Ophel und die Stadt Davids

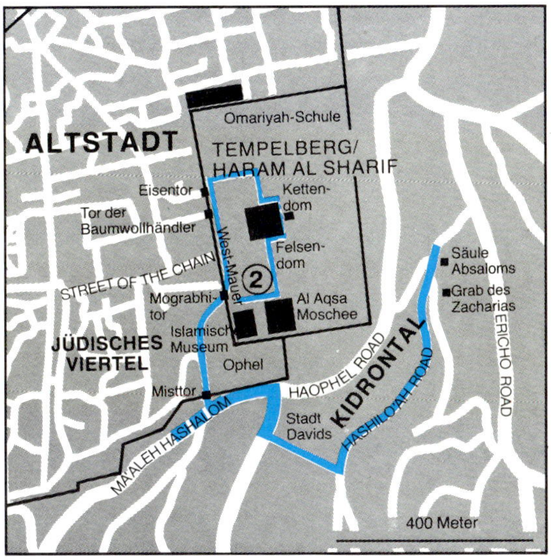

Eine Bezeichnung kann mehr als ein bloßer Name sein. Die Ausdrücke, die man verwendet, sind nicht immer willkürlich, und das Gepäck, das ihre Nuancen tragen, kann leicht und belanglos sein – oder fundamental und gewichtig. Es gibt Menschen, die der Entscheidung für die Bezeichnung Tempelberg oder Haram al Sharif politische Aussagekraft beimessen. Tatsächlich ist der Unterschied historisch und religiös. Tempelberg bezieht sich auf den Ersten und Zweiten Tempel und die Heiligkeit dieser Stätte im Judaismus. Haram al Sharif bezieht sich auf die Al Aqsa-Moschee und den Felsendom und die Heiligkeit dieser Stätte im Islam.

Der Spaziergang beginnt an der West-Mauer, dem Zugang zum Tempelberg oder Haram al Sharif für Nichtmoslems. Der Besucher wird von einer offiziellen Warnung des Ministeriums für Religiöse Angelegenheiten darauf hingewiesen, daß es Juden verboten ist, den Tempelberg zu besteigen. Orthodoxe Juden halten sich an dieses Verbot, das von Maimonides stammt.

Ehedem war die heiligste Stätte im Tempel das Allerheiligste, das allein der Hohepriester einmal im Jahr betreten durfte, am Jom Kippur, dem Versöhnungstag. Da wir nicht genau wissen, wo sich das Allerheiligste befand, könnten wir versehentlich auf seine Stelle treten. Rabbi Goren behauptet, daß es einen definierbaren Teil des Tempelberges gibt, der unmöglich das Allerheiligste sein könne, und erlaubt, zu dieser einzigen Stelle hinaufzusteigen.

Das Wort *haram* bedeutet geschlossen, verboten, tabu. Der Haram al Sharif ist das Edle Heiligtum. Er wird noch immer vom Religiösen Rat der Moslems, dem Waqf, verwaltet, eine ungewöhnliche Entscheidung, die wir 1967 trafen, da wir die Empfindungen der Moslems für dieses Gebiet als ihr wichtigstes Symbol und ihre wichtigste Besitzung in Jerusalem verstanden. Dieses Verständnis zeigte sich schon am Tag des Waffenstillstands von 1967. General Moshe Dayan, der Verteidigungsminister, befahl die Entfernung einer israelischen Fahne, die ein Soldat auf der Spitze des Felsendoms befestigt hatte. Einige Tage darauf traf Generalmajor Chaim Herzog, der Kommandeur dieses Gebietes (und später Israels sechster Präsident) mit moslemischen und christlichen Würdenträgern zusammen und sicherte ihnen die Wahrung ihrer Rechte zu. Ministerpräsident Levi Eshkol, Chef einer Einheitsregierung, die den Oppositionsführer Menachem Begin mit einschloß, wiederholte diese Zusagen. Unsere Entscheidung, dem Waqf diese amtliche Souveränität zu gewähren, wurde von der jüdischen Bevölkerung nicht allgemein akzeptiert. Nationalistische jüdische Gruppen wie »Die Treuen vom Tempelberg« fordern das Recht, dort zu beten, obwohl der Oberste Gerichtshof den Regierungsbescheid bestätigte, der diese Gebete verbietet.

Jerusalem, auf arabisch Al Kuds (die Heilige), ist die drittheiligste Stätte des Islam nach Mekka und Medina. Der Koran berichtet, daß Mohammed, als er seine nächtliche Reise in den Himmel antrat, zuerst nach *al masjid al aqsa*, dem fernsten Gebetshaus, ging. Man nimmt an, daß damit Jerusalem gemeint ist, was beweist, daß jede Reise in den Himmel, unabhängig von ihrem Ausgangspunkt, eine Zwischenstation in Jerusalem einschließt.

Den Juden ist der Berg seit Jahrtausenden heilig, denn der Überlieferung nach ist er der biblische Berg Moriah, auf dem Abraham seinen Sohn Isaak opfern sollte. Salomo ließ dort seinen Tempel bauen, der von dem Babylonier Nebukadnezar zerstört wurde. Hier wurde der Zweite Tempel erbaut, den Titus und die römischen Legionen 70 n. Chr. zerstörten. Im Jahre 135 n. Chr. erbaute Hadrian dort einen Jupitertempel, der dann von den Byzantinern zerstört wurde, als das Reich christlich wurde. Von diesem Felsen stieg Mohammed der Legende nach zum Himmel auf. Im Jahre 362 entwarf der byzantinische Kaiser Julian, genannt Apostata, der Abtrünnige, einen Plan, der es den Juden ermöglichen sollte, ihren Tempel wiederaufzubauen, aber die Idee starb mit ihm.

Das Gebiet blieb leer und diente möglicherweise als riesige Müllhalde, und keine Spur davon ist auf der Madaba-Karte verzeichnet, einem Mosaik aus dem 6. Jahrhundert auf dem Boden der Kirche in Madaba, Jordanien. Dieses im 19. Jahrhundert entdeckte Mosaik kann als Jerusalems Stein von Rosette bezeichnet werden, da es wichtige fehlende Stücke zu einem unvollendeten Puzzle lieferte.

Im Jahre 638 eroberten die Araber Jerusalem. Das imposanteste Bauwerk, das sie vorfanden, war die Grabeskirche, und die moslemischen Besatzer gingen daran, ein noch eindrucksvolleres Bauwerk zu errichten, um die Überlegenheit des Islam zu demonstrieren. Der Legende nach fragte der Kalif Omar die Juden, wo der Tempel gestanden hatte, und wählte diese Stelle für die große Moschee. Doch war es dann der Omaijaden-Kalif Abd al Malik, der 691 den Felsendom baute (der fälschlich auch Omarmoschee genannt wird).

Die Schmucklosigkeit des Zugangs zum Haram al Sharif, das Moghrabitor oder Maurentor, ist irreführend, denn man wird unversehens von Ehrfurcht ergriffen angesichts der Welt, die man betreten hat, eine Welt der Kalifen und Sultane, der Moscheen, Minarette, Bogengänge und Brunnen.

Es ist nützlich, zunächst einige Begriffe zu lernen. Das Minarett ist der Turm, von dem der Muezzin die Gläubigen zum Gebet ruft. Heutzutage steigt er freilich nicht mehr fünfmal täglich die enge Treppe des Minaretts hinauf, um seine Pflicht zu erfüllen. Der moderne Muezzin verwendet ein Lautsprechersystem, und oft wird der Ruf zum Gebet von einem Band abgespielt.

Der Mihrab, eine Gebetsnische, gibt die Richtung des Gebets nach Mekka an, ähnlich dem *Mizrah* (Osten), der den Juden in aller Welt die Gebetsrichtung nach Jerusalem anzeigt. Die Mihrabs befinden sich nicht nur innerhalb der Moschee, sondern sind auch über den Haram verstreut, so daß diejenigen, die keinen Platz in der Moschee finden, wissen, in welcher Richtung sie beten müssen. Die Gebetsstellen im Freien sind durch Steinplatten markiert. Der Minar ist die Kanzel, von der die Predigt gehalten wird, die oft politischen Charakter hat.

Für die Architektur der Minarette gilt, daß die quadratischen mameluckisch sind und aus dem 14. Jahrhundert stammen, während die runden, wie das der Zitadelle, auf die spätere ottomanische Zeit zurückgehen.

Besuche des Haram al Sharif sind am Freitag, dem heiligen Tag der Moslems, verboten. Es ist typisch für das Leben in Jerusalem, daß wir zwar ein Wochenende von nur einem Tag, aber dies drei Mal haben: Die Moslems ruhen am Freitag, die Juden am Samstag und die Christen am Sonntag.

Die Al-Aqsa-Moschee

Unser erster Besuch gilt der Al-Aqsa-Moschee zur Rechten. Es gibt keine Eintrittsgebühr für den Haram, wohl aber für den Besuch der Moscheen und eines kleinen Museums.

Die Al-Aqsa-Moschee wurde von al Walid, dem Sohn Abd al Maliks, erbaut und ist das Gebetshaus auf dem Haram. Fünftausend Gläubige können zugleich beten und knien. Innerhalb der Moschee ist der Minbar leicht zu erkennen. Die mit Teppichen abgeteilten Bezirke sollten oft einen halb privaten Raum schaffen, um angesehene Gläubige zu schützen. Aber dieser Schutz wurde König Abdullah, dem Großvater König Husseins, nicht gewährt, der am 21. Juni 1951 vor der Moschee ermordet wurde. Ein Kugeleinschlag in der zweiten Säule zur Linken zeugt noch davon.

Man kann leicht den alten Teil der Moschee auf der rechten Seite vom neuen Teil auf der linken Seite unterscheiden, der 1938 nach einem Erdbeben wieder aufgebaut wurde. Die Säulen wurden aus Italien eingeführt und die Bögen neu eingezogen. Die ursprüngliche Decke besteht aus Zedernholz aus dem Libanon. Präsident Sadat betete während seines historischen Besuchs Jerusalems im November 1977 in der Al-Aqsa-Moschee und versprach Geldmittel für die Restaurierung, aber er wurde ermordet, bevor er sein Versprechen einlösen konnte.

Wenn mich noch immer bei Besuchen der Al Aqsa ein Zittern überkommt, so ist das eine Folge der Zerstörung, deren Zeuge ich im August 1969 war, als ein geistesgestörter australischer Christ, Dennis Rohan, die Moschee in Brand steckte und schwere Schäden verursachte. Die Nachricht von diesem Anschlag verbreitete sich schneller als das Feuer selbst. Ersten Gerüchten zufolge war der Attentäter ein Israeli, möglicherweise sogar ein israelischer Soldat. Hysterie fachte die Flammen des Gerüchts an, und eine spontane Demonstration brach aus, die erste, mit der wir konfrontiert wurden.

Ich hielt es für meine Pflicht zu versuchen, die Spannungen zu entschärfen. Ich erklärte der versammelten Menge, daß es nicht ein nationalistischer Akt seitens eines Juden gewesen war, sondern die Wahnsinnstat eines Nichtjuden. Ich erklärte, und die Leute hörten mir schließlich zu.

Bevor das Feuer gelöscht werden konnte, war die Kuppel der Al Aqsa zerstört und mußte später zur Gänze repariert werden. Da alle Fotografien und Stiche der letzten hundert Jahre die Kuppel ebenso wie die des Felsendoms – im Gegensatz zu den von den Jordaniern geschaffenen silbernen und goldenen Kuppeln – schwarz darstellen, schlugen wir dem Waqf vor, zur ursprünglichen Farbe zurückzukehren. Die neuen Bleikuppeln halten auch das Regenwasser viel zuverlässiger ab. Der vom Rauch angerichtete Schaden ist

---

Die Al-Aqsa-Moschee auf dem Tempelberg während des Ramadans.

noch in der Kuppel zu sehen, die immer noch von den häßlichen Gerüsten der Reparaturarbeiten verdeckt wird.

Dennis Rohans Brandstiftung hätte verhindert werden können, da man schon bemerkt hatte, daß er sich auf dem Haram herumtrieb. Unsere Politik der Nichteinmischung in die Verwaltung des Harams durch den Waqf hat sich in diesem Falle als schädlich erwiesen. Wir bestanden daher darauf, eine kleine, aber gut ausgebildete Polizeieinheit auf diesem Gebiet zu stationieren, und führten einige Verbesserungen durch. Dazu gehörte ein Wassersystem, das an die Wasserversorgung der Stadt angeschlossen ist und nicht an die unterirdischen Zisternen des Haram. Diese Vorsichtsmaßnahmen erwiesen sich als entscheidend, als Jahre später eine Verschwörung eines »jüdischen Untergrunds« von extremen Nationalisten mit dem Ziel, die Moscheen zu sprengen, aufgedeckt wurde. Ihr Ziel war, das Kommen des Messias zu beschleunigen, indem sie das Gebiet freimachten, damit der Tempel wiedererbaut werden könnte.

Die Treppe östlich des Eingangs der Moschee, die offenbar im Leeren endet, hatte einst eine Funktion und führte zu überwölbten Gängen aus der Zeit des Herodes, wahrscheinlich Lagerräumen, und schließlich zum Huldator außerhalb der Mauer (siehe S. 30). Die Moslems verbarrikadierten die Eingänge der Stadt in dem erfolglosen Versuch, die Angriffe der Kreuzfahrer abzuwehren. Unter der Herrschaft der Kreuzfahrer wurde die Moschee zu einem Palast für die europäischen Kreuzfahrerkönige. Die unterirdischen Gewölbe, in denen die Tempelritter ihre Pferde einstellten, wurden fälschlich Salomos Ställe genannt. Saladin war es dann, der Jerusalem 1187 nach seinem historischen Sieg über die Kreuzfahrerheere bei Hattin in Galiläa einnahm und die Moscheen der Glorie des Islam zurückgab. In jüngster Zeit entfernte der Waqf die Reste der Kreuzfahrerelemente und ersetzte die Kapitelle und Säulen der Kreuzfahrer durch Kopien moslemischer Architektur.

Zwischen der Al Aqsa und dem Felsendom befindet sich ein ritueller Brunnen aus der Mameluckenzeit, genannt *al kas* (die Schale). Dort waschen fromme Moslems Hände, Gesicht und Füße vor dem Gebet. Der Brunnen ist nur für Moslems, und man muß der Versuchung widerstehen, sich den Staub des Tages abzuspülen, sofern man nicht selbst zu den Gläubigen gehört.

Wenn man die Haupttreppe zu dem anmutigen, gewölbten Tor hinaufgeht, sieht man links im Freien einen Minbar und einen Mihrab. Nach einer moslemischen Überlieferung werden, wenn die Toten in Jerusalem wiederauferstehen, die guten Taten und die Sünden gewogen. Man nimmt an, daß gute Taten, die in Jerusalem vollbracht werden, doppelt wiegen. Die überwölbten Säulen sind als Arkade der Waage bekannt, da diese Säulen die Waage tragen werden, auf der die guten (und bösen) Taten gewogen werden, während in jeder Himmelsrichtung ein Erzengel das Wägen der Seelen überwacht.

Der Felsendom

Das Wort prächtig wird gewiß zu häufig gebraucht, aber kein anderes Wort beschreibt den Felsendom, seine Schönheit, seine Anmut, seine Würde, seine Zierlichkeit. Die Araber ließen ihn von byzantinischen Handwerkern bauen, denn sie selbst hatten als Wüstenbewohner wenig architektonische Erfahrung. Die Kuppel soll ursprünglich aus echtem Gold geformt worden sein, obwohl die auf dem Modell der Stadt aus dem 19. Jahrhundert (siehe S. 82) dargestellte aus Blei ist. Die jetzige vergoldete Aluminiumkuppel wurde von Saudi-Arabien und anderen Ländern der Arabischen Liga finanziert. Das Innere ist mit Mosaiken und Blattgold verziert, und um die Decke herum sind Koranverse kalligraphiert. Die Kuppel ist 20 Meter hoch und hat einen Durchmesser von 10 Metern. Man sieht den heiligen Stein, das Zentrum der Welt, auf dem der Überlieferung nach Abraham bereit war, Isaak zu opfern, und von dem aus Mohammed in den Himmel aufgestiegen sein soll. Er wird durch einen Holzzaun geschützt, der Pilger davon abhalten soll, Erinnerungsstücke vom Felsen abzuschlagen, wie es in vergangenen Jahrhunderten der Brauch war.

Es heißt, daß das Loch im Felsen vom Erzengel Gabriel stammt, der die übrige Welt festhielt, damit sie nicht dem Propheten folgte.

Die handgewebten Teppiche sind ein Geschenk Mohammeds von Marokko, des Großvaters des jetzigen Königs Hassan. Ein Rest des Bartes des Propheten Mohammed wird in einem Spalt des Felsens aufbewahrt. Da dies kein Ort der öffentlichen Andacht ist, gibt es keinen Minbar.

Vor einigen Jahren wurde mir auf einer Pressekonferenz die Frage gestellt, ob es wahr sei oder nicht, daß wir die Absicht hätten, die Moscheen zu zerstören, um den Tempel wiederaufzubauen. Ich erklärte: »Der Tempel wird wieder gebaut, wenn der Messias kommt – und darauf müssen Sie es ankommen lassen.«

Der Bau östlich des Felsendoms, der dem maßstabgetreuen Modell eines Architekten ähnelt und ständig von Reparaturgerüsten verdeckt ist, ist der Kettendom. Es heißt, daß an dieser Stelle König David Gericht hielt und Schuld oder Unschuld feststellte, indem er an einer Kette zog.

Ein Gang zum östlichen Rand des Haram ist ein unbedingtes Muß: Man hat von dort aus einen unvergleichlichen Ausblick auf den Garten Gethsemane jenseits des Kidrontals.

Wenn wir die Stufen an der nordwestlichen Ecke hinuntergehen, sehen wir die Mauer eines Gebäudes aus reinem Felsgestein; Spuren der Steinbrucharbeiten sind noch leicht zu erkennen. Dies ist die Rückseite der Omariyah-Schule; sie steht an der Stelle der Antonia-Festung, in der Jesus verurteilt wurde.

Der südliche Zugang zum Tempelberg und der Felsendom.

Während der Mameluckenherrschaft wurden die Ränder des Haram mit einer Reihe von *madrassas*, islamischen Hochschulen, umgeben, die heute noch bestehen. Auch der Waqf hat hier seinen Sitz.

Längs des gebogenen westlichen Randes kommen wir an einer Reihe von Toren vorbei, zu denen das Gefängnistor (die Ottomanen hatten hier ihre Gefängnisse, daher der Name), das Eisentor und das Tor der Baumwollhändler gehören. Es lohnt sich, einen Blick durch dieses Tor auf den dahinterliegenden, eingeschlossenen Markt, den Suq al Qattanin, zu werfen, der 1336 vom Sultan gebaut und 1974 vom Waqf wiederhergestellt wurde. Gehen Sie aber nicht in den Markt hinein, denn dieses Tor ist nur ein Ausgang für den nordwestlichen Teil des Haram, und Sie finden nicht wieder zu Ihrer ursprünglichen Route zurück.

Das Innere des Felsendoms mit dem Felsen und der Kuppel.

Das Gebiet des Baumwollmarktes war lange umstritten. Die Briten behaupteten, es sei Eigentum der Regierung und nicht der Moslems und verweigerten die Erlaubnis, die zerfallenden Bauten wiederherzustellen.

Nach 1967 beschloß der Stadtrat von Jerusalem, die Renovierung zu gestatten – gegen die Opposition der Stadträte des Likud, die behaupteten, dies würde die Ansprüche der Moslems auf den Markt rechtfertigen.

Ich unterstützte die Entscheidung, denn ich schätzte die Beteiligung der Bevölkerung an der Wiederherstellung ihrer eigenen Umgebung.

Zwar kritisierte Professor Lemaire von der Universität Löwen in Belgien, der Vertreter der UNESCO, der unsere Restaurierungsarbeiten beaufsichtigte, daß dieses Unternehmen nicht die Qualität anderer Arbeiten in der Stadt habe, dennoch bin ich nach wie vor der Meinung, daß die lokale Initiative als solche und die Unterstützung durch die Bevölkerung bemerkenswert waren.

Wir gehen zurück und besichtigen das kleine Museum, das in der Eintrittsgebühr für die Al Aqsa und den Felsendom inbegriffen ist. Neben den voluminösen Korans, den Kesseln, die in der Vergangenheit dazu dienten, die Armen zu speisen, und den ornamentalen Türen und Halbmonden sieht man die Reste des Minbar, den Saladin der Al-Aqsa-Moschee schenkte und der der Brandstiftung Dennis Rohans zum Opfer fiel.

Saladin hatte Minbars aus Mahagoni und Perlmutt, deren Holzteile ohne einen einzigen Nagel zusammengefügt waren, sowohl der Al Aqsa als auch einer Moschee in Hebron geschenkt. Der Minbar aus der Al Aqsa konnte nicht wiederhergestellt werden, da kein Handwerker die alten kunstvollen Techniken mehr beherrscht, aber eine möglichst genaue Kopie ist in Arbeit.

Wir verlassen den Haram durch das Tor, durch das wir ihn betraten, das Moghrabitor. Das Slumgebiet, das sich an die West-Mauer anschloß und das wir unmittelbar nach dem Waffenstillstand dem Erdboden gleichmachten, hieß Moghrabi-Viertel. Wir kehren zurück auf den freien Platz vor der West-Mauer und zu dem neugebauten kunstvollen Torweg und gehen hinunter zum Misttor und den Ausgrabungen an der südlichen Mauer.

Der Ophel

Unmittelbar vor dem Misttor, auf der linken Seite, befindet sich der Eingang zu den Ausgrabungen. Es fällt mir schwer zu glauben, daß dies einmal eine öde Fläche war, ohne jeden Hinweis auf die alten, darunter verborgenen Bauten.

Heute ist es ein ökumenisches *Potpourri* mit einer Mischung von jüdischer, christlicher und islamischer Kultur, die vielleicht nirgends sonst so ins Auge springt.

Obwohl es keine Reste des Ersten oder Zweiten Tempels selbst gibt, wenn man von der äußeren West-Mauer absieht, sind wir über diese Periode gut unterrichtet.

Es wurde einmal behauptet, daß an den drei jüdischen Feiertagen, an denen es üblich war, nach Jerusalem zu pilgern – Passah, Shavuoth und Sukkoth (Laubhüttenfest) –, diese Stadt von 250 000 Einwohnern 250 000 Pilger beherbergte, aber heutige Historiker geben niedrigere Zahlen an. Trotzdem kann ich mir unmöglich vorstellen, wie die Stadt heute (selbst mit all ihren modernen Hotels und Herbergen) einen solchen Massenzustrom auf einmal aufnehmen und mit dem Nötigen versorgen sollte. Natürlich brachten die Pilger ihre eigenen Zelte und ihren Proviant mit und kampierten vor den Toren.

Wir gehen in das ausgegrabene Gebiet (nachdem wir die Eintrittsgebühr bezahlt haben), erreichen die südwestliche Ecke der Außenmauer des Tempelbergs und gehen nach links weiter und unter dem Robinson-Bogen hindurch, der nach einem amerikanischen Archäologen, Edward Robinson, benannt ist. Edward

Das Tor der Baumwollhändler auf dem Tempelberg.

Robinson begründete die moderne wissenschaftliche Erforschung der Geographie des Heiligen Landes. Dies ist ein Überrest von einer Reihe von Bögen in dem Tal der Käsemacher, in dem wir nun stehen. Auf der zweiten Steinreihe kann man eine hebräische Inschrift aus dem Buch Jesaja erkennen, die von einem Pilger eingeritzt wurde, unsere Version der Graffiti des 4. Jahrhunderts.

Die Rinnen an der Ecke der Mauer wurden für Wasserrohre gemacht, wahrscheinlich für die Paläste der Omaijaden, deren Überreste über das ganze Ausgrabungsgebiet verstreut sind. Beim Bau dieser Paläste verwandte man oft Steine aus der Zeit des Herodes, die nach der Zerstörung durch die Römer umherlagen.

Im allgemeinen wurde in diesem Gebiet immer dringend Wasser benötigt, sei es für rituelle Bäder, sei es für die großen Paläste. Man muß bedenken, daß während der Feiertags-Pilgerreisen zur Zeit des Ersten

Die Ophel-Ausgrabungen an der südwestlichen Mauer der Altstadt.

und Zweiten Tempels jeder Pilger ein Opfer darbrachte und daß die Reinigung und das Fortschwemmen des Opferblutes ungeheure Wassermengen benötigte.

Am Ende dieser Mauer steht man starr vor Staunen, wenn man versucht, die Ungeheuerlichkeit dieses Bauwerks zu begreifen, das in Wirklichkeit nicht weniger wunderbar, wenn auch nicht so dramatisch ist wie die Pyramiden Ägyptens. Es gibt Steine, die 400 Tonnen wiegen. Moderne Kräne können dieses Gewicht kaum heben.

Die Mauerwerke aus der Zeit des Herodes – sogenannte Trockenmauern – sind deutlich zu erkennen. Die großen, *ashlars* genannten Steine haben einen Rahmen um die Kanten herum, der nach oben breiter wird, und die Meißelspuren sind gut zu sehen. Alle Steine wurden bearbeitet, bevor sie nach einer Art Legomethode in die Mauer eingesetzt wurden. In jeder Reihe wurden die Steine einen Zoll weiter zurückgesetzt, so daß die Mauer eine leichte Neigung aufweist – architektonische Methoden, die noch heute gültig sind.

Während die Steine auf der Außenseite eng gefügt zu sein scheinen, gibt es auf der Innenseite Hohlräume, die das Abfließen des Regenwassers ermöglichen und sogar massive Schäden im Falle von Erdbeben verhüten.

Am Ende der Mauer, auf der rechten Seite, finden sich Überreste, die von frühen Archäologen unter Verwendung eines Schachtsystems freigelegt wurden. Die Steine aus Herodes' Zeiten sind hier noch besser erhalten, da sie vor der Witterung geschützt waren. Erwähnenswert ist, daß bis zum Grundgestein noch vierzehn weitere Schichten kommen.

Auf der linken Seite (mit Nr. 5 bezeichnet) sind Überreste der Hauptstraße im Jerusalem des Herodes zu sehen. Die Pflastersteine und Randsteine stammen aus der Tempelzeit und wurden von den Steinen bedeckt, die während der Zerstörung des Tempels von der Mauer heruntergefallen waren.

Vieles, was man über dieses Gebiet weiß, ist den Schriften des Josephus Flavius entnommen. Im Jahre 37 n. Chr. in einer Priesterfamilie als Joseph ben Matthias geboren, wurde er Soldat, Redner und Historiker. Er wurde zum Statthalter von Galiläa ernannt, aber als Vespasian seine Festung eroberte, nahm er dessen Namen Flavius an und diente den Römern mit unerschütterlicher Ergebenheit. Er wurde römischer Bürger und beendete seine Tage als kaiserlicher Pensionär. Seinen Ruf verdankt er vor allem seiner Arbeit als Geschichtsschreiber dieser Periode. Archäologische Funde haben immer wieder die Glaubwürdigkeit des Josephus bestätigt.

Wir gehen zur Ecke der Mauer zurück und wenden uns nun nach links entlang der Außenmauer der Al-Aqsa-Moschee.

Wenn wir aufblicken, sehen wir zuerst die größeren Steine aus der Zeit des Herodes und der Omaijaden, dann die Steine der Kreuzfahrer und der Mamelucken und schließlich die Steine mit den kleinen Buckeln, die für die ottomanischen Baumeister des 16. Jahrhunderts typisch sind.

Wir können frei durch die Überreste eines restaurierten byzantinischen Hauses (Nr. 9) gehen oder durch das Ausgrabungstor, das 1970 eröffnet wurde, um den Zugang zum östlichen Eingang des Palastes des Omaijaden-Kalifen zu ermöglichen. Hinter dem Tor befinden wir uns außerhalb der Stadtmauer. 1967 war dies ein einziger Schutthaufen. Es fällt mir schwer, die Erinnerung an diesen Schutthaufen ins Gedächtnis zurückzurufen. Aber es gibt zahlreiche Fotografien, die meine Vorstellungskraft unterstützen.

Zur Linken gehen wir an einer Reihe von – öffentlichen und privaten – rituellen Bädern vorbei. In der monumentalen Treppe, die zum Tempelberg führt, waren die Stufen alle verschieden hoch, so daß der Aufstieg zum Tempel mit Bedacht vorgenommen werden mußte. Die Pilger konnten nicht leichtfertig hinauflaufen. Bei der Restaurierung behielten wir diese Anomalie bei.

Die Treppe führt zu einem omaijadischen dreifachen Tor hinauf, einer Kopie des früheren Huldators. Nach der Prophetin Hulda benannt, bot dieses Tor Zugang zum Tempel. Man trat durch das dreifache Tor ein, während das doppelte Tor, das zur Linken angedeutet ist, als Ausgang diente. Es heißt, daß Leprakranke, Trauernde und Ausgestoßene das Gegenteil taten – sie gingen durch das Doppeltor hinein und durch das dreifache Tor hinaus, so daß sie leicht zu erkennen waren.

Die Ophel-Ausgrabung war ein Familien-Unternehmen. Sie wurde von dem ersten Archäologen, Benjamin Mazar, begonnen und von seiner Enkelin Eilat fortgesetzt.

Anfangs waren die ultra-orthodoxen Gruppen gegen diese Ausgrabung. Aber die Opposition beschränkte sich nicht nur auf die jüdische Gemeinde, auch die Moslems erhoben Einspruch, weil sie fürchteten, daß die Ausgrabungen die Fundamente der Al-Aqsa-Moschee unterhöhlen würden. Diese Befürchtungen konnten ausgeräumt werden.

Wenn wir durch den Ophel zurückgehen, erreichen wir das Misttor. Der ursprüngliche Bau war auch um die Mitte des 20. Jahrhunderts nur ein kleiner Durchgang, der kaum die Bezeichnung Tor verdiente. Die Jordanier waren schließlich gezwungen, ihn für den Fahrzeugverkehr zu erweitern, und sie brachten einen häßlichen Eisenträger im Scheitel an. Um das Tor zu erneuern, vergrößerten wir es in seiner ursprünglichen Form und stellten so seine Schönheit wieder her, ohne die Vorteile für den Verkehr zu verlieren.

Unser Spaziergang geht zwar hügelabwärts nach links weiter, aber ein winziger Abstecher nach rechts bietet mir die Gelegenheit, wieder einmal die Mühen und Plagen zu betonen, die der Versuch mit sich bringt, eine moderne Stadt auf den Fundamenten einer alten zu verwalten.

Mehrere Jahre lang führte die einzige vom Misttor ausgehende befahrbare Straße nach Osten, was einen großen Umweg für den Autofahrer bedeutete, der entweder das Zionstor oder den südlichen Teil der neuen Stadt erreichen wollte. Die Logik diktierte den Bau einer Straße, die eine Verbindung zur Pope's Road (siehe S. 47) herstellte. Wir machten uns also an die Arbeit.

Unsere Straßenbauer des 20. Jahrhunderts stießen auf das Werk ihrer Vorgänger aus dem 1. Jahrhundert und entdeckten einen Teil einer römischen Straße. Wie sollten wir nun die neue Straße bauen, ohne die alte zu zerstören? Die Lösung war eine niedrige, brükkenähnliche und kostspielige Konstruktion über der früheren Straße.

Das ganze Gebiet zur Rechten ist ein archäologischer Garten mit bemerkenswerten, deutlich gekennzeichneten Funden, der von der Jerusalem Foundation wiederhergestellt wurde.

Dazu gehört eine Ecke der Nea, einer großartigen byzantinischen Kirche, die im 6. Jahrhundert von Justinian erbaut wurde und wahrscheinlich das größte Bauwerk ihrer Zeit in diesem Teil der Welt war. Andere Reste der Nea wurden im Jüdischen Viertel innerhalb der Mauern der Altstadt gefunden und vermitteln eine Ahnung von der Größe dieser Kirche. Prokop, ein Chronist des 6. Jahrhunderts, hinterließ eine genaue Beschreibung der Nea und der Schwierigkeiten beim Bau aufgrund der steilen Abhänge. Die Bögen in Bodenhöhe sind ausgegraben worden.

Die Stadt Davids

Der Eingang zu den Ausgrabungen in der Stadt Davids befindet sich am Fuß des Hügels. Anfang dieses Jahrhunderts kaufte ein Angehöriger des französischen Zweigs der Familie Rothschild dieses Stück Land, um die wahre Begräbnisstätte König Davids zu suchen. Baron Edmond de Rothschild, bekannt als *»Hanadiv«* (der Großzügige), hatte einen entscheidenden Anteil an der frühen Besiedlung des Landes, aber dies war sein persönliches Steckenpferd.

Die Briten erklärten dieses ganze Gebiet zur archäologischen Fundstätte und verboten daher jede Bautätigkeit. Als es jordanisches Territorium wurde, beachtete man dieses Verbot nicht mehr. Ein großer Teil des Gebietes, der zweifellos Tausende von alten Artefakten bedeckt, wurde bebaut und bildete das arabische Dorf Hilweh. Da die Jordanier aber die Besitzrechte achteten, wurde das von den Rothschilds erworbene Land vom jordanischen Verwalter als feindliches Eigentum verwahrt und blieb unberührt. So wurde die Davidsstadt zu einem Anziehungspunkt für Archäologen, die große Erwartungen hegten auf das, was die Spitzhacken und Schaufeln zutage bringen würden.

Archäologen, individuelle Forscher und regelrechte Expeditionen, kamen ungefähr seit den 1860er Jahren nach Jerusalem. Sie suchten nach den Resten des Tempels, von Palästen und Gräbern. Manche hofften, biblische Quellen zu bestätigen, andere wollten diese widerlegen. Während die moderne Archäologie die Wunder der Technologie des 20. Jahrhunderts zu ihrer Verfügung hat, ist sie wahrscheinlich ein Gebiet, das seinem jahrhundertealten Vorläufer mehr ähnelt als jedes andere. Und die Leidenschaft der heutigen Archäologen kommt der der alten gleich.

Unser Wunsch zu graben fand finanzielle Unterstützung durch einen frommen südafrikanischen Juden, Mendel Kaplan, der seinen Kindern den Zionismus dauerhaft näherbringen wollte. Sie wurden zusammen mit ihren Freunden freiwillige Helfer bei den Ausgrabungen, und Mendel Kaplan wußte über die Stadt Davids bald mehr als mancher Historiker.

Die Funde waren so aufregend, wie man es erwartet hatte. In einem Haus allein fand man einundfünzig Bullen – Tonkügelchen aus dem 7. und 6. Jahrhundert v. Chr., die dazu verwendet wurden, Papyrusdokumente zu siegeln. In die meisten waren hebräische biblische Namen wie Azaryahu, Sohn des Hilkiyahu, eingeprägt. Die Ascheschichten, die die Böden der Häuser bedeckten, zeugen von der Zerstörung Jerusalems durch Nebukadnezar im Jahre 587 v. Chr. Töpfereiwaren und Figurinen halfen, die Geschichte der Stadt Davids aufzuzeichnen.

Unter den Überresten der Bauten aus dem 7. und 6. Jahrhundert v. Chr., die das vorzügliche handwerkliche Können dieser Zeit erkennen lassen, befindet sich ein steinerner Stufenbau aus dem 10. Jahrhundert v. Chr., der in der sogenannten »Zone G« gefunden wurde. Diese Zone G wurde bald als der Ort eines erbitterten Streits zwischen den ultra-orthodoxen Juden und den Archäologen allgemein bekannt. Die Ultra-Orthodoxen behaupteten, auf einige Knochenfunde gestützt, daß die Zone G ein jüdischer Friedhof gewesen sei, und wehrten sich daher gegen Ausgrabungen an dieser Stelle. Sie sind im allgemeinen gegen jede Veränderung; außerdem suchen sie von Zeit zu Zeit Scherereien, um ihrem Appell an Wohltäter in Übersee Nachdruck zu verleihen.

Bei der Lektüre dieses Buches werden Sie feststellen, daß es immer wieder zu solchen Konfrontationen kommt. Aber die Auseinandersetzung um die Zone G war ein besonders ernstes Beispiel, da es nicht nur verbale Angriffe gegen den zuständigen Archäologen Yigal Shilo und sein Team gab, sondern auch zu Tätlichkeiten kam. Aber wie immer in solchen Fällen beruhigte sich die Lage ganz plötzlich wieder.

Der Besuch der Ausgrabungen der Stadt Davids schließt auch den Schacht mit ein, der nach Charles Warren benannt wurde. Wasser war für Jerusalem, wie auch heute noch, immer ein Problem. Zur Zeit des Ersten Tempels versorgten drei Systeme, die alle von der Gihon-Quelle ausgingen, die Stadt mit Wasser. Eines davon war der Warren-Schacht, der aus dem 10. bis 9. Jahrhundert v. Chr. stammt. (Man kann auch Hesekiels Tunnel besuchen, dessen Entstehung genau auf 701 v. Chr. festgelegt werden kann, aber Kerzen oder eine Taschenlampe, Gummischuhe, ein warmer Tag und ein wenig Mut sind nötige Voraussetzungen.)

Wenn der Ab- und Aufstieg im Warren-Schacht Sie nicht völlig ermüdet hat, könnten die Gräber im Kidrontal, ein kurzes Stück von der Davidsstadt entfernt in Richtung des Ölbergs, ein weiteres Ziel dieses Spaziergangs sein. Diese charakteristischen, in den Hügel gehauenen Strukturen werden das Grab oder die Säule Absaloms und das Grab des Zacharias genannt, obwohl weder Absalom noch Zacharias hier begraben sind. Ihre Pracht läßt jedoch vermuten, daß sie als Begräbnisstätten für hochgestellte Persönlichkeiten dienten.

Zachariahs Grab im Kidrontal.

3
Das Damaskustor und die Stadtmauerpromenade

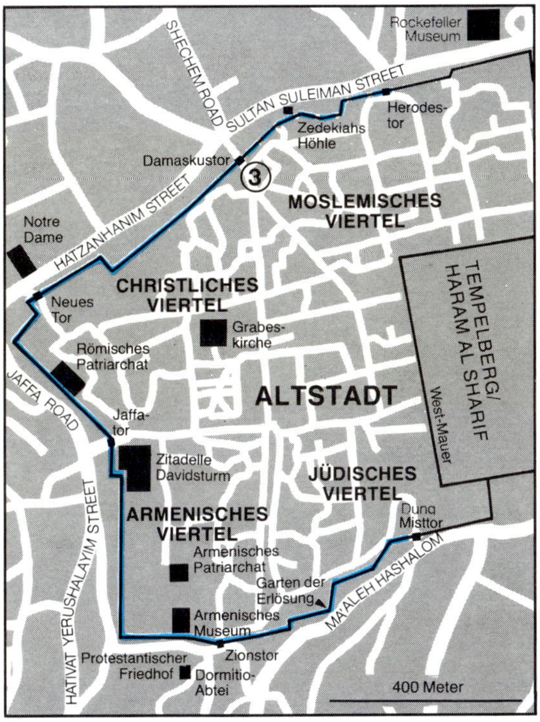

Wenn Mauern reden könnten! Kein Ort Jerusalems ist so eng mit der Geschichte der Stadt verbunden wie das Damaskustor. Seine Schönheit allein würde Suleiman den Prächtigen zu seinem Beinamen berechtigt haben.

Ein Tor stand schon lange vor Suleiman an dieser Stelle. Es hatte nicht nur gesehen, wie Jerusalem von Hand zu Hand ging, sondern auch verschiedene Namen angenommen, um die jeweiligen Herrscher zufriedenzustellen. Schon zur Zeit des römischen Feldherrn Agrippas, um die Mitte des 1. Jahrhunderts v. Chr., gab es hier ein Tor, aber sein Name ist verlorengegangen. Die Dokumentation über die Periode des römischen Kaisers Hadrian (Publius Aelius Hadrianus) ist weit vollständiger, da er die Voraussicht hatte, einen Hofhistoriker zu beschäftigen. Als Hadrian im Jahre 135 n. Chr. den jüdischen Aufstand unter Bar Kochba niedergeschlagen hatte, zerstörte er die Stadt nicht nur, sondern benannte sie auch in Aelia Capitolina um, womit er, wie es Brauch war, seinem eigenen Namen ein Denkmal setzte.

In späteren Jahrhunderten nannten die Araber die Stadt Iliya. Es gibt viele Theorien über die Bedeutung dieses Namens – vielleicht war Iliya die Frau, die die Stadt erbaute, oder Iliya bezog sich auf das Haus Allahs –, aber eine logischere Annahme ist, daß es sich um eine Entstellung von Aelia handelte.

Hadrian war ein eifriger Bauherr, und sein Werk an dieser Stelle war ein großes Mittelor mit zwei kleineren Toren an jeder Seite, an die sich zwei Türme anschlossen. Er nannte es Porta Neapolis, da die Straße von hier aus nach Neapolis führte, der »neuen« Stadt, die er an der Stelle des biblischen Shechem erbaute.

Im 4. Jahrhundert wurde aus der Porta Neapolis das Stephanstor zum Gedenken an den ersten christlichen Märtyrer, der in der Nähe zu Tode gesteinigt worden war. Auf Kreuzfahrerkarten wird dieser Name verwendet. Nach der zweiten Eroberung Jerusalems durch die Moslems im Jahre 1187 übertrugen die Christen den Namen des heiligen Stephan auf das heutige Löwentor.

Die moslemische Omaijadenperiode im 7. bis 8. Jahrhundert brachte den Namen Bab el Amud, Säulentor, und dieser arabische Name ist noch heute in Gebrauch. Hadrian hatte in der Mitte des inneren Platzes des Tors eine massive Säule aufgestellt, deren Spitze seine Büste krönte, aber sie wurde aller Wahrscheinlichkeit nach während der Kreuzfahrerzeit zerstört oder entfernt. Auf der Madaba-Karte aus dem 6. Jahrhundert ist sie deutlich dargestellt.

Der Name Damaskustor, der wahrscheinlich seit dem 17. oder 18. Jahrhundert gebräuchlich ist, zeugt von der Blüte der Stadt Damaskus in dieser Zeit, denn die Straße führt von hier aus nordwärts nach Damaskus (natürlich nur theoretisch, denn sie endet abrupt an der syrisch-israelischen Grenze). Sie berührt dabei Nablus, eine große arabische Stadt von 100 000 Einwohnern, die über der alten Stadt Shechem erbaut wurde. Daher auch der hebräische Name Shechemtor für das Damaskustor. Nablus ist die Nachfolgerin von Hadrians Neapolis, wurde aber ein Opfer des arabischen Unvermögens, den Buchstaben »P« auszusprechen, aus dem ein »B« wird.

Wegen seiner außerordentlichen Schönheit fesselte das Damaskustor die Pilger und Reisenden, die im 18. und 19. Jahrhundert das Heilige Land besuchten. Roberts und Turner malten es, Bonfils und Salzmann fotografierten es, Bartlett schrieb darüber. Das Tor hat eine seltene, mit seiner Wuchtigkeit verwobene Zierlichkeit. Es ist ein eindrucksvolles Zeugnis islamischer

Architektur in Jerusalem und wird nur von den Bauten auf dem Haram al Sharif übertroffen, die von angeworbenen byzantinischen Baumeistern stammen. Was wir 1967 vorfanden, war ein verfallendes Bauwerk. Wasser war in die Ritzen eingedrungen und hatte die Steine gelockert. An jeder freien Stelle innerhalb und außerhalb des Tors waren mutwillig Hütten angebaut worden. Jeder Versuch, im Schatten dieses Bauwerks Ruhe zu finden, war vergeblich, denn der ganze Eingang war von einem Schwarm ewig hupender Taxis blockiert.

Auch hier standen wir vor dem Problem, das türkische Wasserleitungs- und Kanalisationssystem zu erneuern. Es war eine ungeheure Aufgabe, denn innerhalb des Tors hatten wir es mit einem dicht besiedelten Wohnviertel zu tun.

Auch wegen der menschlichen Aspekte stellte es ein heikles Unternehmen dar. Wir können in Jerusalem nur wenig tun, was nicht politische Komplikationen nach sich zieht. Was unter anderem das Altstadtpanorama verschandelte, war die Menge der Fernsehantennen. Wir trachteten, diese häßlichen Dinger durch eine Gemeinschaftsantenne zu ersetzen, und wollten im übervölkerten Moslemviertel beginnen, wo der Antennenwald besonders dicht wuchs. Aber unsere Motive waren suspekt. Sicherlich wollten wir nur verhindern, daß die moslemische Bevölkerung die jordanischen Fernsehsendungen empfing.

Wir begannen daher mit der Arbeit im Christen- und im Judenviertel, wo man uns ein gewisses Vertrauen entgegenbrachte. Bis die Bewohner des Moslemviertels zugaben, daß die Gemeinschaftsantenne einen klareren Empfang ermöglichte, war die Kasse leer. Das Projekt bleibt somit in unserer Mappe für unerledigte Angelegenheiten liegen.

Am Damaskustor hofften wir, ein oder zwei Artefakte von archäologischem Wert zu finden. Aber sobald wir riesige Steinplatten in der Stadtmauer entdeckt hatten, beschlossen wir, aufs Ganze zu gehen. Unser Entschluß wurde mit der Ausgrabung von Pflastersteinen aus der römischen Zeit belohnt, die geriffelt waren, um das Ausgleiten der Pferdehufe zu verhindern. Man findet sie überall in der Altstadt.

Da wir schon einmal dabei waren, beschlossen wir, nicht nur die Küche in Ordnung zu bringen, sondern das ganze Haus. Als erstes machten wir uns an den beengten Eingang zur Stadt. Die Briten hatten zwar die Betonbauten außen vor dem Damaskustor abgerissen, die seine Schönheit verdeckten, aber an ihrer Stelle waren in der Folge behelfsmäßige Bauten entstanden.

Die Arbeit begann an drei Stellen: im Tor, außerhalb des Tors und oben auf dem Wall. Die Spannung wuchs mit jedem Schlag der Spitzhacke: Wenn nur ein Fragment des römischen Tors auftauchen würde! Das erste Heureka kam von oben auf dem Wall. Arbeiter, die eine blockierte Öffnung freimachten, entdeckten eine Treppe, die in die Stadtmauer hinunterführte. Auch die Arbeiter draußen vor dem Tor hatten Glück. Sie legten nicht nur Reste der römischen Tore frei, sondern auch eines der ursprünglichen Tore, das im Laufe der Zeit zugedeckt worden war und sich nun unter dem Erdboden befand.

Wir waren gezwungen weiterzumachen. Aber wir stießen nun auf ein Hindernis, das dicker war als die Mauern des Herodes oder der Hasmonäer: die Finan-

Das Damaskustor heute in Ramadan-Beleuchtung mit dem römischen Tor und dem Aufgang zur Stadtmauer unter der Brücke zur Linken.

zierung. Wenn es so scheint, als ginge ich immer mit ausgestreckter Hand herum, so kommt das der Wahrheit sehr nahe. Aber ich gehe nur in den Fußstapfen eines berühmten Vorgängers: Sir Ronald Storrs, des ersten britischen Gouverneurs Jerusalems und Präsidenten der Pro-Jerusalem Society, die er 1919 gründete, »weil es, besonders in dieser einzigartigen Stadt, viele Aspekte des bürgerlichen Lebens gab und immer geben wird, mit denen sich keine Militärverwaltung und auch keine Zivilregierung, so verständnisvoll sie auch eingestellt sein mag, befassen kann, ohne die bürgerlichen und individuellen Bemühungen zu durchkreuzen. Die Ziele der Gesellschaft (. . .) sind die Wahrung und Förderung der Interessen Jerusalems und seiner Einwohner.« Die »Society« war die Vorläuferin unserer Jerusalem Foundation. Sir Ronald berichtet von einer Reise, die er 1923 unternahm, um Geldmittel aufzubringen: »Zu Beginn des letzten Jahres reiste ich in die Vereinigten Staaten mit dem Ziel, das Interesse, die Sympathie und die Unterstützung dieser großzügigen Nation zu gewinnen. Ich muß mit Dankbarkeit die ritterliche Aufnahme vermerken, die meinem ausgefallenen und ungewöhnlichen Ersuchen gewährt wurde, so daß ein zwangsläufig auf zwanzig Tage beschränkter Aufenthalt Beiträge und Spenden in Höhe von mehreren tausend Pfund erbrachte.«

Trotz seines Erfolges konnte er einige seiner Projekte nicht finanzieren. Für 20 englische Pfund konnte man stiften: »Bänke aus palästinischem Marmor oder anderem guten Stein für die Parks und Gärten der Gesellschaft. Der Name des Stifters wird in die Bank eingemeißelt.« Mit einer geringeren Gabe von zwei bis fünf Pfund stiftete man »Bänke aus Holz oder Eisen an passenden Stellen auf der Stadtmauerpromenade oder in den Gärten. Der Name des Stifters wird eingeschnitten oder aufgemalt«. Eine größere Spende von 2000 Pfund wurde für Reparaturen an der Zitadelle verwendet, während Reparaturen an den sieben Toren Jerusalems für jeweils annehmbare 50 Pfund zu haben waren. Könnten wir nur so billige Angebote machen . . .

Trotz unserer höheren Kosten brachten wir die Gelder auf, um die Arbeit am Damaskustor fortsetzen zu können. Nun gab es aber vierzehn Läden und sechs Lagerräume innerhalb des Tors. Zweiundzwanzig Verträge wurden unterzeichnet, in denen wir uns verpflichteten, die Läden vorübergehend zu entfernen und nach Beendigung der Ausgrabungsarbeiten wiederaufzubauen – unter Beibehaltung ihrer einheimischen Architektur.

Die Arbeit dauerte zwei Jahre. Wir bauten die Läden auf der heutigen Ebene wieder auf und erneuerten die Ibn-Omar-Moschee, die jahrelang nicht benutzt worden war. Wir erweiterten auch den Platz oben auf dem Wall. Dort stand eine große Tischlerwerkstatt, die Muhammed Hafez abu al Dabath gehörte, aber der Platz verlangte nach einem Café. Abu al Dabath war gern bereit, seine Werkstatt gegen zwei Läden und ein Café einzutauschen (ein echt orientalischer Handel), die er jetzt stolz betreibt.

Das Damaskustor in den zwanziger Jahren.

Die Freilegung der inneren Räume der römischen Tore und Türme war eine entmutigende, mühevolle Arbeit: Mit Erde gefüllte Körbe wurden von Eseln weggetragen. Sie dauerte acht Monate, obwohl in drei Schichten rund um die Uhr gearbeitet wurde. Eines Tages zeigte Yitzhak Yaacovy, der Mann, der dieses Unternehmen leitete, die fortschreitenden Arbeiten einem Journalisten, Chris Walker von der *London Times*, der einen Artikel für die Weihnachtsnummer seiner Zeitung schrieb. Die größtenteils beduinischen Arbeiter hatten beinahe den Boden des östlichen Turms erreicht und luden die letzten Körbe mit Schutt auf die Esel. Plötzlich stürzten die Esel in eine Ecke des Raumes, wo sie einen türkischen Futtertrog entdeckt hatten, in dem noch einige Körner übriggeblieben waren. Sie drängten sich um ein abgestandenes, 400 Jahre altes Mahl, während alle Anwesenden versuchten, noch ein paar Körner für die Wissenschaft zu retten. Die Wissenschaft verlor.

Man vermutet nun, daß die Türme bis in die Omaijadenzeit noch in Gebrauch gewesen waren. Eine der Entdeckungen an dieser Stelle löste ein altes Rätsel: Warum hieß eine Hauptstraße auf dem Markt der Altstadt auf arabisch Tariq Bab Khan es-Zeit, die »Straße des Tors der Ölpresse«? Auf dem Fleischermarkt findet man Fleischer, auf dem Juweliermarkt Juweliere, aber man wußte von keiner Ölpresse. Die Lösung lag in dem neu ausgegrabenen östlichen Turm des Damaskustors, wo man sieben Pressen fand, die auf eine größere Olivenölindustrie hinweisen.

In der östlichen Mauer des östlichen Turms wurde eine kleine Kammer entdeckt. Vermutlich gehörte sie dem Torwächter. Das war eine einflußreiche Stellung, denn von der Entscheidung des Torwächters hing es ab, ob man die ummauerte Stadt mit der Sicherheit, die sie bot, betreten durfte oder nicht. Niemand konnte die Verantwortung für das Schicksal eines Menschen übernehmen, der über Nacht außerhalb der Mauern bleiben mußte.

Wir wurden bald unersättlich. Der Erfolg der Ausgrabungen fachte die Hoffnung an, daß wir Hadrians Säule entdecken könnten. Wir fanden etwas, was als Sockel gedient haben mochte, aber nicht mehr. Daher beschlossen wir, uns der Technologie des 20. Jahrhunderts zu bedienen und ein Hologramm der Säule anzufertigen, das wir in der Nähe des Sockels aufstellten – bis zu dem Tag, an dem die echte Säule gefunden wird.

Unser Entschluß, das Tor zu reparieren, war durch eine Situation diktiert worden, die keine Alternative zuließ: Es war dem Verfall preisgegeben. Wir sahen auch in einem anderen Fall keine Alternative: Die Taxis mußten vom Eingang des Tors entfernt werden. Der Massenverkehr von Menschen – und Eseln und Maultieren – in beiden Richtungen inmitten der Schar von Straßenhändlern, die eifrig Kunden suchen, duldet keine größere Ansammlung von Fahrzeugen.

Wir suchten einen Plan, der den unterschiedlichen Bedürfnissen einer unterschiedlichen Bevölkerung gerecht wurde: Hausierer sollten ihre Waren anpreisen, Touristen ihre müden Glieder ausruhen und einen ungehinderten Anblick des Tors genießen, Bewohner der Altstadt ihre Häuser und Läden ohne Gefahr für Leib und Leben erreichen, die jüdischen Bewohner der benachbarten Viertel leichter zur West-Mauer und die christlichen Pilger leichter zur Via Dolorosa gelangen. Wir wählten einen unbehinderten, amphitheaterähnlichen Zugang.

Die Umbauten mußten schnell beendet werden, denn eine Behinderung des Zugangs zum Damaskustor kommt einer Blockierung des Piccadilly Circus oder des Times Square gleich. Die absoluten Zahlen mögen niedriger sein, aber die entstehende Verwirrung wäre ähnlich. Die Arbeit wurde tatsächlich mit Überschallgeschwindigkeit abgeschlossen.

Die Zukunft des Damaskustors und seiner Umgebung interessierte nicht nur die Stadtväter Jerusalems, sondern wurde ein Studienprojekt für eine Gruppe ehrgeiziger junger Architekten der Universität Harvard. Diese Studenten kamen nach Jerusalem unter der Leitung von Moshe Safdie, dem israelischen Architekten, der seinen ersten Ruhm dem Habitat auf der Welt-Ausstellung 1967 in Montreal verdankt. Sie lernten rasch eine der wichtigen Lektionen des Lebens, die in keinem akademischen Rahmen gelehrt wird: Nicht nur rein architektonische Vorstellungen diktieren die Entscheidungen, sondern ebenso auch das vorhandene menschliche Mosaik. Es mag Jahre oder sogar Jahrzehnte dauern, bevor eine Planung dieser Größenordnung ausgeführt werden kann; daher überlasse ich die Kreativität dieser Studenten als Vermächtnis meinen Nachfolgern.

Die Stadtmauerpromenade

Als nächstes auf unserer Liste stand die Stadtmauerpromenade, die es ermöglichen sollte, auf der Mauer um beinahe die ganze Altstadt mit Ausnahme des Tempelbergs und der Moscheen herumzugehen. Auch diese Idee stammte ursprünglich von Sir Ronald Storrs.

Schon die Briten hatten einen häßlichen Uhrturm über dem Jaffator abgerissen, der erbaut worden war, um das dreiunddreißigste Jahr der Herrschaft des Sultans Abdul Hamid zu feiern. Man kann sich die scharfe internationale Kritik vorstellen, wenn wir auch nur daran gedacht hätten, so etwas zu tun. Bei den Briten rührte sich niemand.

Die Briten verzeichneten in der Tat schon beträchtliche Fortschritte mit ihrer Stadtmauerpromenade, aber diese wurden wieder zunichte gemacht von den jordanischen Legionären, die auf der Mauer ihre militärischen Stellungen einrichteten. Wir mußten wieder von vorn beginnen. Wie auf dem Damaskustor war Wasser in die Zinnen eingesickert und hatte eine prekäre Situation geschaffen. Es gab kaum Geländer, und die türkischen Stufen, die zur Mauer hinaufführten, waren zerfallen. Dieser Schaden mußte repariert werden. Wo es möglich war, wurden die türkischen Stufen ausgebessert, notfalls auch neue Stufen gebaut. Geländer brachten wir in einer bequemen Höhe an, mit engen Stäben zum Schutz für kleine Kinder.

Die Stadtmauerpromenade bietet eine bunte Mischung von Bildern und Lauten. Man springt kreuz und quer durch die Jahrhunderte wie bei einem Damespiel: hier Überreste aus der Römerzeit; dort eine arabische Familie in einem gewölbten Steinhaus, die sich zum Mittagessen niedersetzt; dort ein Blick auf den Verkehrsstau in der modernen Stadt; dort der schattige Hof des Spafford-Kinderheims.

Heute herrscht auf der Stadtmauer eine friedliche Stimmung, aber ihre Vergangenheit war weit weniger freundlich. Wer in die ummauerte Stadt eindringen wollte, wurde mit siedendem Öl begrüßt, das durch die Gußerker, die überhängenden »Nasen« in der Brustwehr, gegossen wurde – eine wirksame Methode, unliebsame Gäste zu entmutigen.

Der Spaziergang erstreckt sich über dreieinhalb Kilometer. Man kann an verschiedenen Stellen auf die Mauer hinaufsteigen (am Damaskustor und am Jaffator) und an mehreren weiteren Toren auch hinuntersteigen (Löwentor, Herodestor, Zionstor und Misttor). Da wir schon beim Damaskustor sind, beginnen wir unseren Spaziergang hier und gehen in westlicher Richtung zum Jaffator (siehe S. 14).

Die Ehrgeizigen und die, die es nicht eilig haben, können einen Abstecher in die entgegengesetzte Richtung in Betracht ziehen, obwohl man dann schließlich wieder auf der Mauer zurückgehen muß. Wenn man das nicht will, geht man bis zum Herodestor, steigt dort herunter und geht unten zurück. Das hat den Vorteil, daß man Zedekias Höhle besuchen kann, aber es hat auch den Nachteil, daß man am Damaskustor nicht mit derselben Eintrittskarte wieder auf die Mauer steigen kann, sondern bis zum Jaffator weitergehen (oder ein zweites Mal zahlen) muß. Beim Gang zum Herodestor überblickt man das Moslemviertel, das oft zum Greifen nahe ist. Wegen seiner Nähe zum Haram al Sharif war dieses Gebiet, wie heute, immer eine Moslem-Enklave. Im späten 19. und frühen 20. Jahrhundert gab es eine Handvoll jüdischer Familien und Institutionen im Moslemviertel. Eines der Probleme, mit dem wir heute zu tun haben, ist der Versuch mehrerer jüdischer Gruppen, sich wieder dort niederzulassen. Während der achtziger Jahre zogen zwei Yeshivoth in das Moslemviertel und besetzten Gebäude, die einst Juden gehört hatten. Die Studenten sehnten sich danach, so nahe wie möglich am Tempelberg zu sein, wo, wie man glaubt, am Ende der Zeiten der Messias erscheinen wird. Eine dieser Schulen ist besonders fanatisch in ihrer Philosophie und eine Quelle von Spannungen mit den moslemischen Nachbarn. Im Dezember 1987 zog auch General Ariel Sharon, ein israelischer Kriegsheld, in das Viertel. Sein ausdrückliches Ziel war eine politische Erklärung in dem Sinne, daß Juden das Recht haben, überall zu wohnen, auch im Moslemviertel. Dieser Schritt weckte bei den Arabern die Befürchtung und den Verdacht, die Juden wollten die Araber methodisch, Haus für Haus, aus der Altstadt vertreiben.

Einige Jahre zuvor hatte die israelische Regierung eine arabische Familie, die vor 1948 ein Haus im Jüdischen Viertel besessen hatte, daran gehindert, ihr Haus im restaurierten Jüdischen Viertel neu aufzubauen. Der Oberste Gerichtshof bestätigte die Entscheidung der Regierung und erklärte, homogene Viertel seien immer eine historische Tatsache in Jerusalem gewesen. Die Araber und eine Gruppe von Israelis, zu der auch ich gehörte, fanden es schwer zu verstehen, warum diese Entscheidung nicht ebenso für das Moslemviertel gelten sollte.

Wir erreichen eines der kleineren Tore auf der Nordseite der Altstadt, das Herodestor, den Haupteingang zum Moslemviertel. Tatsächlich gibt es zwei Eingänge dieses Namens: das ursprüngliche kleinere Tor, das nach Osten blickt und während der letzten 150 Jahre die meiste Zeit geschlossen war, und das größere Tor, das nach Norden geht. Der hebräische Name Sha'ar Haprachim bedeutet ebenso wie der arabische Name Bab al Zahireh soviel wie »Blumentor«. Man nimmt an, daß es sich bei al Zahireh um eine Entstellung des arabischen Ausdrucks *es Sahirat* (der Erweckte) handelt, was sich wegen des moslemischen Friedhofs, der hinter diesem Tor liegt, auf das Jüngste Gericht bezieht. Die Restaurierung des Herodestors machte wieder die Entfernung eines Taxistandplatzes erforderlich, aber damit hatten wir nun schon unsere Erfahrungen. Die größte Aufgabe war die Wiedereröffnung des kleinen Tors, das die Türken zugemauert hatten. Der Besucher, der auf dem Turm des Herodestors steht, sollte sich ein paar Minuten Zeit nehmen, um die Aussicht zu genießen. Links in der Ferne liegt die neue Stadt mit den grünen Kuppeln der russischen Kirche im Russischen Viertel. Unten am Tor befinden sich das moderne arabische Einkaufsviertel und ein modernes Postamt. Auf der rechten Seite sieht man in einiger Entfernung das Gebäude der Mormonen-Universität (siehe S. 77), den Berg Scopus, links den Campus der Hebräischen Universität und rechts den Ölberg. Das imposante weiße Gebäude auf der anderen Seite der Straße ist das Rockefeller-Museum oder, wie der offizielle Titel lautet, The Palestine Archaeological Museum. Seine Exponate spiegeln die im Bronfman-Flügel des Israel-Museums (siehe S. 114) wider – obwohl die Anordnung der Antiquiäten hier steif und übermäßig vereinfacht ist, typisch für die Zeit, in der die kreative Museumsgestaltung noch in den Kinderschuhen stak. Es sind ungewöhnliche Stücke ausgestellt, aber auch die Architektur selbst ist einen Besuch wert. Die Galerien umgeben einen Teich, und man kann durch die Galerien zum offenen Hof und wieder zurück wandern.

Das Rockefeller-Museum wurde von der Familie Rockefeller finanziert, im besonderen durch ein Geschenk von zwei Millionen Dollar, das John D. Rockefeller jr. im Jahre 1927 machte. Er gab das Geld für die Sammlung, Aufbewahrung und Erhaltung aller Manifestationen menschlichen Wirkens in diesem Teil der Welt von der frühesten Zeit an. Das Gebäude wurde von einem britischen Architekten, Austin Harrison, entworfen und so geplant, daß es sowohl das Museum als auch die Antiquitätenabteilung des britischen Mandats beherbergte. Es wurde am 13. Januar 1938 eröffnet. Verwaltet wurde es von einem internationalen Komitee, bis es die Jordanier 1964 einseitig verstaatlichten. Seit der Wiedervereinigung der Stadt untersteht es der Jurisdiktion der israelischen Regierung.

Nach der Wiedervereinigung der Stadt strömten die israelischen Archäologen in das Rockefeller-Museum, das seit 1948 nicht betreten werden konnte. Eine der Archäologinnen fand in einer Vitrine eine Notiz in ihrer Handschrift: »Vorübergehend entfernt. R. A.« Das »Vorübergehend« hatte neunzehn Jahre gedauert.

Einige Jahre lang verwandelte sich der Parkplatz gegenüber dem Rockefeller Museum jeden Freitagmorgen in einen Schafmarkt. Schafe und Ziegen aus den äußeren Bezirken wurden auf Lkws, in Wagen und sogar zu Fuß zum Verkauf gebracht. Das Blöken und Meckern der Tiere und Litaneien von traditionellem Feilschen begleiteten die Kaufverhandlungen. Die Szene war malerisch, und gelegentlich konnte man einen Touristen sehen. Manche standen auf der Seite, während sich die Waghalsigeren oder die mit abwaschbaren Schuhen in das Getümmel stürzten. Die unhygienischen Verhältnisse auf dem Markt fanden nicht den Beifall des Stadtveterinärs, und er mußte von Zeit zu Zeit aus Gesundheitsgründen geschlossen werden. Im Moment wird er nicht abgehalten, und wir suchen einen passenden Ort (in der Nähe des Schlachthofs, der letzten Endes das Schicksal dieser Tiere ist), um ihn wieder zu öffnen.

Nur wenige Meter entfernt befinden sich ein Friedhof und ein Denkmal für die Jerusalemer Araber, die im Sechstagekrieg fielen. Dieses Denkmal bezeichnet für mich wahrscheinlich den schwierigsten und sicherlich den lautstärksten Kampf, den ich je im Rathaus ausfocht. Im Jahre 1968 wandten sich die Ältesten der arabischen Gemeinde an mich. Ihre Toten im Sechstagekrieg waren in aller Eile begraben worden, oft an der Stelle, an der sie gefallen waren, und die Ältesten wollten ein Denkmal im Anschluß an den Hauptfriedhof errichten. Die Opposition im Stadtrat war vehement. »Ließen die Franzosen ein Denkmal für die im Zweiten Weltkrieg gefallenen Deutschen zu?« Zweifellos befürchtete man, daß dieses Denkmal zu heftigen Demonstrationen, wenn nicht gar zu einer regelrechten Revolution in der arabischen Gemeinde inspirieren würde. Ich war mir der Komplexität dieses Problems durchaus bewußt. Die Wunden des Krieges in Jerusalem, eines Krieges, den zu vermeiden wir uns so sehr bemüht hatten, waren noch offen. Dennoch konnte man die Lage in Jerusalem nicht mit der in Frankreich nach dem Zweiten Weltkrieg vergleichen. Die Araber waren ein wesentlicher Bestandteil dieser Stadt, und auch sie hatten Verluste erlitten.

Die Stadträte der Opposition betrieben eine Verschleppungspolitik – und ich verlor beinahe nicht nur

Das Rockefeller-Museum aus der Luft mit den Mauern der Altstadt dahinter. Oben links der Ölberg mit dem jüdischen Friedhof und dem moslemischen Friedhof darunter. Rechts der Tempelberg.

den Kampf, sondern auch mein Amt. Zuletzt wurde aber das Denkmal errichtet und war nie die Ursache eines einzigen anti-israelischen Aktes. Ich habe zudem das Gefühl, daß die Existenz dieses Denkmals dazu beigetragen haben kann, die Achtung vor den Gedenktafeln zu erhöhen, die wir aufstellen und von denen viele in arabischen Vierteln stehen, wo die Kämpfe stattgefunden haben.

Ein Besuch in der Höhle Zedekias ist eine Möglichkeit für diejenigen, die die Stadtmauer beim Herodestor verlassen – oder für alle, die die Höhle besichtigen wollen, bevor sie zum Damaskustor gehen. Sie liegt ungefähr in der Mitte zwischen den beiden Toren. Die Höhle Zedekias wurde 1854 von dem Archäologen Dr. J. T. Barclay entdeckt, der in seinem Buch *The City of the Great King* über sie schrieb. Der Legende nach floh König Zedekia durch diese Höhle vor den Armeen Nebukadnezars. Ihren anderen Namen, König Salomos Steinbrüche, erhielt sie von Charles Warren, einem Freimaurer, der die Tradition von Freimaurerversammlungen in der Höhle einführte. Der Steinbruch stammt wahrscheinlich aus einer etwas jüngeren Zeit, aus dem 7. bis 6. Jahrhundert v. Chr., was ein hier ausgegrabener Cherub beweist, obwohl dann vor allem Herodes diesen Steinbruch für seine Bautätigkeiten benutzte.

Für diejenigen, die vom Herodestor auf der Stadtmauer zurückgekommen sind, und für die anderen,

Blick längs der Mauer der Altstadt auf die Zitadelle und auf das Hospiz Notre Dame zur Linken.

die statt dessen eine Ruhepause in einem der Cafés am Damaskustor eingelegt haben, setzen wir nun unseren ursprünglichen Spaziergang fort. Die Stadtmauerpromenade führt in westlicher Richtung am Christlichen Viertel vorüber, das leicht an den Kirchtürmen und Kreuzen zu erkennen ist.

Wir kommen an der Franziskanerschule vorbei, wo wir bei der Planung der Stadtmauerpromenade auf Widerstand gestoßen waren. Von der Außenseite der Mauer führten Stufen direkt zur Franziskanerschule, ein regelrechter Privateingang zur Altstadt. Die Franziskaner weigerten sich zuerst, dort den Durchgang zu erlauben, da sie fürchteten, die Passanten könnten in ihren offenen Schulhof springen. Wir verhandelten und verhandelten und verhandelten. Schließlich gelang es uns, das Problem zu lösen, indem wir für ihren Gebrauch eine kleine Brücke über den Wall bauten und dafür sorgten, daß die Geländer in diesem Abschnitt höher waren als anderswo.

Wir erreichen das Neue Tor, von wo aus jenseits der Hauptstraße das Hospiz Notre Dame und das Rathaus von Jerusalem zu sehen sind. An der Ecke steht ein Kreuzfahrerturm.

Wir folgen der Krümmung der Mauer und lassen uns immer eine Minute oder zwei Zeit, das Kaleidoskop der Bilder zu betrachten, bis wir schließlich das Jaffator erreichen. Die Briten hatten die Absicht gehabt, eine Brücke über den für Kaiser Wilhelm vorgenommenen Durchbruch zu schlagen, so daß der Besucher nicht die Treppen hinunter- und hinaufzugehen braucht, aber sie kamen nicht dazu und wir bislang auch nicht. Also heißt es Treppen steigen!

Wir überqueren den Durchbruch in der Mauer und gehen über den äußeren Hof der Zitadelle, bis wir die Stelle erreichen, wo man wieder auf die Mauer steigen kann.

Wir setzen unseren Weg fort und sehen zur Linken das Armenische Viertel. Das moderne Gebäude beherbergt das Armenische Seminar, wo Geistliche ausgebildet werden.

Das Armenische Patriarchat befindet sich innerhalb des ummauerten Bezirks, der für Besucher nicht zugänglich ist, aber es gibt dort ein kleines Museum, in dem einige der armenischen Schätze ausgestellt sind. Bald nach der Wiedervereinigung der Stadt traten wir an den armenischen Erzbischof, Shahe Ajamian, mit einem Vorschlag heran: Das Israel-Museum sollte im Patriarchat eine Ausstellung von armenischen Kunstschätzen – alten Manuskripten, Schmuck, sakraler Kunst – veranstalten, die selten, wenn überhaupt jemals, gezeigt wurden. Das Ergebnis war eine prächtige Schau, die sowohl Israelis als auch Touristen einschließlich Armeniern aus dem Ausland eine Vorstellung von dem reichen Erbe dieser Gemeinde vermittelte. Leider betrachteten die Armenier die Schaustellung dieser Reichtümer mit Besorgnis und brachten bald das meiste wieder in die Gewölbe zurück. Die derzeitige Ausstellung zeigt nur einen kleinen Teil.

An der Ecke der Mauer gehen wir am protestantischen Friedhof zu unserer Rechten und dann an der Dormitio-Abtei vorbei (siehe S. 44). Damit kommen wir zum Zionstor (und der Möglichkeit, in das nächste Kapitel einzusteigen).

Wenn wir weitergehen, überblicken wir zur Linken den Garten der Erlösung, Gan Hatekumah, der in einer tiefen geologischen Senke zwischen dem Jüdischen Viertel und der äußeren Stadtmauer liegt. Die ersten archäologischen Grabungen brachten einige Überreste von Justinians Nea-Kirche (siehe S. 31) zutage. Weitere Grabungen führten zu massiven Wasserreservoiren, und schließlich fand man eine Tafel mit griechischer Inschrift, auf der Kaiser Justinian erwähnt ist. Eine Gruppe von Freunden aus New Jersey, alle Überlebende des Holocaust, wollte ein Mahnmal zur Erinnerung an die Opfer der Verfolgung schaffen. Sie suchten einen Ort in der Nähe der West-Mauer, und so entstand der Garten der Erlösung.

Die Stadtmauerpromenade (oder das Joggen auf der Mauer) ist zweifellos eine bessere körperliche Übung als jede Tretmühlmaschine. Sogar der amerikanische Präsident Jimmy Carter machte zwei Runden, die Leibwächter im Schlepp! Sie endet am Misttor und erlaubt damit dem Spaziergänger einen Besuch der West-Mauer, der Moscheen, der Ausgrabungen des Ophel oder der Davidsstadt (siehe S. 29), einen Gang ins Kidrontal (siehe S. 32) oder eine Fahrt mit dem Bus oder Taxi zurück in die Stadt und zu einem Eiskaffee in der Fußgängerzone (siehe S. 134).

Osterfeiern im Armenischen Viertel.

4
Der Berg Zion und das Jüdische Viertel

Jemand sagte einmal zu mir, der Berg Zion sei »ein schwieriger Hügel«. Die Bemerkung hatte wenig mit den körperlichen Anstrengungen des Aufstiegs zu tun – obwohl sie recht gut zutreffen könnte, wenn man die Stufen benutzt, die in den Jahren der geteilten Stadt gebaut wurden und wenig mit der Topographie zu tun hatten, sondern offensichtlich dem Wunsch des Planers entsprachen, 150 Stufen zu haben, die Zahl der Kapitel im Buch der Psalmen. Ich kann nur froh sein, daß ich nicht Bürgermeister war, als diese Stufen gebaut wurden; es ist schwer genug, die Verantwortung für die Stufen vor der Cinémathèque (siehe S. 87)tragen zu müssen.

Der Ausdruck »schwieriger Hügel« bezog sich auf die Vermischung der Religionen, die sich diesen Hügel teilen. Dank den salomonischen Interventionen religiöser und politischer Führer herrscht in letzter Zeit relative Ruhe. Aber es taucht ständig die Frage der sehr undeutlichen Besitzgrenzen auf, und die griechisch-orthodoxe Kirche übt immer wieder Druck aus, den Zugang zu ihrem Besitz einzuschränken, was den Berg Zion für andere praktisch unzugänglich machen würde. Dazu kommen die ständigen interreligiösen Machtspiele.

Die Geschichte des Berges Zion ist nicht leicht zu rekonstruieren. Der biblische Berg Zion war die Anhöhe östlich der Stadt Davids, aber in der byzantinischen Zeit ging der Name auf den Hügel an der südwestlichen Ecke der Altstadt über. Obwohl an der Stelle des Grabes König Davids Andachten abgehalten werden, behaupten die Archäologen, daß sich das Grab, wenn es noch existiert, irgendwo in dem anderen Hügel befindet. Mit besserem Anspruch auf historische Wahrscheinlichkeit sehen die Christen diesen Hügel als Ort des Letzten Abendmahls (das im sogenannten Coenaculum, wie das Speisezimmer eines römischen Hauses genannt wurde, stattfand).

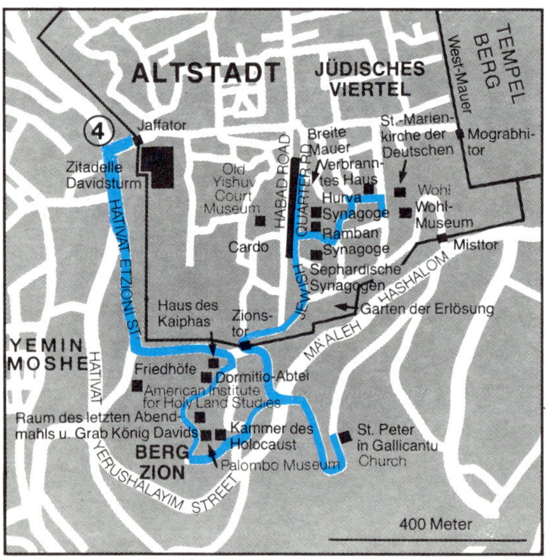

Ein Wort der Warnung: Dies ist ein langer Spaziergang, was den Reichtum der Sehenswürdigkeiten längs der Route betrifft. Daher sollte man die Möglichkeit erwägen, den Berg Zion an einem Tag und das Jüdische Viertel an einem anderen Tag zu besuchen.

Wir beginnen am Jaffator und gehen südwärts bis zur Fortsetzung des Nationalparks um die Mauer. Das heutige Panorama ist das einer majestätischen, zwölf Meter hohen Mauer, aber bis vor einem Jahrzehnt war diese Mauer bis zur halben Höhe verdeckt. Die Bewohner der Altstadt hatten eine ziemlich ungewöhnliche Methode, ihren Müll loszuwerden. Er wurde weder abtransportiert noch gepreßt noch verbrannt, sondern einfach über die Mauer geworfen. Die Anhäufung dieser Abfälle bildete eine Aufschüttung, die im Laufe der Jahrhunderte viele Meter der Mauer zudeckte. Zahllose Lkw-Ladungen waren nötig, um sie zu beseitigen. Einige Jahre lang war die Grenzlinie auf halber Höhe der Mauer deutlich zu sehen. Die untere Hälfte war heller als der obere Teil, der Jahrhunderte lang den Elementen ausgesetzt gewesen war. Heute ist der Unterschied kaum noch zu erkennen, aber wir ließen einen Erdhügel mit einem Baum auf halber Höhe der Mauer als Zeuge der Vergangenheit stehen. Eines Tages bereute ich allerdings unsere Bemühungen, die ganze Mauer freizulegen. Um die Eröffnung des Israel Festivals von 1984 in unserer Stadt zu feiern, führte die japanische Truppe Sankai Juku ihre berühmte Nummer vor und erstieg die Mauer mit Seilen. Ich wäre weniger nervös gewesen, wenn sie nur die halbe Höhe hätte zu klettern brauchen.

Der Berg Zion

Wenn wir uns dem Berg Zion nähern, treffen wir auf eine Mischung historischer Überreste. Ein Schild zeigt Ruinen aus der israelitischen Periode an: wahrscheinlich eine Werkstatt aus dem 7. Jahrhundert

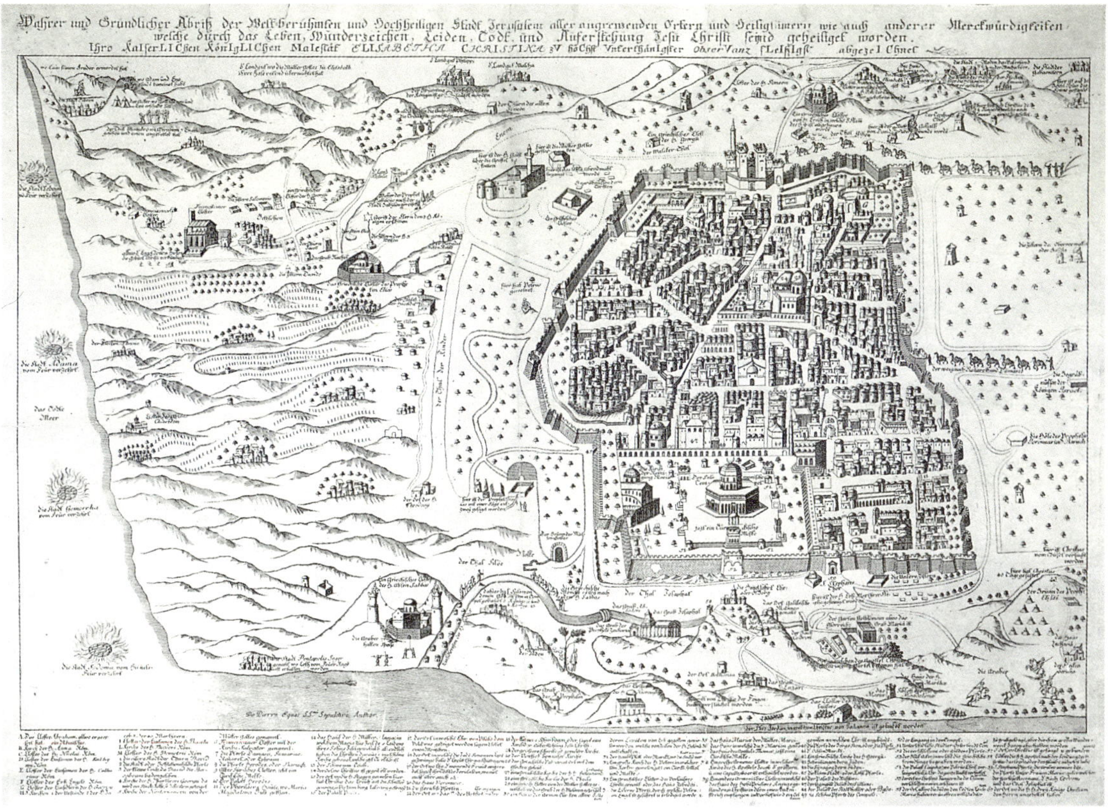

Eine Karte von Jerusalem, die 1728 in Wien angefertigt wurde.

v. Chr. Die Treppen weiter vorn stammen aus der Zeit des Herodes, und die Ruinen bei den Büschen sind spätrömisch und byzantinisch. Der obere Teil der Mauer ist ottomanisch aus dem 16. Jahrhundert.

Wir erreichen einen gut erhaltenen Turm, der von dem Neffen Saladins, Al Malik al Muallam Isa, dem Sultan von Damaskus, gebaut wurde. (Das Schild schreibt, wenn es mir nicht gelingt, es ändern zu lassen, Al Malik fälschlicherweise das Sultanat über Ägypten zu.) Er war ein Messianist und Gelehrter, umgeben von vielen Jüngern, die schmeichlerisch über ihn schrieben. Während der Ausgrabungen wurden zwei Inschriften gefunden, die das Werk Al Maliks bestätigen; acht weitere Inschriften sind bekannt.

Seine Geschichte ist seltsam. Im sehr frühen 13. Jahrhundert baute er die Mauern Jerusalems wieder auf, eine Arbeit, die sieben Jahre dauerte. Aber 1219, als er eine Kreuzfahrerinvasion befürchtete, riß er diese Mauern nieder – eine vollkommene Politik der verbrannten Erde. Es heißt, daß sich während der Zerstörung der Stadtmauern die Moslemfrauen bei den Moscheen versammelten und sich die Haare rauften, bis der ganze Haram über und über mit Haaren bedeckt war.

Obwohl man sich das nur schwer vorstellen kann, blieb die Stadt 320 Jahre lang ohne Mauern. Die Moslems, die es nicht gewohnt waren, ohne Schutz der Mauern zu leben, verließen die Stadt vorübergehend. Auch den Kreuzfahrern des 13. Jahrhunderts fiel es schwer, in Jerusalem zu leben.

An der Ecke des Turms wenden wir uns nach links und steigen ein paar Treppen hinauf. Die einzigartige ökumenische Natur des Berges Zion wird, abgesehen von der Reihe der religiösen Stätten, nirgends deutlicher als in der großen Zahl seiner Friedhöfe. Zur Rechten erreichen wir einen katholischen Friedhof, der nur für die Bestattung von Priestern benutzt wird. Die Begräbnisstätte für katholische Laien liegt auf dem hinteren Hang des Berges Zion, wo es auch einen sephardisch-jüdischen Friedhof gibt. Und es gibt auch einen protestantischen, einen griechisch-orthodoxen und einen armenischen Friedhof.

Man kann den Friedhof der katholischen Priester nicht betreten, aber ein Blick durch das Tor auf die hintere Mauer läßt zwei metallische Quadrate erkennen. Wegen der Raumknappheit wird die Bestattung in Schubfächern vorgenommen, was eine Nutzung des verfügbaren Bodens in mehreren Schichten gestattet.

Gegenüber diesem Tor kann man einen Teil der Stadtmauer sehen, der durch eine geschwärzte Höhlung in Kniehöhe verunstaltet ist. Während des Unabhängigkeitskrieges versuchte die Palmach, die Elite-Kampfeinheit der Haganah vor der Staatsgründung, ein Loch in die Mauer zu sprengen, um das belagerte Jüdische Viertel zu befreien. Wie man sieht, glückte der Plan nicht. Die Baumeister Suleimans verdienen ein Lob.

Der armenische Friedhof

Das nächste Tor ist das des armenischen Friedhofs, und hier kann man frei eintreten. An dieser Stelle steht auch ein unbewohntes Kloster. Zur Linken sieht man einen nur teilweise fertigen Bau. Die Armenier hatten eine Kathedrale geplant, die höher sein sollte als die nahegelegene Dormitio-Abtei, da Höhe oft als Maß für Bedeutung galt. Wir erhoben Einspruch gegen die Veränderung der Skyline durch die Hinzufügung neuer auffälliger Bauten, und ein Kompromiß, der einen niedrigeren Bau vorsah, wurde genehmigt. Aber dann gingen die Geldmittel aus, und die Kathedrale bleibt »im Bau befindlich«. Die zum Teil fertigen Mauern umfassen eine Reihe von Grabsteinen, hauptsächlich von Priestern, da es nach armenischer Tradition eine Ehre ist, seinen Grabstein an einer heiligen Stätte zu haben. Der Hauptfriedhof liegt zur Rechten.

Wenn wir den Hauptfriedhof verlassen, erreichen wir den Ort, der, wie die Armenier glauben, das Haus des Kaiphas war, wo Jesus seine letzte Nacht verbrachte. Die Reste einer mittelalterlichen Kirche bezeichnen die Stelle. Ein Blick zu Ihren Füßen zeigt, daß die Terrasse, auf der Sie stehen, eine Erweiterung des Friedhofs ist – mit Begräbnisdaten, die bis in unser Jahrhundert reichen. Die kunstvolleren Dekorationen bezeichnen die Gräber von Patriarchen und Erzbischöfen. Ein kleiner Gang in alle Richtungen lohnt sich. Wenn wir uns nach links wenden, entdecken wir ein byzantinisches Mosaik, eine alte Zisterne und eine Begräbnisstatue. Die französische Inschrift bezeichnet das Grab einer Familie, deren Mitglieder 1885, 1887 und 1889 starben. Ein stufenloser Durchgang führt in eine enge Gasse mit den byzantinischen Ruinen, die für das Haus des Kaiphas gehalten werden. Wenden wir uns nach rechts und gehen wir eine Treppe hinauf, so treffen wir auf die Ruinen von etwas, was offenbar eine Küche war. Eine weitere Treppe führt uns auf ein Dach ohne Geländer, das einen teleskopischen Blick auf den Berg Zion und darüber hinaus bietet.

Wir kehren zu der Stelle zurück, an der wir diesen Komplex betraten, setzen unseren Weg fort und wenden uns gegenüber dem Zionstor nach rechts bis zu einer Straßengabelung. Das Gebäude an der Gabelung ist franziskanisch, leicht zu erkennen an den franziskanischen Kreuzen und den Händen des heiligen Franz mit den Stigmata. Wenden Sie sich vor der Kirche nach rechts und gehen Sie eine Minute, bis Sie eine weitere Gabelung erreichen. Die Schilder zeigen den Weg, nach rechts zur Dormitio-Abtei, nach links zum Coenaculum. Wir gehen nach rechts zur Dormitio-Abtei.

Die Dormitio-Abtei

Die früheste Kirche an dieser Stelle war ein judenchristlicher Bau, der als Mutter aller Kirchen bezeichnet und mit großen Steinen von einem zerstörten Gebäude aus der Zeit des Herodes errichtet wurde. Im Jahre 380 bauten die Byzantiner nördlich davon eine Kirche, die Säulenkirche, in deren Kolonnade eine Säule aus dem Haus des Kaiphas eingesetzt wurde. Im Jahre 415 wurde diese Kirche von Bischof Johannes II. in die Basilika Hagia Sion umgebaut. Die Hagia Sion wurde wahrscheinlich im Jahre 1009 von dem Kalifen Al Hakim zerstört, da man sich darauf verlassen kann, daß er alles zerstörte, was nicht moslemisch war. Die Kreuzfahrer bauten sie wieder auf, verbanden sie mit den Resten der Apostelkirche und nannten sie Sancta Maria auf Zion. Diese Kirche zerstörte der Sultan von Damaskus, und nur der Raum des Letzten Abendmahls und eine Kapelle blieben stehen. Letztere erlitt schließlich ein ähnliches Schicksal: Sie wurde 1468 von den Moslems zerstört. Um die Geschichte der modernen Kirche zu rekonstruieren, müssen wir in das Jahr 1898 zurückgehen. Kaiser Wilhelm II. erhielt während seiner Reise in den Osten dieses Stück Land von Sultan Abdul Hamid. Im April 1899 ging Heinrich Renard, der Kölner Dombaumeister, an die Arbeit, und am 10. April 1910 wurde die Kirche geweiht.

Die Benediktiner führten ihr religiöses Leben unbehindert während des ganzen Ersten Weltkriegs, aber im November 1918 internierten die Briten einige deutsche Mönche. Sie wurden als Gefangene nach Ägypten gebracht und schließlich nach Europa repatriiert, bis sie 1921 wieder zurückkehrten.

Der Zweite Weltkrieg brachte die Internierung beinahe des ganzen Kontingents deutscher Priester mit sich, aber sie durften gegen Kriegsende wieder in die Abtei zurückkehren. Ihre Freude war jedoch von kurzer Dauer, denn die Dormitio-Abtei stand während der Kämpfe von 1948 an einer ungünstigen Stelle. Sie wurde evakuiert, und die Benediktiner hielten sich nacheinander in verschiedenen kirchlichen Institutionen auf. Erst 1951 konnten sie nach langen Verhandlungen in die Abtei zurückkehren, die nun am Rande des Niemandslandes stand, das die Stadt teilte. Mehrere Jahre lang waren eher Soldaten als Fledermäuse im Glockenturm zu finden, denn vom Turm aus überschaute man die jordanischen Stellungen unten auf der Mauer der Altstadt. Im Jahre 1967 stand die Dormitio-Abtei wieder in der Feuerlinie, und ich erinnere mich noch lebhaft an ihr geschmolzenes Dach mit den nackten Trägern der dreieckigen Struktur, die dem Gestell eines billigen, nicht sturmfesten Regenschirms ähnelten. Man konnte nicht mit Sicherheit sagen, wer an der Zerstörung schuld war, die jordanische Armee oder die israelischen Verteidigungskräfte, aber wir übernahmen die Verantwortung für die Reparaturen.

Einer Überlieferung zufolge wurde der Turm der Dormitio-Abtei so gebaut, daß er einen preußischen General porträtiert. Tatsächlich kann man, wenn man am Abend den beleuchteten Turm betrachtet, eine Pickelhaube und ein bärtiges Gesicht erkennen. Es ist beinahe zu überzeugend, um leicht abgetan und dem bloßen Zufall zugeschrieben zu werden.

In den letzten Jahren hat die Dormitio-Abtei eine einzigartige Rolle im Musikleben unserer Stadt, ja

Die Dormitio-Abtei.

unseres Landes übernommen. Konzerte in der Abtei, meist Kirchenmusik, sind ausverkauft, sobald sie angekündigt werden. Die Schönheit der Kirche, ihre Akustik, die Spiritualität des Berges Zion, die guten Musiker und Sänger, die hier auftreten, das alles geht eine wunderbare Verbindung ein. Während des Israel Festivals im Frühling und während der »Liturgica« der Weihnachtswoche hallt die Kirche von Musik wider.

Die Dormitio-Abtei beherbergt eine der farbigsten Persönlichkeiten Jerusalems, Pater Immanuel, einen schmächtigen, bärtigen Mann, der sich mühelos in einem halben Dutzend Sprachen bewegt. Ich beneide ihn oft um seine schier unerschöpfliche Energie, die es ihm erlaubt, während der Konzerte in der Abtei bis weit nach Mitternacht als Impresario zu fungieren und dennoch um 5 Uhr morgens bei der Frühmette anwesend zu sein.

Der Raum des Letzten Abendmahls und das Grab König Davids

Wir kehren zur letzten Abzweigung zurück und folgen nun der linken Gabel. Mehrere der Gebäude, an denen wir vorüberkommen, wurden von der *Diaspora-Yeshiva* übernommen, deren Studenten im allgemeinen »wiedergeborene Juden« aus dem Ausland sind. Links gehen wir durch einen Eingang mit einer arabischen Inschrift und der Unterschrift des Sultans und dann eine Treppe hinauf zum Coenaculum, dem Raum des Letzten Abendmahls. Hier treffen wir auf eine Kombination von moslemischer und Kreuzfahrerarchitektur. Man kommt selten hierher, ohne Gruppen von christlichen Besuchern vorzufinden. In ihren Liedern hallt das Echo der Hymnen von Jahrhunderten von Pilgerfahrten wider.

Wir verlassen den Raum des Letzten Abendmahls, gehen geradeaus weiter und erreichen das sogenannte Grab König Davids, das wiederum ein Kreuzfahrerbau ist und somit zwei Jahrtausende nach der Bestattung

Oben: Der Raum des Letzten Abendmahls. *Unten: Das Grab König Davids.*

Davids errichtet wurde. Dieses Grab wird in den Schriften Benjamins von Tudela erwähnt, der 1172 eine Pilgerfahrt ins Heilige Land unternahm. Vor 1948 gehörte dieses Gebiet einer Moslemfamilie namens Djanni, und Juden war der Zutritt verboten. Dies ist vielleicht der rechte Augenblick, einen wesentlichen Punkt zu klären: Auch vor 1948 und der Teilung der Stadt war es Juden nicht gestattet, den Haram al Sharif (den Tempelberg) oder die Grabeskirche zu besuchen. Juden, die solche Besuche unternahmen, erzählen von den kräftigen Schlägen, mit denen sie empfangen wurden. Wenn wir daher von dem freien Zugang zu allen heiligen Stätten sprechen, der in der wiedervereinigten Stadt zum Prinzip geworden ist, sprechen wir von einem für Jerusalem neuen Phänomen.

Die West-Mauer ist nun wieder das Zentrum jüdischer Pilgerfahrt, aber während der Jahre der geteilten Stadt, als die Mauer nicht zugänglich war, übernahm das Grab König Davids diese Rolle. Im vorderen Teil befindet sich ein Raum, der den Breslauer Chassidim gehört. Jeden Donnerstagabend kommt eine Gruppe von 150-200 Chassidim hierher und betet die ganze Nacht durch; manche gehen um Mitternacht, um am Grab Rachels in Bethlehem zu beten.

Wir folgen den Schildern und kommen in die Kammer des Holocausts, eine Gedenkstätte für die sechs Millionen Juden, die in der Nazizeit ermordet wurden. Die Kammer des Holocausts wurde vor dem Bau von Yad Vashem, dem Nationalmuseum und Monument des Holocausts (siehe S. 144), vom Ministerium für Religiöse Angelegenheiten eingerichtet und wird derzeit von der Diaspora-Yeshiva verwaltet. Vorschläge, das hier gesammelte Material in den Yad Vashem zu integrieren, stießen auf Widerstand. Meiner Ansicht nach sollte das Material bleiben, wo es ist, aber der Obsorge und Zuständigkeit des Yad Vashem unterstellt werden.

In der Nähe steht das Palombo-Museum zum Gedenken an einen Jerusalemer Bildhauer, der vor allem durch die mächtigen Tore, die er für das Knesset-Gebäude schuf, bekannt wurde. Er lebte auf dem Berg Zion und kam auf tragische Weise ums Leben, als er eines Samstagabends auf seinem Motorroller heimkehrte und gegen die Kette fuhr, die über die Straße gespannt war, um den Verkehr am Shabbat zu verhindern. Die Kette hätte bei Sonnenuntergang entfernt werden müssen.

Die Geschichte des Rose-Hauses auf dem Osthang des Berges Zion neben dem Palombo-Museum zu übergehen, wäre ein schlechter Dienst am Berg Zion und an den Roses. Die Roses, Einwanderer aus Südafrika, entdeckten dieses Gebäude. Es war solide gebaut, die Dächer waren dicht, und es hatte einen schönen Garten, kurz, es war genau das, was jeder potentielle Hausbesitzer sucht – abgesehen davon, daß es auf einer verminten Grenze stand. Doch die Roses fanden es vollkommen, und pflegten ihren englischen Garten in einer Ruhe, als lebten sie im Zentrum von Hampstead.

Sie wurden in der Stille dieses Hauses alt – seit 1967 stand es nicht mehr an der Grenze –, waren wegen seiner Zukunft besorgt und vermachten es der Stadt Jerusalem. Nach langen Überlegungen, wie das Haus genutzt werden sollte, beschlossen wir, daß es besuchenden Künstlern dienen sollte, und schufen das Zentrum für bildende Kunst. Leider ist es nicht öffentlich zugänglich.

St. Peter in Gallicantu

Wer daran interessiert ist, die Kirche St. Peter in Gallicantu jenseits der Hauptstraße zu besichtigen, hat jetzt die beste Gelegenheit dazu. Gallicantu – das Krähen des Hahns – gedenkt der Worte, die Jesus zu Petrus sprach: »Noch ehe der Hahn kräht, wirst du mich dreimal verleugnen.« Diese Kirche ist ein moderner Bau, errichtet auf den Ruinen von byzantinischen und Kreuzfahrerkirchen, die durch archäologische Grabungen entdeckt wurden, eine physische Hierarchie, die sich in den Kirchen in Gethsemane und längs der Via Dolorosa ständig wiederholen wird. Unter der modernen Kirche befindet sich eine Höhle, die man für das Gefängnis hält, in dem Jesus eingekerkert war. Jahrelang war die Verbindung von Westen nach Osten die Privatstraße der Kirche, die nie als Durchgangsstraße gedacht war. Wir verstanden die Forderung der Kirche, daß eine neue Straße nötig sei, und kauften das Land, um sie zu bauen. Der Vertrag sah vor, daß der Verkehr auf der Kirchenstraße verboten werden sollte, sobald die neue Straße fertig war. Doch wie es so oft der Fall ist, behinderte die Vergangenheit Jerusalems die Gegenwart. Wegen archäologischer Funde wurde der Bau der neuen Straße immer wieder aufgeschoben. Ich entschied, daß es Zeit war einzuschreiten. Mit Druck auf Stadt- und Regierungsbehörden – und mit dem Bau einer Brücke über die archäologischen Funde – wurde diese Straße endlich fertiggestellt und eine weitere Quelle von Spannungen ausgeschaltet.

Wir kehren zum Zionstor zurück, entweder auf der Hauptstraße, wo ein Schild die Abbiegung (nach links) anzeigt, oder, was vielleicht leichter ist, auf unserem Weg durch den Komplex von König Davids Grab.

Unmittelbar hinter König Davids Grab führt eine Treppe zu einem Aussichtspunkt. Neunzehn Jahre lang standen hier die Menschen und blickten zur Altstadt hinüber. Schilder zeigten ein Grenzgebiet an, das Fotografieren war verboten, und Touristen wurden davor gewarnt, mit dem Finger zu zeigen, da immer die Gefahr bestand, daß ein Legionär einen ausgestreckten Arm für ein Gewehr hielt und schoß.

Zu den Institutionen auf dem Berg Zion, die öffentlich zugänglich sind, gehört das American Institute for Holyland Studies in der Gobat-Schule. Das Institut war von den Studenten der *Diaspora-Yeshiva* angegriffen worden, da es eines der Ziele dieser *Yeshiva* war, eine dauerhafte jüdische Präsenz auf dem Berg

Zion zu sichern, wo im Laufe der Jahrhunderte schon so viele Kirchen gebaut worden waren. Der Kampf der *Yeshiva*-Studenten für ihre Überzeugung führte zu zunehmenden Spannungen, die geschlichtet werden mußten – und gelegentlich noch immer geschlichtet werden müssen.

Am Zionstor vermerkt eine hebräische Gedenktafel, daß die Palmach hier während des Unabhängigkeitskrieges am 19. Mai 1948 durchbrach. Die Kugeleinschläge bestätigen die Aussage der Tafel. Als der Plan der Palmach fehlgeschlagen war, weiter westlich eine Bresche in die Stadtmauer zu sprengen, um die Juden zu befreien, die noch im Jüdischen Viertel aushielten, war der Zutritt durch die Tore der letzte Ausweg. Der Erfolg dieses Angriffs war von kurzer Dauer, und das Jüdische Viertel wurde vom Gegner eingenommen.

Wir gehen durch das Tor und betreten die Altstadt, was für den Fußgänger leichter ist als für den Autofahrer, da ersterer geschickter ist, Kurven im rechten Winkel zu nehmen. Die Altstadt war nie für den motorisierten Verkehr gedacht, und selbst wo er erlaubt ist, erfordert er oft komplizierte Manöver. Das Parken ist ein weiteres Problem, das Suleiman der Prächtige nicht vorausgesehen hat. Wir zogen einmal einen Plan für einen unterirdischen Parkplatz in der Nähe des Zionstors in Betracht. Bei einer der denkwürdigen Debatten des Jerusalem Committee (siehe S. 95) legte der Architekt Larry Halprin aus San Francisco diesen Plan vor.

Die hitzige Reaktion des italienischen Architekten Bruno Zevi war sicherlich in seinem Heimatland zu hören: »Ich kann nicht einsehen, daß man so wichtige Entscheidungen trifft, weil die Leute eine Abneigung dagegen haben, ein paar Meter zu Fuß zu gehen. Wenn die Venezianer für das Privileg, in Venedig zu leben, zu Fuß gehen können, dann können auch die Jerusalemer zu Fuß gehen für das Privileg, im historischen Jüdischen Viertel zu leben.« Seine Beredsamkeit war damals überzeugend, aber als meine Tochter Osnat im Jüdischen Viertel wohnte und ich eine halbe Stunde herumfahren mußte, um einen Parkplatz zu finden, bedauerte ich unsere idealistische Entscheidung.

Wenn wir geradeaus weitergehen und mit der Straße nach links abbiegen, überblicken wir den Garten der Erlösung. Der Eingang ist unten rechts; folgen Sie nur dem Schild.

Innerhalb der ummauerten Stadt steht der begrenzte Lebensraum in ewigem Widerspruch zu den Bedürfnissen der Bewohner. Die ausgedehnte Grünfläche des Gartens der Erlösung ist eine willkommene Seltenheit. Er bietet Raum zum Atmen in der gelegentlich erstickenden Fülle der Geschichte. Und der Garten winkt den Besuchern, die ihre müden Glieder/Köpfe/Füße ausruhen möchten.

Ein Araber betritt die Altstadt durch das Zionstor.

Straße im Jüdischen Viertel.

Das Jüdische Viertel

Unser Spaziergang führt geradeaus weiter durch den Parkplatz zur Jewish Quarter Road, auf der wir schließlich das Jüdische Viertel betreten werden. Aber ein kleiner Umweg nach rechts und die Treppe hinunter bringt uns zu dem Komplex von vier sephardischen Synagogen.

Dies ist vielleicht ein günstiger Zeitpunkt, um einen Überblick über die Richtlinien zu geben, die für den Wiederaufbau des Jüdischen Viertels entworfen wurden – ein siebzehn Jahre umfassendes Projekt, das von der Gesellschaft für den Wiederaufbau des Jüdischen Viertels ausgeführt wird. Als wir das Viertel 1967 erreichten, war es ein Schlachtfeld mit mehr Trümmern als Gebäuden. Es war verwüstet, und beinahe sechzig Synagogen waren zerstört worden. Es schien, als wäre jede Spur der einst blühenden jüdischen Gemeinde absichtlich ausgelöscht worden.

Zwei Möglichkeiten standen zur Debatte: Wir konnten das Viertel unberührt lassen, wie es war, oder wir konnten es ganz abreißen und neu aufbauen. Wir entschieden uns für einen Mittelweg. Wir wußten, daß es nicht mehr dasselbe Jüdische Viertel sein würde. Es würde nicht dieselben Häuser, dieselben Leute, dieselben Gerüche haben. Doch wir wollten erhalten, was erhalten werden konnte, und neu bauen, was neu gebaut werden mußte, und den Stil und das Ambiente retten.

Eine Richtlinie war, einen lebendigen Organismus wiederaufzubauen und nicht ein Museum. Strenge Bestimmungen sorgten dafür, daß wer ein Haus kaufte, auch tatsächlich darin wohnte. Wir wollten keine abwesenden Hausherren, die sich Ferienwohnungen mit Jacuzzis und Blick auf die West-Mauer leisten konnten.

Wir mußten auch archäologische Überlegungen berücksichtigen. Jeder Zoll Boden war eine Schatzgrube alter Überlieferungen, und wenn jede Ausgrabung erhalten werden mußte, konnten wir den Gedanken an ein Wohnviertel aufgeben. Unsere Alternative war selektive Erhaltung: Alle Stätten mußten ausgegraben, studiert und markiert werden, aber nur die von größerer Bedeutung sollten exponiert bleiben. Ein System wurde entworfen, um Funde zu bezeichnen, die wieder zugedeckt werden sollten. Rote Fliesen zeigen Funde aus der Zeit des Ersten Tempels an, schwarze Fliesen Funde aus der hasmonäischen Periode.

Die vier sephardischen Synagogen, scheinbar zerstört, waren tatsächlich beinahe intakt geblieben. Sie verdanken ihr Überleben einem ottomanischen Gesetz, daß es verboten hatte, Gotteshäuser zu errichten, die höher waren, als die Moscheen der Stadt. Der Wunsch der sephardischen Gemeinden nach einem majestätischen Gotteshaus führte dazu, daß die Synagogen tief in den Boden hinein gebaut wurden, so daß sie Höhe erreichten und dennoch den Geboten der Ottomanen entsprachen. Die Synagogen überlebten also, aber das heißt nicht, daß sie unbeschädigt waren. Wir suchten Synagogen, wir fanden Eselställe. Der Schutt reichte buchstäblich bis zur Decke. Wir brauchten mehr als ein Jahr, um ihn auszuräumen, bevor an die umfangreichen Restaurierungsarbeiten zu denken war. Aber sobald die Arbeit begonnen hatte, taten der Schwung und die Inspiration das Übrige. Die Synagogen waren noch nicht offiziell eröffnet, als der berühmte amerikanische Opernsänger Richard Tucker Jerusalem besuchte. Wie viele Opernsänger vor ihm hatte er seine Karriere als *chasan*, als Kantor in der Synagoge, begonnen. Ich suchte ihn spät am Freitagnachmittag in seinem Hotel auf und schlug ihm vor, zu einer improvisierten Andacht in die sephardischen Synagogen zu gehen. Eine kleine Schar Menschen drängte sich in der Ecke der unvollendeten Synagoge. Wir wurden von der Magie des Augenblicks berührt, als sich der Raum plötzlich mit uralten Weisen und einer einzigartigen Stimme füllte. Vorübergehende, die von der Andacht an der West-Mauer kamen, wurden von diesem Zauber angezogen, und vor dem letzten Amen hatten wir mehr Zuhörer, als der Raum fassen konnte. In jenem Augenblick konnte ich die vergangene Größe dieser Synagogen körperlich spüren.

Von den vier Synagogen in diesem Komplex ist die Eliyahu Hanavi (Elias, der Prophet) die älteste. Ihr folgt die Yohanan Ben Zakai. Die Istanbuli und die Emtzai (Mittlere) sind später hinzugefügt worden; sie dienten möglicherweise ursprünglich als Frauenabteilungen der früheren Synagogen. Reisende sprachen schon 1625 von diesen Synagogen. Man weiß, daß 1790 alle vier existierten, obwohl die Gemeinde in der zweiten Hälfte des 18. Jahrhunderts nach einer arabischen Revolte gegen den türkischen Gouverneur in Jerusalem sehr schwere Zeiten durchmachte. Christliche Reisende dieser Zeit vermittelten ein düsteres Bild von den Synagogen, obwohl sich das spirituelle Leben der Gemeinde unvermindert fortsetzte. Im 19. Jahrhundert blühte die Gemeinde wieder.

Um das Zentrum des Jüdischen Viertels zu erreichen, kehren wir zur Jewish Quarter Road zurück. Ein Blick nach links läßt Sie sehen, wie das arabische *pita*-Brot gemacht wird. Bald kommt das Gebiet des offenen Cardo in Sicht, auf den der geschlossene Cardo folgt. Wir werden später vom anderen Ende aus durch den Cardo gehen, es sei denn, Sie erliegen der Versuchung und tun es schon früher. Links, zwischen dem offenen und dem geschlossenen Cardo, befindet sich eine kleine Treppe. Oben nach der Treppe steht zur Linken – folgen Sie den Schildern – das Old Yishuv Court Museum im Weingarten-Haus in der Or Hahayim Street Nr. 6. Rabbi Weingarten war vor 1948 der Vorsitzende des Jüdischen Viertels und erlebte dessen Kapitulation. Ihm blutete dabei das Herz. Seine Tochter Rivka und ich lernten uns nach der Wiedervereinigung der Stadt kennen, und obwohl sie durch und durch dem Leben des Jüdischen Viertels angehört hatte und ich bestenfalls ein Außenseiter war, hatten wir doch beide denselben Traum, ein Bild von seinem ursprünglichen Wesen zu erhalten. Daher arbeiteten wir zusammen an diesem winzigen, phantasievollen Museum, das an eine Lebensweise und an die Menschen, denen sie eigen war, erinnert.

Eine Wendung nach rechts an den Stufen des Cardo führt zum Büro des Archäologischen Seminars in der Habad Road 34. Man wird mir vorwerfen, der Konkurrenz zu helfen, aber ich würde dem Leser einen schlechten Dienst erweisen, wenn ich nicht die ausgezeichneten Führungen durch die Altstadt erwähnte, die das Archäologische Seminar organisiert. Jeder Rundgang beginnt mit einem kurzen Vortrag, der den historischen und geographischen Zusammenhang herstellt und für den Jerusalem-Experten ebenso nützlich ist wie für den Neuling.

Die Hurva-Synagoge

Wir kehren zur Jewish Quarter Road zurück. Rechts, bei Nr. 7, stand die aus dem 19. Jahrhundert stammende Hurva-Synagoge, die an der Stelle einer früheren gebaut wurde.

Damit kommen wir zur Sage von Rabbi Yehuda Ha-Hassid, der 1700/1701 seine Heimat in Osteuropa verließ und mit mehreren Hundert Anhängern in die Heilige Stadt kam. Es war eine messianische, kabbalistische Pilgerfahrt ohne realistische wirtschaftliche Grundlage für das Überleben. Die Synagoge, die sie sich vorstellten, wurde nur zum Teil gebaut – sie blieb eine *hurva*, das heißt eine Ruine. Als der Rabbi starb, befand sich die Gemeinde in einer schlimmen Notlage. Wer fliehen konnte, floh. Die übrigen nahmen das Joch der Schulden der Gemeinde auf sich. Die Lage war so kritisch, daß mehr als ein Jahrhundert lang kein aschkenasischer Jude Jerusalem betreten konnte, weil man ihn augenblicklich für die Schulden seiner Vorgänger – plus Zinsen – haftbar gemacht hätte. Die einzige Alternative war, sich als sephardischer Jude auszugeben.

Die eigentliche Hurva wurde im 19. Jahrhundert gebaut, nachdem man mit großen Schwierigkeiten eine Baugenehmigung vom ottomanischen Sultan unter Mithilfe von Sir Moses Montefiore in England und dem britischen Konsul in Konstantinopel erhalten hatte. Der offizielle Name der Synagoge war Beit Yaacov, nach dem Baron James Jacob Rothschild. Der Grundstein für diese Synagoge, die 24 Meter hoch war, wurde im April 1856 gelegt; die Einweihung fand im September 1864 statt. Man hatte angenommen, die Hurva sei während der Kämpfe des Unabhängigkeitskrieges zerstört worden, aber später erfuhren wir aus inoffiziellen lokalen Quellen, daß sie von den Jordaniern gesprengt worden war.

Im Jahre 1967, bald nachdem sich der Staub gelegt hatte, dachte man an die Restaurierung der Hurva-Synagoge. Die Hurva war nicht nur ein Gotteshaus, sondern auch ein Symbol für die einst blühende jüdische Gemeinde im Jüdischen Viertel. In der Euphorie der Wiedervereinigung schien die Erneuerung der Hurva der logische erste Schritt zum Aufbau des Jüdischen Viertels zu sein.

Der erste Anstoß kam von einem Rechtsanwalt in Haifa, Yaacov Salmon, dessen Vorfahren sich im frühen 19. Jahrhundert in Jerusalem niedergelassen hatten und am Bau der Hurva beteiligt gewesen waren. Er beauftragte Louis Kahn, einen Architekten von Weltruf und ein Gründungsmitglied des Jerusalem-Komitee, mit der Planung. Kahn legte bald seinen Entwurf für ein massives, modernes Gebäude vor. Die Pläne sind im Hof der Hurva ausgestellt; der Innenhof läßt die innere Anlage der ursprünglichen Synagoge erkennen.

Kahn starb, bevor dieses Projekt ausgeführt wurde, und kein Architekt wagte es, an die Pläne des Meisters zu rühren. Es gab auch einiges Unbehagen wegen ihrer Modernität. Man hatte das Gefühl, daß die neue Hurva dem Original näherkommen sollte. Bald darauf starb auch Yaacov Salmon. Aber der Traum starb weder mit Kahn noch mit Salmon.

Ein prominenter Engländer, Sir Charles Clore, erklärte sich bereit, die Mittel zur Verfügung zu stellen – unter einer Bedingung: Die Synagoge mußte in einer bestimmten Anzahl von Jahren fertig werden. Clore war kein junger Mann mehr und wollte den Wiederaufbau der Hurva noch erleben.

Die Hurva-Synagoge vor ihrer Zerstörung im Jahre 1948.

Der Auftrag wurde einem hervorragenden englischen Architekten, Sir Denys Lasdun, erteilt. Er ist zwar Jude, hatte aber nur eine geringe Kenntnis der jüdischen Tradition und arbeitete daher mit einem ortsansässigen Architekten zusammen, einem gläubigen Juden, der beinahe im Schatten der Hurva-Ruine wohnte. Ihr Entwurf war wiederum modern, wenn auch etwas geräumiger und dem Original ähnlicher.

Die Pläne gingen durch das übliche Labyrinth von Planungsausschüssen und bürokratischen Prozeduren. Zuletzt fehlte noch eine Unterschrift: die des Innenministers (ein Vorgeschmack der Schwierigkeiten, auf die wir Jahre später mit unseren Plänen für das Stadion [siehe S. 118] stoßen sollten). Er unterschrieb nicht. Er beugte sich den Einwänden Ministerpräsident Begins, der nur eine exakte Nachbildung der ursprünglichen Hurva billigen wollte. Clore erlebte den Wiederaufbau der Hurva nicht. Und während er Wohlfahrtseinrichtungen, zum großen Teil in Jerusalem, reichliche Geldmittel vermachte, blieb die Hurva-Synagoge eine Ruine. Doch wegen Clores Leidenschaft für dieses Projekt schuf seine Tochter Vivien den in der Nähe liegenden Platz, einen offenen Raum, der in diesem beengten Viertel dringend benötigt wurde.

Ein Ende des Hurva-Dilemmas war nicht abzusehen, und wir entschieden uns daher für eine vorläufige, symbolische Lösung: die Wiederherstellung eines der vier Bögen, die die monumentale Kuppel der ursprünglichen Hurva getragen hatten. Das sollte, wie gesagt, eine vorläufige Lösung sein, aber die

Der Hurva-Platz im Jüdischen Viertel mit den Resten der Hurva-Synagoge und dem wieder aufgebauten Bogen dahinter.

Jahre vergehen, und kein Plan scheint so passend zu sein wie der einzelne Bogen. Und wenn ich auch überzeugt bin, daß die Hurva eines Tages wieder aufgebaut wird, so vermache ich dieses Privileg – und die damit verbundenen Mühen und Plagen – meinen Nachfolgern.

Gerade um die Ecke, in der Lohame Harova Betashah Street (wörtlich: der Straße der Kämpfer des Jüdischen Viertels von 1948), steht ein bescheidenes Denkmal für die Kämpfer und die Bewohner des Viertels, die die 150 Tage einer teilweisen Belagerung überstanden. Ein Bogen von der östlichen Seite des byzantinischen Cardo liefert uns nur einen Vorgeschmack dessen, was wir später sehen werden. Man würde eine Unzahl von Touristenläden erwarten, aber was im Jüdischen Viertel tatsächlich in Mengen vorhanden ist, sind Studieninstitute und Informationszentren. Schilder, die auf das eine oder andere hinweisen, findet man überall an Läden und in Gassen.

Jerusalems Geschäfte werden nicht nur in der Jaffa Road abgewickelt, sondern auch in der Sixth Avenue in New York, am St. James Place in London oder in Antwerpens Pelikaanstraße. Bei einem meiner Besuche in New York im Jahre 1975 wandte sich ein Freund des Israel-Museums an mich, der ein Fotolabor betrieb und unlängst Abzüge von Arbeiten eines früheren Fotografen für das Magazin *Life*, John Phillips, gemacht hatte. Dieser war während der Belagerung des Jüdischen Viertels Pressefotograf in Jerusalem gewesen. Er hatte seine Einnahme und seine Übergabe dokumentiert, obwohl die Fotografien zuletzt nicht veröffentlicht wurden, denn bis er sie dem Magazin zuschicken konnte, war das Thema nicht mehr aktuell. Die Fotos blieben in seinem Archiv und in seiner Erinnerung.

Ich sah mir mit John zusammen immer wieder begeistert die Aufnahmen an. Und allmählich keimte eine Idee: Wir wollten die Menschen aufsuchen, die auf den Fotografien erschienen, und eine Ausstellung – »damals und heute« – im Israel-Museum veranstalten. Sie würde Fragen beantworten, die sich John im Laufe der Jahre immer wieder gestellt hatte: Was war aus Tawil geworden, dem Haganah-Offizier, der wegen der Übergabe verhandelte? Hatte das verschreckte Mädchen, das die Straße hinunterrannte, je seine Familie wiedergefunden? Hatte sich der kleine Junge mit dem leeren Blick je von dem Schock seiner zerfetzten Schulter erholt? Was taten alle diese Gefangenen, die auf dem Ashkenazi Square standen, jetzt? Wie sahen sie ein Vierteljahrhundert später aus?

Rivka Weingarten war unsere wichtigste Quelle. Sie studierte die Abzüge und identifizierte dreißig Personen. Aber sie aufzuspüren, bedeutete schwierige

Detektivarbeit, falsche Fährten und unendliche Geduld. Der Erfolg, den wir schließlich hatten, war so erstaunlich wie das Netzwerk der Pfade, auf die das Leben diese Menschen geführt hatte. John Phillips fotografierte seine ursprünglichen Sujets noch einmal für die Ausstellung im Israel-Museum (und für ein Buch, *A Will to Survive*).

Am Eröffnungsabend der Ausstellung luden wir sie alle ein. Die meisten hatten den Kontakt miteinander verloren. Ich ging an einer Gruppe vorbei und hörte eine Auseinandersetzung von zunehmender Lautstärke. Das Thema: War es richtig gewesen, sich zu ergeben, oder nicht? Ja, wir hatten keine Wahl, wir wären alle getötet worden. Nein, wir hätten bis zum bitteren Ende kämpfen sollen . . .

Die Breite Mauer

Unser Spaziergang geht weiter, an den Ausgrabungen der quadratischen Säulen vorbei, die die Bögen und das Dach des östlichen Säulengangs des Cardo trugen. Wenn Sie dem Geländer auf der rechten Seite folgen, erreichen Sie die Breite Mauer.

Man stutzt vor dem eklatanten Gegensatz von Alt und Neu: Moderne Wohnungen mit Jalousien und die rechteckigen Ruinen von Gebäuden, aus der Zeit Hesekiels, 701 v. Chr., grenzen an die Breite Mauer. Im Buch Nehemia (Kap. 3; 8) wird eine breite Mauer erwähnt: »Und sie bauten aus zu Jerusalem bis an die breite Mauer.« – »Der andere Dankchor ging ihnen gegenüber und ich ihm nach, und die Hälfte des Volkes oben auf der Mauer zum Ofenturm hinan und bis an die breite Mauer.« (Kap. 12;38) Man kann die hier erwähnte Mauer nicht genau festlegen.

Die Entdeckung der Breiten Mauer bestätigte die Vermutung, daß das Jerusalem der Zeit des Ersten Tempels größer war, als man angenommen hatte, und manche Archäologen behaupten, die Breite Mauer ende im Davidsturm. Gründliche Forschungen werden nötig sein, um diese Behauptung zu beweisen. Die Mauern in Jerusalem veränderten sich ständig, aber das Konzept von Mauern als Verteidigung war klar. Mauern wurden gebaut, um die nächste Welle von Eroberern abzuwehren, wer immer sie sein mochten. Die nördliche Flanke war die verwundbarste. Neununddreißig Mal wurde Jerusalem erobert und siebenunddreißig Mal von Norden her nach der Warnung in der Bibel: »Von Mitternacht wird das Unglück ausbrechen über alle, die im Lande wohnen.« (Jeremia, Kap. 1;14)

Zu einem Besuch des Israelitischen Turms schlage ich vor, daß Sie einfach der Ausschilderung nachgehen. Das ist viel leichter, als einer komplizierten Liste von Anweisungen – »gehen Sie nach links und gehen Sie nach rechts« – zu folgen.

Der Israelitische Turm ist wie sein Name besagt, ein Turm aus der israelitischen Periode, und er kann für eine Kleinigkeit besichtigt werden. Für diejenigen, die Stufen beschwerlich finden, sei gesagt, daß es fünfundvierzig Stufen hinuntergeht – und fünfundvierzig Stufen hinauf. Genau gegenüber befindet sich eine permanente Ausstellung, die die Stadt in der Periode des Ersten Tempels zeigt, und auch sie offenbart ein Kapitel in der Geschichte Jerusalems. (Man kann eine Eintrittskarte kaufen, die für diese beiden Stätten und das Verbrannte Haus [siehe S. 54] gilt.)

Der Cardo

Wir steigen schließlich zum Cardo hinunter, dem römischen Äquivalent der Hauptstraße. In Jerusalem erstreckte sich der römische Cardo vom Damaskustor nach Süden, vielleicht bis zum Decumanus; die Fortsetzung – und der Cardo, der ausgegraben wurde – ist byzantinisch.

Man kann den Cardo am Tor unmittelbar gegenüber den quadratischen Säulen oder ein Stück weiter

Die Breite Mauer im Jüdischen Viertel.

Restaurierte Säulen im Cardo.

unten betreten. In jedem Fall kann man bis zum arabischen Markt gehen, eine Wendung machen und den Gang in südlicher Richtung beginnen.

Wir haben bei unseren Restaurierungsarbeiten oft alten Stätten einen neuen Sinn gegeben. Im Cardo nahmen wir lediglich seinen ursprünglichen Zweck wieder auf. Die heutige moderne Einkaufsarkade war ein offenes Gebiet, bis es die Kreuzfahrer überdachten. Die Kreuzfahrer, die im 12. Jahrhundert einkauften, mögen nicht die gleiche Auswahl an Waren haben, die wir heute vorfinden, aber ihre Läden standen an derselben Stelle. Am Beginn der Arkade ist links die gut erhaltene Fassade der Kreuzfahrerläden leicht zu erkennen.

Die hasmonäische Mauer auf der gegenüberliegenden Seite wurde intakt vorgefunden, wahrscheinlich weil sie nutzlos geworden war und daher für keine erobernde Armee die Notwendigkeit bestand, sie zu zerstören. Man sieht die Säulen des byzantinischen Cardo auf der Mauer und die römische Zisterne, die in die Mauer eingebaut wurde. Im ganzen Cardo befinden sich verdeckte Schächte, die einen Blick hinunter in die Vergangenheit erlauben. Diese Schächte laden zur Verwendung als Wunschbrunnen ein, wie die Sammlung von Münzen in der Tiefe von mehreren Jahrtausenden bezeugt.

Wir gehen weiter zum bedeckten Teil des Cardo jenseits der Einkaufsarkade. Die Säulen sind bis zu ihrer ursprünglichen Höhe aufzementiert worden; die Holzbalken sind Kopien der ursprünglichen. Wir konnten die tatsächliche Höhe der Säulen nicht nur anhand von Proportionen bestimmen, die ein intelligentes Raten gestatteten, sondern wir hatten das Glück, eine intakte Säule zu finden, die zweite links im offenen Cardo. Zwischen dem geschlossenen und dem offenen Cardo brachten wir eine Kopie der bereits erwähnten Madaba-Karte aus dem 6. Jahrhundert an.

Im offenen Cardo hoben die Byzantiner im 5. Jahrhundert das Grundgestein aus, um Platz für die Läden zu schaffen, von denen einer deutlich zu erkennen ist. Man nimmt an, daß die Ladenbesitzer über dem Laden wohnten, wie es zur Zeit unserer Großväter noch üblich war.

Bei der ganzen Restaurierung des Cardo wurde darauf geachtet, daß das Alte leicht vom Neuen unterschieden werden kann. Wo wir Steine hinzufügten, sind sie auffallend neu, die neuen Zementsäulen sind leicht von den Originalsäulen zu unterscheiden und die Restaurierung an den Originalsäulen ist deutlich zu erkennen.

Wir tauchen an der Ecke der Beit El Road wieder in der modernen Welt auf und gehen einen Block weiter, bis wir einen offenen Platz zu unserer Linken erreichen, den Platz der Hurva-Synagoge.

Vor uns steht die Ramban-Synagoge. Im 13. Jahrhundert kamen die Ramban nach Jerusalem, kauften Land auf dem Berg Zion für eine Synagoge und gründeten die Ramban-Gemeinde. Ein darauffolgender Streit zwischen der jüdischen Gemeinde und den Franziskanern wurde von den Moslems unparteiisch geschlichtet – sie vertrieben sowohl die Christen als auch die Juden.

Man nimmt an, daß daraufhin die Synagoge für die lokalen Gemeinden im Jüdischen Viertel gebaut wurde. Im Jahre 1522 schrieb ein Besucher Jerusalems, Rabbi Bassola: »Die Gemeinde ist gemischt, mit 15 aschkenasischen Hausbesitzern und einer Mehrheit von Sephardim. Insgesamt gibt es dreihundert Hausbesitzer.«

Unter einem Vorwand wurde die Ramban-Synagoge 1586 vom türkischen Gouverneur geschlossen, was zu einer Spaltung in der jüdischen Gemeinde führte.

Das Verbrannte Haus

Für einen Besuch des Verbrannten Hauses lautet meine Empfehlung wieder, den Schildern zu folgen (längs der Tiferet Israel Road zur Linken). Ein Bogengang etwa einen Block weiter unten grenzt an das Verbrannte Haus, ein luxuriöses Gebäude aus der Periode des Zweiten Tempels, das bei der Zerstörung des Tempels im Jahre 70 n. Chr. niederbrannte.

Als die Archäologen diese Stätte entdeckten, brachte man mir einige verkohlte Stücke, und als ich sie hin und her drehte und die Kohle meine Hände schwärzte, versanken für mich die zwanzig Jahrhunderte, die seither vergangen waren.

Das Wohl-Museum

Am anderen Ende des Platzes der Hurva-Synagoge befinden sich die Porat Yoseph Yeshiva, die von Moshe Safdie entworfen wurde, dessen Arbeiten wir an mehreren Stellen der Stadt begegnen werden, und das Wohl-Museum, dessen Besuch obligatorisch ist. Auch hier stoßen wir auf eine Runde in dem Wettbewerb der Vergangenheit mit der Gegenwart. Wie bei jeder Bautätigkeit im Jüdischen Viertel, gingen die Archäologen den Bauunternehmern voraus. Sie gruben aus und gruben aus, und der Bau wurde immer weiter aufgeschoben. Als klar wurde, daß dies nicht ein Unternehmen von Wochen oder Monaten oder einigen Jahren war, suchte man eine Kompromißlösung – und fand sie überraschenderweise auch. Das Gebäude wurde auf säulenartigen Stützen errichtet, so daß sein Bau zugleich mit der Erforschung der Vergangenheit fortschreiten konnte.

Die Grundmauern von sechs Villen aus der Zeit des Herodes wurden freigelegt, von Villen, die drei oder vier Stockwerke hoch waren. Die zahlreichen Artefakte sind ausgestellt, und zusammen mit den Bauwerken selbst fügen sie der Anthologie der Geschichte Jerusalems einen neuen Band hinzu.

Diese Villen gehörten offensichtlich den Tempelpriestern und den Vornehmen, der Elite Jerusalems. In jeder finden sich die Überreste von mindestens einer *mikva*, einem rituellen Bad. Ein Haus hatte sogar fünf. Wir erfahren daraus, daß, obwohl es öffentliche rituelle Bäder vor dem Tempel gab, die Priester – die jeden Tag, bevor sie in den Tempel gingen, in die *mikva* eintauchen mußten – nicht zusammen mit den Massen badeten.

Wir gehen von Haus zu Haus. Jeder Fund ist ein Schlüssel zu einem anderen Kapitel unserer Geschichte: Da gibt es Fußbäder, Fresken, Mosaike und einen Haushalt, der vier Speiseservices aufzuweisen hatte. Mit den Cohens, dem alten jüdischen Priestergeschlecht, mitzuhalten, war nicht so einfach, wie man meinen möchte.

Die St.-Marienkirche der Deutschen

Wenn wir das Museum verlassen, stehen wir vor den Ruinen der St.-Marienkirche der Deutschen aus dem 12. Jahrhundert und dem angrenzenden Hospiz. Als sie entdeckt wurde, wußten wir, daß es ein Bauwerk der Kreuzfahrer war, aber wenig mehr als das, bis es

Die Madaba-Karte, eine Mosaik-Karte aus dem 6. Jh., die den Cardo zeigt.

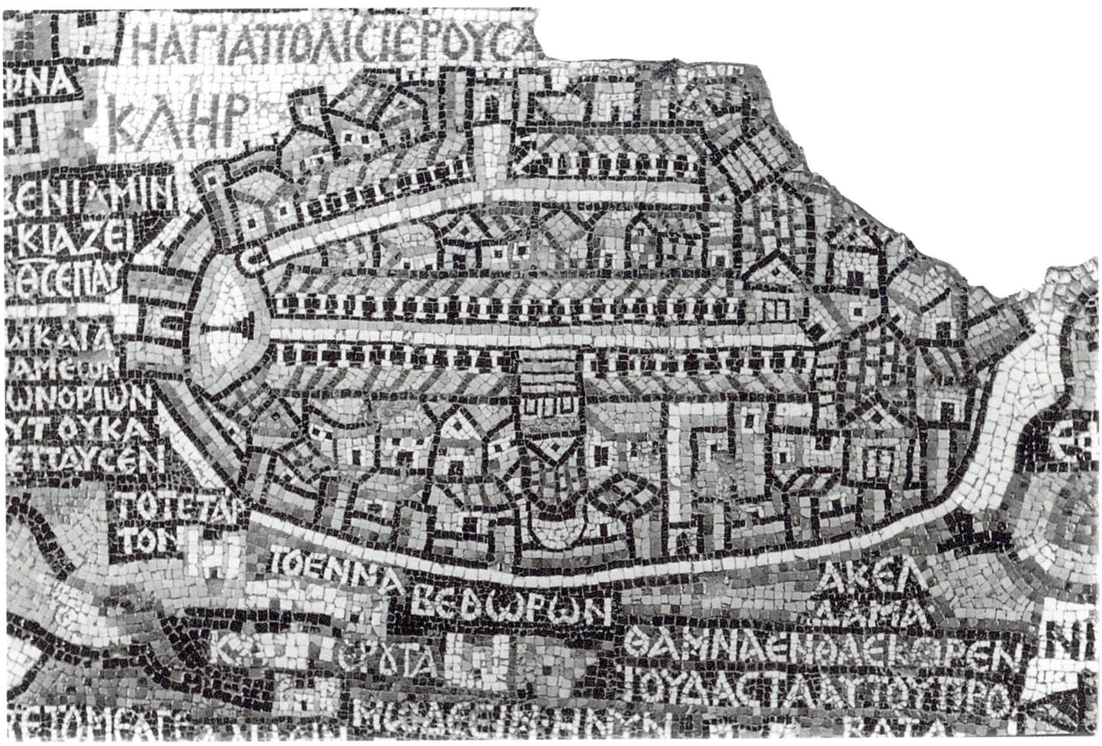

Kreuzfahrer-Historikern schließlich gelang, den Ursprung festzustellen.

Man nimmt an, daß die Deutschen das Hospiz bauten, weil sie keine gemeinsame Sprache mit ihren Kreuzfahrergefährten, dem französischen Orden der Johanniter (Hospitaliter), hatten. Als diese Überreste entdeckt wurden, wurden wir von religiösen jüdischen Gruppen gedrängt zu vertuschen, was gefunden worden war. Man wehrte sich gegen jedes Anzeichen einer Kirche auf einer der Hauptrouten zur West-Mauer. Aber die historische Genauigkeit ließ diese Einwände nicht zu, und dieser malerische Winkel legt Zeugnis ab vom deutschen Anteil an den Kreuzzügen.

Ein Gang die Stufen hinunter bringt uns auf den freien Platz vor der West-Mauer, zum Moghrabitor, das auf den Tempelberg/Haram al Sharif führt und zum Misttor.

5
Der Ölberg

Ich kann mir gut vorstellen, daß einige von Ihnen gern gleich mit diesem Spaziergang beginnen möchten, aber ein kurzer Überblick über die Geschichte der christlichen Gemeinden in Jerusalem könnte dazu beitragen, die religiösen und historischen Stätten besser zu würdigen.

Während die christliche Gemeinde mit ungefähr 15 000 Mitgliedern die kleinste in Jerusalem ist, ist ihre spirituelle und physische Präsenz viel gewichtiger, als bloße Zahlen ausdrücken. Die Geschichte der Entstehung und des Wachstums des Christentums ist eng verwoben mit der Geschichte Jerusalems, und beinahe vierzig christliche Konfessionen haben ihre heiligen Stätten und Kirchen oder Teile von Kirchen in der ganzen Stadt. Mehr als die Hälfte aller Touristen, die nach Israel kommen, sind Christen. Es gibt alte und ehrwürdige Kirchen. Es gibt Kirchen, die in westlichen Ländern unbekannt sind. Es gibt Kirchen, deren lokale Anhänger an den Fingern einer Hand abzuzählen sind. Die griechische Kirche, die hier unter dem oströmischen Reich im 4. Jahrhundert eingerichtet wurde, hatte eine ununterbrochene Präsenz bis heute. Sie kann sicherlich alt und ehrwürdig genannt werden. Die Armenier und Äthiopier kamen hierher nach der Bekehrung ihrer Reiche zum Christentum im 4. Jahrhundert, als die Frommen in der Stadt Jesu leben wollten. Diese Kirchen können ebenfalls eine ununterbrochene Präsenz seit Jahrhunderten für sich in Anspruch nehmen. Die armenische Gemeinde in Jerusalem erfuhr nach dem Ersten Weltkrieg einen beträchtlichen Zuwachs mit dem Flüchtlingsstrom nach dem Massaker an den Armeniern in der Türkei. Der armenische Patriarch, Yegishe Derderian (Elisha II.), der dieses Amt seit den sechziger Jahren innehat, kam als Waise aus der Gegend des Van-Sees in der Osttürkei nach Jerusalem. Die syrisch-orthodoxe Gemeinde führt ihre Präsenz auf das 2. Jahrhundert zurück. In der syrischen Kirche von St. Marcus wird die Messe auf aramäisch gelesen – d. h. in der Umgangssprache unserer Region zur Zeit Jesu –, und die Gemeindeältesten sprechen untereinander noch aramäisch. Die römisch-katholischen Christen kamen erst verhältnismäßig spät und haben eine lokale Geschichte von etwa achthundert Jahren. Die Dominikaner und Franziskaner kamen nach den Kreuzzügen, und die Franziskaner wurden zu Verwahrern des Heiligen Landes ernannt. Der Custos Terra Sancta hat seinen Sitz in Jerusalem und wahrt die Interessen der katholischen

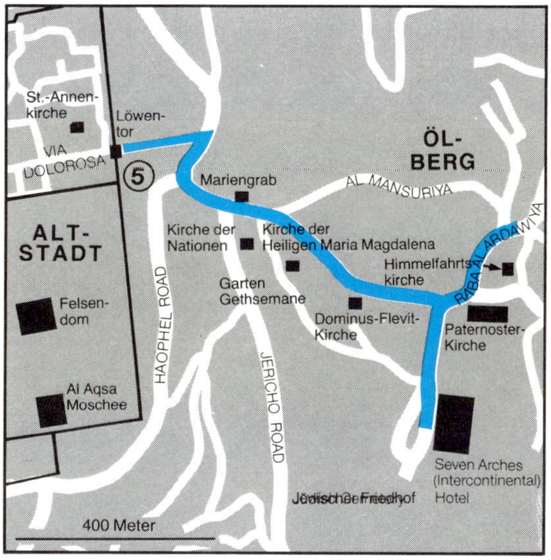

Kirche in dem Gebiet, das sich in der Hand der Kreuzfahrer befunden hatte. Er verwaltet heilige Stätten, Klöster, Konfessionsschulen, Gesundheitsdienste und eine Druckerei. Erst vor 140 Jahren wurde in Jerusalem ein katholischer Patriarch (Bischof des lateinischen Ritus von Jerusalem) ernannt, und daher bleibt der Tradition nach der Pater Custos der einflußreichste katholische Würdenträger in der Stadt. Der apostolische Gesandte, der ebenfalls einen hohen Rang unter den kirchlichen Würdenträgern einnimmt und diplomatischen Status genießt, vertritt den Vatikanstaat.

Auch antireligiöse Regimes halten an ihren Rechten in Jerusalem fest. Schon vor Glasnost kamen Delegierte der russischen Kirche regelmäßig zu Feiertagen nach Jerusalem. Das ist jedoch nichts im Vergleich zu den Massenpilgerfahrten aus Rußland vor dem Ersten Weltkrieg. In den sechs Monaten vor Kriegsausbruch erreichten 26 000 russische Bauern Jerusalem. Sie reisten per Schiff von Odessa nach Jaffa, und man erzählt sich Geschichten von einer Handvoll Pilger, die den ganzen Weg von Jaffa nach Jerusalem auf den Knien zurücklegte. Selbst nach dem Abbruch der diplomatischen Beziehungen zu Israel im Jahre 1967 verfolgte die russische Regierung weiter ihre Interessen durch ihre Kirche. Sie unterhält hier eine große kirchliche Delegation, und der Metropolit Pimen, das Oberhaupt der Kirche in Moskau, hat Jerusalem in den letzten Jahren besucht. Natürlich werden die offiziellen Vertreter der russischen Kirche von den Weißen Russen als KGB-Agenten betrachtet, und wir bekommen regelmäßig Zuschriften, die das »beweisen«; gleichzeitig behauptet die andere Seite, daß die Weißen Russen im Sold der CIA stehen! Ich persönlich zweifle nicht an der Frömmigkeit beider Parteien. Der einzige Treffpunkt beider Delegationen ist der jährliche Empfang, den ich im Rathaus gebe – aber sie sprechen kein Wort miteinander.

Ähnlich ist es mit Äthiopien, das eine absolut antiklerikale Regierung hat. Dennoch kommen zu Ostern Hunderte von äthiopischen Pilgern, um die Feiertage in Jerusalem zu verbringen.

Die griechisch-orthodoxe Kirche kennt im Gegensatz zur römisch-katholischen keine oberste Autorität wie den Papst. Jedes Land hat seine unabhängige Kirche. Auf dem Konzil von Chalkedon im Jahre 451 wurden fünf ökumenische Patriarchate geschaffen. Der Patriarch von Konstantinopel wurde zum *primus inter pares*, zum Ersten unter Gleichen. Aber seit der Vertreibung der Griechen aus Kleinasien nach dem Ersten Weltkrieg durch Kemal Atatürk, umfaßt die Herde des Patriarchen nur noch wenige Griechen. Dennoch besitzt er einen beträchtlichen moralischen Einfluß. Als Papst Paul VI. eine symbolische ökumenische Geste vollziehen und sich mit dem griechisch-orthodoxen Patriarchen von Konstantinopel treffen wollte – die erste solche Begegnung seit dem Schisma von 1056 –, tat er das hier in Jerusalem während seines historischen Besuches von 1964.

Das zweite Patriarchat war das von Antiochia, einer alten Stadt, die eine Million Einwohner hatte, aber jetzt in Trümmern liegt. Das Patriarchat von Antiochia hat heute seinen Sitz in Damaskus und verwaltet Diözesen in Syrien und im Irak.

Das dritte Patriarchat, das von Alexandria, erlebte eine ähnliche Geschichte wie das von Konstantinopel. Alexandria mit seiner berühmten Bibliothek war ein Zentrum griechischer Kultur gewesen. Der heutige Patriarch von Alexandria, der gelegentlich Jerusalem besucht, hat nur wenige Gläubige in seinem Bereich und daher, trotz seiner Gelehrsamkeit, nur geringen Einfluß.

Das vierte Patriarchat, das von Rom, war das einzige im weströmischen Reich. Rom als die Stätte des Martyriums von Petrus und Paulus wurde zum Zentrum der weltlichen und spirituellen Macht der katholischen Kirche.

Das fünfte Patriarchat ist das von Jerusalem. Es umfaßt die Mutterkirche und die ausgedehnten Besitzungen des Patriarchats, einschließlich Besitzanteilen an der Grabeskirche und auf dem Ölberg sowie weitgehende Autorität in der Geburtskirche in Bethlehem, die über der Krippe errichtet wurde. Sie ist ein Bauwerk von alter Schönheit aus dem 4. Jahrhundert. Der größte Teil dieser Kirche, 90 Prozent, gehört den Griechen, die übrigen Teile den Armeniern, Syrern und Kopten, die alle Kapellen in der Kirche und Rechte an der Kirche haben. Die römisch-katholische Kirche baute 1882 die angrenzende St.-Katherinenkirche, von der aus die Höhle der Krippe auch zugänglich ist, wenn auch weniger leicht.

Die Natur der Beziehungen zwischen dem griechisch-orthodoxen Patriarchat von Jerusalem und der römisch-katholischen Kirche zeigte sich sehr deutlich während des Besuches von Papst Paul VI.

Vor Antritt der Reise wandten sich seine Abgesandten an den griechischen Patriarchen Benedictos und erbaten die Erlaubnis, die Krippe von der alten Basilika aus zu betreten. »Legen Sie bitte ein offizielles Gesuch vor«, lautete die Antwort des Patriarchen. Der Vatikan tat es – und das Gesuch wurde abgelehnt. Eines Tages fragte ich den Patriarchen, warum er sich die Umstände mit dem schriftlichen Gesuch gemacht hatte, wenn er doch wußte, daß die Antwort negativ sein werde. Er erklärte mir, er habe die Gelegenheit genutzt, um – schriftlich – klarzustellen, daß der Papst wußte, wer hier die Autorität hat.

Eine Pilgerfahrt nach Jerusalem folgt weitgehend den Spuren Jesu. Es gibt natürlich die üblichen Dispute und Kontroversen unter Historikern und Archäologen, ob traditionelle Stätten tatsächlich historisch oder archäologisch echt sind, aber da dieser Streit zweifellos bis zur Apokalypse dauern wird, halten wir uns an die akzeptierten Vorstellungen. Ich persönlich glaube, wenn ein Ort jahrhundertelang verehrt wurde und wenn Menschen ihr Leben riskiert haben, um dort zu beten, so ist das ein gültigerer Grund für die Verehrung als die selten beweisbare archäologische Richtigkeit.

Die Geschichte des Christentums in Jerusalem ist eine Geschichte von Schichten, von aufeinander folgenden Kulturen, wie man sie an jedem heiligen Ort findet. Die früheste und damit tiefste Schicht ist judenchristlich. Auf sie folgten im 4. Jahrhundert die Byzantiner. Vieles von dem, was die Byzantiner bauten, wurde im 7. Jahrhundert von den Persern zerstört. Was von den Persern zerstört wurde, wurde von den Byzantinern wiederaufgebaut und 1009 von einem ägyptischen Herrscher zerstört und dann wiederum im 12. Jahrhundert von den Kreuzfahrern aufgebaut. Was die Kreuzfahrer wiederaufbauten, blieb oder wurde zerstört oder verfiel in den moslemischen und ottomanischen Perioden. Viele Stätten erlebten mehrere Wiedergeburten. Sie waren ursprünglich Kirchen, wurden Moscheen, wurden wieder Kirchen und wieder Moscheen und zuletzt wieder Kirchen.

Der Ölberg

Die christlichen Stätten auf dem Ölberg sind ein logischer Ausgangspunkt für unseren Besuch, obwohl man eine weltliche Pause einlegen sollte, um den Ausblick von dem Aussichtspunkt unterhalb des Seven Arches Hotels (des früheren Intercontinental) zu genießen, wo unser Spaziergang beginnen soll. Man kann mit dem Bus, mit dem Taxi oder zu Fuß hierher kommen (ein weiter Marsch von der Stadt aus). Mit der vom Felsendom und der Al-Aqsa-Moschee beherrschten Altstadt im Vordergrund und der neuen Stadt im Hintergrund hat man die Geschichte von Jahrtausenden in Reichweite. Die Besucher versammeln sich hier, um den Sonnenuntergang zu betrachten, doch die strahlenden Farbtöne sind beinahe zum Greifen nahe bei Sonnenaufgang, nur findet der leider zu einer eher unchristlichen Stunde statt.

Der jüdische Friedhof bedeckt einen guten Teil des Ölbergs. Die Legende erzählt, daß bei der Ankunft des Messias die Leichen der Juden von überall her unter der Erde zum Tempelberg kriechen werden. Diejenigen, die sich diese Reise erleichtern wollten, kamen nach Jerusalem, um hier zu sterben, oder verlangten, daß man sie zur Beerdigung nach Jerusalem brachte. Während der jordanischen Zeit wurde eine Straße durch den Friedhof hindurch gebaut, und alle Gräber, die im Wege waren, wurden zerstört. Grabsteine wurden für den Bau von Latrinen in den Lagern der Legionäre verwendet. Kaum ein Grab blieb unberührt. Die umfangreichen Restaurierungsarbeiten machten Nachforschungen in jahrzehntealten Büchern der Bestattungsgesellschaften der Stadt erforderlich.

Der Ölberg ist von hervorragender Bedeutung für christliche Pilger. Hier machte Jesus halt, als er zum Passahfest über Jericho und Bethanien aus Galiläa kam. Und auf dem Ölberg fand die Himmelfahrt statt. Der Berg selbst und der unten liegende Garten Gethsemane sind buchstäblich mit Kirchen übersät.

Die Paternoster-Kirche

Wenn wir vom Hotel aus um die Biegung herumgehen, stoßen wir als erstes auf die Paternoster-Kirche, auch Eleona-Kirche genannt. Die ursprüngliche Kirche wurde von Konstantin erbaut, dem römischen Kaiser, der wesentlich zur Ausbreitung des christlichen Glaubens beitrug, obwohl er selbst sich erst vor seinem Tode bekehrte. Konstantin hatte im Jahre 325 das Konzil von Nizäa einberufen, wo seine Mutter Helena mit Bischof Macarius zusammentraf, dem Abgesandten Jerusalems (das damals noch als Aelia Capitolina bekannt war). Macarius berichtete ihr von dem prekären Zustand der »durch die Schritte Jesu geheiligten« Stätten und gewann ihre Unterstützung. Nach Helenas Besuch im Jahre 326 nahm Jerusalem eine neue Bedeutung für die christliche Welt an. Zusammen mit Macarius hatte Helena die Stätten, die nach mündlicher Überlieferung mit dem Leben Jesu verbunden waren, identifiziert und Schreine errichtet, um sie zu kennzeichnen.

Die Höhle an dieser Stelle gilt als diejenige, in der Jesus »seinen Jüngern unerforschliche Geheimnisse enthüllte«. Sie wurde 1870 von der Prinzessin de la Tour d'Auvergne entdeckt, die dort ein Kloster baute. Während des Ersten Weltkriegs benutzten türkische Soldaten die Höhle als Küche, was zum Einsturz der Decke der Höhle führte. Was noch übrig ist, ist in der Krypta zu sehen.

Die Kreuzgänge der Paternosterkirche.

Im Jahre 1920 wurde von der französischen Eleona-Gesellschaft in Zusammenarbeit mit Papst Benedikt XV. der Bau der Basilika vom Heiligen Herzen begonnen, und das existierende Kloster abgerissen. Aber sie wurde nie vollendet, da die verfügbaren Geldmittel bald erschöpft waren.

Das Besondere in der Paternoster-Kirche sind die siebzig Übersetzungen des Vaterunsers auf schönen armenischen Fliesen. Man kann es in Suaheli oder Koreanisch, Burmesisch oder Portugiesisch lesen. Es gibt sogar eine Fassung in Braille.

Die Nonnen der Paternoster-Kirche gehören dem Orden der Karmeliterinnen an. Einige der Schwestern stellen die Verbindung mit der Außenwelt her, die übrigen leben völlig abgeschlossen hinter den Gittern des Klosters.

Die Himmelfahrtskirche

Das nächste Heiligtum längs der Hauptstraße ist die Himmelfahrtskirche, die sich jetzt in moslemischer Hand befindet. Sie wird als die Stelle verehrt, wo Jesus gen Himmel fuhr. Die ursprüngliche Kirche wurde im 4. Jahrhundert von einer frommen römischen Dame, Pomenia, gebaut. Das Gebäude war rund und oben offen und wurde Imbomon genannt, was auf griechisch »auf dem Hügel« bedeutet. Es wurde während der arabischen Periode verlassen, aber von den Kreuzfahrern als der gegenwärtige achteckige Bau auf den byzantinischen Ruinen wiedererrichtet. Die Mameluken waren ihrer Natur nach keine Zerstörer, sie fügten der Kirche keinen Schaden zu, sondern schlossen sie lediglich. Mehrere christliche Konfessionen haben ihre Altäre im Kirchenbereich. Der Fels im Innern der Kirche zeigt eine Vertiefung, die der Fußabdruck Jesu sein soll.

Nicht nur Archäologen und Historiker streiten sich über die tatsächliche Lage der heiligen Stätten, sondern auch die Kirchen. So behaupten auch das russisch-orthodoxe Kloster und die griechisch-orthodoxe Kirche in der Nachbarschaft, der Ort der Himmelfahrt zu sein.

Wieder stehen wir vor der anscheinend unvermeidlichen Verwicklung von Politik und Religion und den Absurditäten, die sich daraus ergeben. Im Jahre 1948 war Rußland nach den Vereinigten Staaten das zweite Land, das den Staat Israel anerkannte. Die israelische Regierung ihrerseits anerkannte die Besitzungen der von Moskau beherrschten russischen Kirche (der »Roten Kirche«) im ganzen Land: im Russischen Viertel und im Ein-Kerem-Viertel in Jerusalem, in Kapernaum, am See von Genezareth etc. Und so bleibt diese Verbindung bestehen, obwohl die Sowjetunion 1967 die diplomatischen Beziehungen zu Israel abbrach. Die Jordanier andererseits hatten keine Beziehungen zur Sowjetunion und akzeptierten die Autorität der Synode der russischen Bischöfe im Exil (der »Weißen Russen«) mit dem Sitz in New York City.

Gegen Ende des 19. Jahrhunderts hatte die russische Kirche eine bedeutende Sammlung von archäologischen Schätzen angehäuft, die aus Kirchenbauten im ganzen Land stammten. Es war Professor Sukenik, der berühmte Archäologenvater des berühmten Archäologen Professor Yigael Yadin, der den Uzziah-Stein in einem staubigen Winkel einer Kirche entdeckte. Uzziah, der König von Juda, war als Aussätziger nicht auf dem königlichen Friedhof des Hauses David begraben worden. Der Uzziah-Stein bezeichnete die Stelle, an der seine Gebeine wieder bestattet wurden, nachdem man sie aus ihrer ursprünglichen Ruhestätte entfernt hatte. Die hebräische Inschrift lautet: »Hierher wurden die Gebeine Uzziahs, des Königs von Juda, gebracht und öffne nicht.« Wir erfuhren, daß der Uzziah-Stein in New York zum Verkauf angeboten wurde. Nach langen Verhandlungen kaufte das Israel-Museum den Stein, den einzigen originalen Stein vom Grab eines jüdischen Königs. Abgesehen von den labyrinthischen Verhandlungen mit den Russen kam es zu einem mörderischen Streit innerhalb des Museums. Obwohl die Kosten durch besondere, eigens für diesen Zweck gesammelte Spenden gedeckt waren, gab es Einwände gegen die Ausgabe von 150 000 Dollar – was damals als maßlos betrachtet wurde – und ein lautes Murren darüber, daß wir eine gestohlene Antiquität kauften. Die bloße Vorstellung, daß der Uzziah-Stein auf einer Auktion in New York oder London als Gartenornament ersteigert wird, überzeugt mich davon, daß es Zeiten gibt, in denen der Purismus schädlich für unser Erbe sein kann.

Die letzte der russischen Nonnen (und Mönche), die unmittelbar nach der Russischen Revolution nach Jerusalem kam, war Mutter Tamara, die Äbtissin des russischen Klosters auf dem Ölberg, eine Romanow. Kurz vor ihrem Tod im Alter von neunzig Jahren bat sie mich um eine persönliche Gefälligkeit: Konnte ich ihr helfen, ein Telefon zu bekommen? Damals wartete man Jahre auf ein Telefon, daher ihre Bitte um meine persönliche Intervention. Ich war froh, helfen zu können, aber eine Frage interessierte mich: Wen wollte sie nach all den Jahren anrufen?

Die Himmelfahrtskirche.

Der Garten Gethsemane

Der Abstieg zum Garten Gethsemane ist eine enge Passage auf der gegenüberliegenden Straßenseite. Wenn man im Garten Gethsemane umhergeht, fällt es nicht schwer, die Sorgen und Ärgernisse des Alltags zu vergessen. Der Name kommt vom hebräischen Gat Shemanim (Ölpresse), und der Garten ist voll von Olivenbäumen. Es heißt, daß Jesus nach dem Letzten Abendmahl mit seinen Jüngern hierher kam.

Wegen der starken Steigung des Hügels war der Aufstieg sehr beschwerlich für Pilger, die nicht sehr kräftig waren. Wir halfen daher, eine schmale Straße zu bauen, die motorisierten Pilgern den Zugang zur Dominus-Flevit-Kirche und der Kirche der Heiligen Maria Magdalena weiter unten ermöglicht.

Die schwarze Kuppel mit den vier Tränenfläschchen ist die Dominus-Flevit-Kirche. »Dominus flevit« bedeutet »der Herr weinte«. Hier weinte Jesus und sah die Zerstörung Jerusalems voraus. Das jetzige Gebäude wurde 1955 von dem Architekten Antonio Barluzzi auf den Ruinen einer alten Kirche erbaut, die an dem byzantinischen Mosaikboden und anderen Überresten zu erkennen ist. Der berühmte Blick auf die Altstadt durch die Fenster der Kirche läßt den Besucher bedauern, daß er wieder gehen muß.

An der Herkunft der russischen Kirche der Heiligen Maria Magdalena mit ihren zwiebelförmigen goldenen Kuppeln kann kein Zweifel bestehen. Sie wurde 1888 von Zar Alexander III. zum Andenken an seine Mutter erbaut. Sie hätte direkt von Kiew hierher verpflanzt worden sein können. Eines Abends allerdings fuhr ich eine amerikanische Familie um die Mauern der Altstadt, um ihr »Jerusalem by night« zu zeigen, und der Kommentar eines Siebenjährigen auf dem Rücksitz lautete: »Schau, da ist Walt Disneys Fantasyland . . .« Die Mischung von Vergangenheit und Gegenwart ist oft sehr bizarr.

Eine Schwester des letzten russischen Zaren, Jelisaweta Fjodorowna Romanowa, gründete zusammen mit ihrem Gatten, dem Großherzog Sergej, die Kaiserliche Orthodoxe Gesellschaft von Palästina. Obwohl sie während der Revolution die Gelegenheit gehabt hätte, aus Rußland zu fliehen, zog sie es vor zu bleiben; sie erlitt wie viele Adelige einen gewaltsamen Tod durch die Hand der Bolschewiken. Sie hatte oft den Wunsch ausgedrückt, in Jerusalem begraben zu werden, und ihre Schwester Tamara erfüllte ihr diesen Wunsch und brachte sie aus Moskau nach Jerusalem – über China und an Bord eines britischen Kriegsschiffes, was nicht gerade die kürzeste Route ist.

Jelisawetas Nichte, die Prinzessin Alice von Griechenland – die Mutter von Prinz Philip, Herzog von Edinburgh –, starb 1969 im Alter von 84 Jahren. Auf dem Totenbett sprach sie den Wunsch aus, neben ihrer Tante begraben zu werden, eine scheinbar einfache Bitte. Aber wiederum keine einfache Geschichte. Die Prinzessin war nach dem Tode ihres Gatten, Prinz Andreas von Griechenland, eine griechisch-orthodoxe Nonne geworden, aber die Kirche der Heiligen Maria Magdalena ist russisch-orthodox. Neunzehn Jahre dauernde Verhandlungen waren nötig, um ihren Wunsch zu erfüllen. Im Jahre 1988 wurden die Gebeine der Prinzessin Alice in die Kirche der Heiligen Maria Magdalena überführt. Einem griechisch-orthodoxen Gedenkgottesdienst in Viri Galilei, der nahegelegenen Residenz des griechischen Patriarchen Diodoros I., folgte eine russisch-orthodoxe Zeremonie, die von dem Archimandriten Alexis abgehalten wurde. Abgesehen von unserem natürlichen Bestreben, Prinzessin Alices letzten Wunsch zu erfüllen, hatten wir erfahren, daß sie während des Holocausts versucht hatte, das Leben vieler griechischer Juden zu retten. An dieser Stelle sollte vielleicht gesagt werden, daß sich die griechisch-orthodoxe Kirche während des Holocausts überall in Europa, wo sie von Bedeutung war, den Juden gegenüber außerordentlich hilfreich verhielt.

Nur wenige Schritte entfernt befindet sich die Kirche der Nationen, die ihren Namen daher hat, daß zwölf Nationen zu ihrem Bau beitrugen. Ihre charakteristische Fassade ziert ein schönes Mosaik, das mit dem Wechsel des Tageslichts funkelnd Jesus darstellt, wie er die Leiden der Menschheit auf sich nimmt. Wie anderswo stand auch hier ursprünglich eine byzantinische Kirche, auf deren Ruinen eine größere Kreuzfahrerkirche errichtet wurde. Die gegenwärtige Kirche, die 1934 ebenfalls von Antonio Barluzzi gebaut wurde, folgt dem Grundriß ihrer byzantinischen Vorläuferin. Ein Besucher dieser Kirche, die auch als Kirche von Gethsemane bekannt ist, wird sich die Auseinandersetzungen um ihre Errichtung kaum vorstellen können. Als die katholische Kirche dieses Bauwerk 1919 Sir Ronald Storrs vorschlug, protestierte er heftig dagegen. Er war der Ansicht, daß der Garten Gethsemane unberührt bleiben sollte, konnte jedoch dem Druck Roms nicht widerstehen, und die Kirche wurde gebaut.

Im Hof der Kirche standen vier Olivenbäume, von denen wissenschaftlich nachgewiesen wurde, daß sie über 2000 Jahre alt sind. Drei Bäume sind gesund und tragen noch Früchte, ein Baum, der während der jordanischen Periode krank geworden war, wurde gefällt, und die Experten konnten seine Ringe zählen und sein ehrwürdiges Alter bezeugen. Der Baum lieferte auch unseren Meteorologen wertvolle Einsichten in das Klima der letzten 2000 Jahre, da sich anhand der Ringe die trockenen und die feuchten Jahre vergleichen las-

Der Garten Gethsemane.

Blick auf den Felsendom und die Altstadt von der Dominus-Flevit-Kirche aus.

Die Kirche der Nationen im Vordergrund. Dahinter die russisch-orthodoxe Maria-Magdalena-Kirche und der Garten Gethsemane.

sen. Es braucht vier Männer mit ausgestreckten Händen, um einen dieser Bäume zu umfassen. Sie sind die einzigen Zeugen dessen, was hier geschehen ist.

Eine der reizendsten, farbigsten Persönlichkeiten, die je durch die Straßen Jerusalems wanderten, war der Oberste dieser Kirche, Jose Montalverne. Er war teils portugiesischer, teils englischer Abstammung und ein Nachfahr der Lancasters. Sein Berufsleben hatte er als Kernphysiker begonnen, bevor er Priester wurde. Er diente der Kirche fünfzig Jahre lang, bis er 1987 friedlich im Schlaf verschied. Er war ein wöchentlicher Besucher in meinem Büro und kam regelmäßig, um mir von neuen Beweisen für seine Überzeugung zu berichten, daß Salomos Tempel nicht dort stand, wo man allgemein annimmt, sondern in Wirklichkeit weiter nördlich. Er stützte sich auf die Heilige Schrift, auf archäologische Grabungen in der türkischen Zeit und auf jedes kleine Beweisstückchen, dessen er habhaft werden konnte. Er war nicht nur seiner Kirche, sondern auch den Menschen in Jerusalem so ergeben, daß wir beschlossen, ihm den Ehrentitel eines Yakir Yerushalayim, eines Würdigen von Jerusalem, zu verleihen. Er bat, wie es Brauch ist, seinen unmittelbaren Vorgesetzten um Erlaubnis, aber sie wurde – aus politischen Gründen – verweigert. Daraufhin wandte er sich an den Custos, den höchsten franziskanischen Würdenträger, aber der Custos wollte die Autorität des unmittelbaren Vorgesetzten Pater Montalvernes nicht untergraben. So mußten wir uns mit einer privaten Feier zu seinen Ehren anstelle der öffentlichen Anerkennung begnügen.

Die angrenzende Grotte von Gethsemane ist der Überlieferung nach der Ort, wo Jesus festgenommen wurde. Innerhalb der Grotte kann man leicht die Jahrhunderte durchqueren: die Wasserzisterne ist vorchristlich, die Mosaike stammen wahrscheinlich aus dem 4. oder 5. Jahrhundert, die Wandmalereien aus der Kreuzfahrerzeit.

Das Mariengrab

Der letzte Ort, mit dem der Besuch Gethsemanes endet, ist das Mariengrab; hier soll Maria, die Mutter Jesu, begraben worden sein.

Man weiß nicht viel über die frühe judenchristliche Gemeinde in Jerusalem; nur in der Apostelgeschichte finden sich spärliche Hinweise. Man nimmt an, daß die christliche Gemeinde nach dem Tod Jesu auf dem Berg Zion beheimatet war. Vor der großen Rebellion gegen die Römer zog die Gemeinde über den Jordan, aber einige kehrten später wieder auf den Berg Zion zurück. Maria soll mit dem Apostel Johannes und ihren Verwandten auf dem Berg Zion geblieben und um die Mitte des 1. Jahrhunderts gestorben sein. Die Benediktinermönche der Dormitio-Abtei auf dem Berg Zion begehen das Fest Mariä Himmelfahrt am 15. August, während die Griechisch-Orthodoxen dreizehn Tage später (am 15. August nach dem Julianischen Kalender) eine feierliche Prozession zum Mariengrab unternehmen. Am 13. August findet am frühen Morgen eine Frauenprozession statt, da das Mariengrab von Frauen aller Konfessionen, sogar der islamischen, verehrt wird.

Wieder finden wir byzantinische Fundamente, während der Bau selbst aus der Kreuzfahrerzeit stammt. Der Überlieferung nach ist hier nicht nur Maria begraben, sondern auch ihre Eltern, Joachim und Anna, und vielleicht auch ihr Mann, Joseph, ebenso wie die Kreuzfahrerkönigin Melisanda. Die Hauptverwahrer der Kirche sind die Griechisch-Orthodoxen, obwohl auch die Armenier und die Kopten Altäre haben. Die Mitte wird von allen benutzt; die rechte Seite, die zum Grab führt, hat auch einen mos-

Palmsonntagsprozession von Pilgern, die das Löwentor betreten.

lemischen Mihrab und gehört den Griechen; die Gebetsnische ist armenisch, aber man erlaubt den Syrisch-Orthodoxen, sie zu verwenden. Die Armenier haben ihre Rechte auf der linken Seite, aber sie gestatten den Kopten, dort zu beten. Es ist alles ziemlich kompliziert.

In Jahren mit normalen oder starken Regenfällen war die Kirche oft in Gefahr, bis zur halben Höhe überschwemmt zu werden. Wir richteten deshalb ein modernes Entwässerungssystem ein, und die Kirche ist nun wetterfest. Man kann sich nur fragen, wie sie die Jahrhunderte überstanden hat.

Der prächtigste Anblick ist die jährliche Palmsonntags-Prozession der Katholiken. Sie gehen vom Ölberg aus – andere beginnen ihren Umzug auch in Bethanien und steigen durch Bethpage herauf –, und Zehntausende Pilger, die alle Palmwedel tragen, ziehen durch den Garten Gethsemane zum Löwentor (Stephanstor) und zum Hof der St.-Annenkirche in Bethesda (siehe S. 67). Wir folgen ihren Spuren. Wir verlassen das Mariengrab, wenden uns nach rechts, folgen der Hauptstraße etwa 150 Meter hügelaufwärts und gehen über die breite Straße zu der Straße, die zum Löwentor und zur Via Dolorosa führt.

6
Die Via Dolorosa

Dieser Spaziergang kann eine Fortsetzung des vorausgegangenen sein oder für sich selbst unternommen werden. In jedem Fall beginnen wir beim Löwentor. Die in die Mauer eingemeißelten Löwen gaben dem Tor seinen hebräischen Namen.

Durch dieses Tor betraten die israelischen Soldaten die Altstadt nach dem jordanischen Angriff auf Westjerusalem im Jahre 1967. Wir hatten unseren Soldaten eine schwere Aufgabe gestellt: zu kämpfen, wo sie kämpfen mußten, sich zu verteidigen, wo es nötig war, aber größte Acht darauf zu geben, daß kein Schaden an den heiligen Stätten entstand. Ähnliche Gebote leiteten die Entscheidung, von Mann zu Mann zu kämpfen, anstatt die Altstadt mit Artilleriefeuer zu belegen oder aus der Luft zu bombardieren. Es war keine leichtfertig getroffene Entscheidung, denn sie setzte unsere Soldaten weit größeren Gefahren aus. Wir verloren hier viele Männer, deren Leben vielleicht gerettet worden wäre, wenn wir Artillerie oder Bomben eingesetzt hätten. Als die Entscheidung getroffen wurde, waren wir uns unserer Verantwortung gegenüber der Kultur und den Beziehungen zu anderen Religionen klar bewußt. Ich frage mich, ob diese Entscheidung auch heute noch so bereitwillig getroffen werden würde. Wir waren nicht auf den Anblick gefaßt, der uns erwartete, als wir den Haram al Sharif, den Tempelberg, betraten: Hunderte von Munitionskisten waren in den Gebäuden neben den Moscheen gelagert. Was für eine eklatante Mißachtung der Gefahren und was für eine gefühllose Verwendung einer heiligen Stätte!

Die Zerstörungen an religiösen Gebäuden waren geringfügig. Eine Kugel traf einen Ziegel im Felsendom, die St.-Annenkirche trug einige Schäden davon, und das Bleidach der Dormitio-Abtei schmolz. Die Stadtverwaltung brachte die Mittel auf, um für letzteren Schaden aufzukommen und um die 900 Wohnungen in Westjerusalem zu reparieren, die von der jordanischen Artillerie beschädigt worden waren. Wir wollten auch die St.-Annenkirche reparieren, aber die französische Regierung, der sie gehört, bestand darauf, die Kosten zu übernehmen.

Die schweren hölzernen, mit Metall verkleideten Portale des Löwentors, die beim Durchstoß von 1967 von einem Halbkettenfahrzeug der israelischen Verteidigungskräfte aufgebrochen worden waren, befanden sich in einem beklagenswerten Zustand, und die Jerusalem Foundation übernahm ihre Restaurierung.

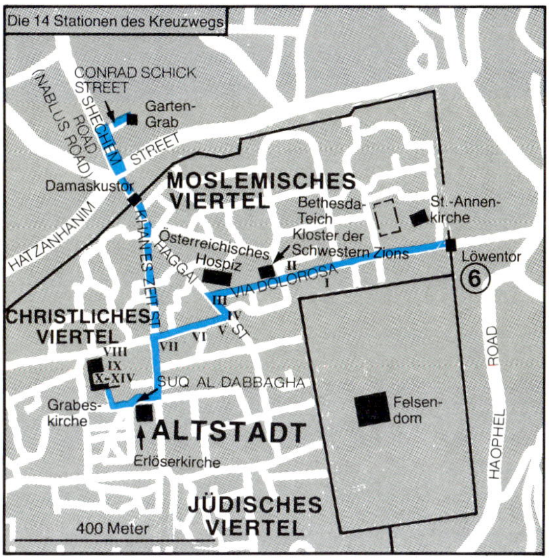

Zusammen mit dem Waqf pflanzten wir einen Garten zwischen dem Löwentor und Bab as Asbat – dem Tor der Stämme –, das zum Tempelberg führt.

Die Via Dolorosa, die wir 1967 vorfanden, war in einem traurigen Zustand. Die Abwässer flossen durch die Straße, und selbst der Weihrauch, der bei den Prozessionen verwendet wurde, genügte nicht, den Gestank zu überdecken. Eines unserer ersten Projekte war es, den Pilgern ein würdiges Erleben der heiligen Stätten zu ermöglichen. Auch hier gruben wir römische Pflastersteine aus und verwendeten sie im neuen Straßenbelag.

Die erste heilige Stätte, die wir innerhalb des Löwentors antreffen, ist die St.-Annenkirche. Im 5. Jahrhundert kam die Kaiserin Eudokia, die aus Byzanz vertrieben wurde, nach Jerusalem und baute die St.-Stephanskirche, von der man Reste nördlich des Damaskustors gefunden hat. Man nimmt auch an, daß sie die Kirche »St. Maria am Schafsteich« (Probatica oder Bethesda) baute. Die heilige Anna, die Mutter Marias, soll hier gelebt haben, und Maria könnte hier geboren worden sein. Das Bauwerk wurde von den Persern zerstört und schließlich von den Kreuzfahrern wiedererrichtet. Die Kirche, die wir heute sehen, wurde 1140 gebaut, und obwohl sie einfach und schmucklos ist, eine Seltenheit für eine römisch-katholische Kirche, ist sie ein höchst auffälliges Beispiel für die Kreuzfahrerarchitektur. Natürlich verliefen

die acht Jahrhunderte seit ihrem Bau nicht ereignislos. Im Jahre 1192 weihte Saladin sie als Moslemschule, und die christliche Gemeinde erhielt sie erst im 19. Jahrhundert zurück, wiederum als Geschenk an die Franzosen als Dank für ihre Teilnahme am Krimkrieg auf der Seite der moslemischen Türken gegen die christlichen Russen.

Am angrenzenden Bethesda-Teich soll Christus die Kranken geheilt haben, und mehrere Jahrhunderte lang kamen Christen, um in diesen Wassern »eine Kur zu machen«.

Die St.-Annen-Kirche und der Bethesda-Teich werden von den Weißen Vätern betreut, einem Orden, der im 19. Jahrhundert für die christliche Mission in Afrika gegründet und hierher geschickt wurde, um den französischen Einfluß in der Levante zu stärken.

Die Via Dolorosa, der Kreuzweg, ist für die Christen ein Denkmal der Passion Jesu. Jeden Freitag seit dem 14. Jahrhundert führen die Franziskaner eine Prozession von Pilgern, die ein großes Holzkreuz tragen, über Pflastersteine aus der Zeit Jesu.

Von den vierzehn Stationen befinden sich die meisten auf dem geschäftigen Marktplatz und sind beinahe nicht von den ganz und gar weltlichen Straßen und Gassen der Altstadt zu unterscheiden. Ich ging einmal in der Via Dolorosa hinter zwei christlichen Touristen her, von denen der eine zum andern voll Aufregung und Eifer sagte: »Morgen gehen wir in die Via Dolorosa.« Ich hatte nicht das Herz, sie aufzuklären. Um den Pilgern die Identifizierung der Stationen zu erleichtern, änderten wir das Pflaster um viele von ihnen und legten es in einem runden, ziegelförmigen Muster an, aber man muß sich immer noch anstrengen, um sie zu erkennen.

Die Erste Station, wo Jesus vor Pontius Pilatus gebracht wurde, befindet sich im Hof der Knabenschule Omariyah. Es herrschen unter den Gelehrten mehr Meinungsverschiedenheiten als üblich hinsichtlich der Frage, ob die Antonia-Festung, die ursprünglich an dieser Stelle von Herodes dem Großen erbaut und zu Ehren Mark Antons benannt worden war, tatsächlich das Praetorium war, wo Jesus vor Pilatus stand.

Die Zweite Station, wo Jesus das Kreuz aufnahm, ist das Geißelungskloster und das Kloster der Schwestern Zions. Der auffällige Bogen ist der Ecce-Homo-Bogen, wo Pontius Pilatus der Überlieferung nach Jesus dem Volk zeigte und sagte: »Ecce homo« (Seht, welch ein Mensch). Die Historiker stimmen darin überein, daß dies tatsächlich ein Triumphbogen war, den Hadrian baute, als er im Jahre 135 n. Chr. den letzten jüdischen Aufstand unter Bar Kochba niedergeworfen hatte. Die Fortsetzung dieses Bogens befindet sich hinter dem Altar im Kloster der Schwestern Zions, das Ecce-Homo-Basilika genannt wird.

Das Kloster ist eine Schatzgrube an archäologischen und religiösen Funden. Der Lithostrotos ist ein römisches Pflaster, von dem ursprünglich behauptet wurde, es sei der Hof des Praetoriums. Die römischen Spielbretter, die in das Pflaster eingemeißelt sind, halfen, die Langeweile des Soldatenlebens zu erleichtern. Der Teich, Struthion (griechisch für Sperling) genannt, stammt aus der Zeit des Herodes. Er wurde auf frühen hasmonäischen Kanälen angelegt und ist der fernste Punkt des Tunnels der West-Mauer (siehe S. 22).

Wir gehen am Österreichischen Hospiz vorbei, das an der Ecke der Haggai Street und der Via Dolorosa liegt (hier muß man einen Häuserblock nach links gehen und dann wieder nach rechts). Das Hospiz wurde 1856 von der österreichischen Kirche als Pilgerherberge gebaut und von den Briten im Zweiten Weltkrieg als feindliches Eigentum beschlagnahmt und in ein Krankenhaus verwandelt. Als solches verwendeten es auch die Jordanier. Heute befindet sich dort eine Erste-Hilfe-Station, der Rest des Gebäudes wurde den Österreichern zurückgegeben.

Da wir schon eine weltliche Unterbrechung unseres Gangs durch die Via Dolorosa gemacht haben, sollte ich noch zwei Orte von weltlichem Interesse erwähnen. Sie haben schon die Aura historischer Jerusalemer Stätten angenommen, obwohl sie noch nicht alt sind. Der erste, bevor wir in der Via Dolorosa weitergehen, ist Abu Shukry. Heute ist es ein regelrechtes Restaurant, aber es wurde berühmt durch den besten *humus* (Kichererbsenbrei) in der Stadt. Das ursprüngliche »Speisehaus«, das ganz in der Nähe lag, bestand aus zwei Tischen, und es gab keine gedruckte Speisekarte, denn man hatte nur die Wahl zwischen *humus* und *humus*. Im Eingang drängten sich die hungrigen Kunden, die oft Schalen von zu Hause mitbrachten, um eine Portion mitzunehmen. Der zweite Ort ist, gegenüber der Fünften und Sechsten Station, eine Töpferei, der Laden der Brüder Karakashian, armenischer Fliesenmacher, die ein uraltes Handwerk ihrer Gemeinde ausüben. Unmittelbar nach der Wiedervereinigung der Stadt erteilten wir ihnen den Auftrag, Straßenschilder in Hebräisch, Englisch und Arabisch für die Altstadt herzustellen, aber berühmt sind sie vor allem wegen ihrer Geschenkartikel zu vernünftigen Preisen und ihrer Liebenswürdigkeit.

Die Linkswendung am Österreichischen Hospiz bringt uns zur Dritten Station, der Stelle, wo Jesus zum erstenmal stürzte, wie auf dem Relief zu sehen ist. Die Kapelle gehörte einmal der polnischen katholischen Kirche. Im 19. Jahrhundert kaufte sie die armenische katholische Kirche, eine kleine Konfessionsgruppe, die wie andere durch Bekehrungen zwischen den verschiedenen Kirchen, in diesem Falle der armenischen und der katholischen, entstanden war. Einst war dies der Eingang zu einem türkischen Bad, das bis zum 18. Jahrhundert in Gebrauch war.

Die Vierte Station, wo Maria stand, als Jesus vorbeiging, befindet sich neben der Armenischen Kirche (Our Lady of the Spasm). Im Hof der Kirche, die auch der Sitz des Bischofs ist, ist ein schönes Mosaik aus dem 6. Jahrhundert zu sehen, auf dem römische San-

---

Der Anfang der Via Dolorosa, im Vordergrund vom Ecce-Homo-Bogen überspannt.

dalen dargestellt sind. Der Legende nach sind es die Sandalen des heiligen Petrus. Hier gehen wir wieder eine kurze Strecke auf Pflastersteinen, die aus der Zeit 100 v. Chr. bis 100 n. Chr. stammen. Sie sind leicht zu erkennen.

Wir machen nun eine Wendung nach rechts zur Fünften Station, wo die römischen Soldaten Simon von Cyrene befahlen, Jesus zu helfen, das Kreuz zu tragen.

Bei der Sechsten Station, gekennzeichnet durch die Kirche vom Heiligen Antlitz und das Haus der Heiligen Veronika vom griechisch-katholischen Patriarchat, trocknete Veronika mit ihrem Schweißtuch das Gesicht Jesu.

Die Siebente Station, eine Franziskanerkapelle, bezeichnet die Stelle, wo Jesus zum zweitenmal fiel.

Wir gehen jetzt nach links in die Khan es-Zeit Street, aber zuvor bringen uns einige Stufen zur Achten Station. Hier warnte Jesus die Töchter Jerusalems vor kommendem Unheil. Die Station ist durch ein lateinisches Kreuz und durch eine gemeißelte griechische Inschrift, NIKA, markiert, was für »Jesus Christus ist siegreich« steht.

Wenn wir die Khan es-Zeit Street entlanggehen, erreichen wir eine breite steinerne Treppe zur Rechten. Am Fuße dieser Treppe befindet sich der Süßwarenladen Zalatimo, bekannt nicht nur für seine schmackhaften süßen Pfannkuchen, sondern auch, weil sich im Hinterzimmer Überreste des ursprünglichen Eingangs zur Grabeskirche befinden, und so trampeln öfter, als es dem Inhaber lieb ist, Touristen durch seinen Laden.

Wir gehen die Stufen hinauf zum Dach der Grabeskirche und erreichen das Koptische Kloster, die Neunte Station, die letzte außerhalb der Kirche. Hier stürzte Jesus zum drittenmal.

Wir gehen wieder zurück und die Stufen hinunter und dann noch einmal einige Stufen, bis wir ein Schild vor uns sehen: Suq al Attarim. Wir wenden uns nach rechts auf dem Suq al Dabbagha und kommen an der russisch-orthodoxen St.-Alexanderkapelle vorbei, die besichtigt werden kann. Wenn wir geradeaus weitergehen, sehen wir zur Linken auch die lutheranische Erlöserkirche. Wem es nichts ausmacht, die vielen Stufen hinaufzusteigen, der kann zu bestimmten Zeiten den Glockenturm besichtigen. In dieser Kirche finden während des ganzen Jahres herrliche Konzerte statt.

Die Grabeskirche

Geradeaus auf unserem ursprünglichen Weg befindet sich ein schmaler, unauffälliger Durchgang. Durch ihn erreichen wir die Grabeskirche. Trotz ihrer Größe ist sie beinahe in den Gassen der Altstadt verborgen.

Wir stoßen wieder auf die vertraute Chronologie. Der erste Bau an dieser Stelle war der Venustempel,

Osterpilger tragen, dem traditionellen Weg Jesu folgend, ein großes Holzkreuz durch die Via Dolorosa.

den Hadrian errichtete. Man nimmt an, daß er diese Stelle wählte, um alle Assoziationen mit Jesus auszulöschen. Kaiser Konstantin zerstörte Hadrians Tempel im 4. Jahrhundert, um es seiner Mutter Helena zu ermöglichen, hier eine Kirche zu bauen, die Anastasis-Basilika. Anastasis ist das griechische Wort für Auferstehung. Einer Legende zufolge fand Helena mit Hilfe des Bischofs Macarius und der Ältesten der Stadt das Kreuz und die Folterwerkzeuge.

Die Kirche wurde 614 von den Persern zerstört, aber wenige Jahre später, 628, von dem Abt Modestus wiederaufgebaut. Die Omaijaden, die Jerusalem 638 eroberten, ließen sie stehen, aber der Kalif Al Hakim aus Ägypten (der den Beinamen »der Wahnsinnige« hatte) zerstörte sie 1009 wieder. Während einer kurzen Periode unter byzantinischem Schutz wurde sie 1048 von Kaiser Konstantin Monomachus wieder aufgebaut. Im Jahre 1144 bauten die Kreuzfahrer das ganze Heiligtum neu auf und nannten es die Grabeskirche (Kirche des Heiligen Grabes). Gottfried von Bouillon, der den ersten Kreuzzug im Jahre 1099 anführte, erhielt den Titel »Vogt des Heiligen Grabes«. Während die Kuppel mehrere Male erneuert wurde, zuletzt im 19. Jahrhundert, stammt das Hauptgebäude aus der Kreuzfahrerzeit.

Als Omar 638 die Stadt eroberte, betete er nicht in der Kirche, denn er wollte seinen Anhängern keinen Vorwand liefern, sie in eine Moschee zu verwandeln. Anscheinend wurde nahe dem ursprünglichen Eingang der Kirche (in Zalatimos Süßwarenladen) ein moslemisches Gebetshaus errichtet, aber erst später in der Nähe eine Moschee gebaut. Sie war mehrere Meter höher als die Kirche, wie es der Koran vorschreibt, um die Überlegenheit des Islams über alle Religionen, auch die monotheistischen, zu beweisen.

Die letzten fünf Stationen des Kreuzwegs befinden sich innerhalb der Grabeskirche. Der Name Golgatha, wo die Kreuzigung stattfand, ist von dem aramäischen Wort für Schädel abgeleitet und bezieht sich auf die Schädelform der Stätte.

An der Zehnten Station, die man über eine steile Treppe erreicht, mußte Jesus seine Kleider ablegen. Der Stein von Golgatha war jahrhundertelang in Marmor eingefaßt und daher kaum zu sehen, aber die Einfassung aus Glas, die unlängst von den Griechen geschaffen wurde, erlaubt dem Pilger eine intimere Begegnung. An der Elften Station wurde Jesus ans Kreuz geschlagen. Die Zwölfte Station, eine griechische Kapelle, war der Ort der Kreuzaufrichtung. Die Dreizehnte Station zeigt an, wo Jesus vom Kreuz genommen wurde. Die Vierzehnte und letzte Station ist das Heilige Grab in der Mitte der Kirche, eine Nische mit einem marmorbedeckten Grab, das sich, ohne Marmor, bis in die angrenzende Koptische Kapelle erstreckt.

Man kann der Kirche nicht annähernd gerecht werden, wenn man versucht, ihre Geschichte in wenigen Abschnitten zu erzählen. Dieser kurze Abriß vermittelt nur eine Ahnung von dem Labyrinth der Kapellen. Man kann nur einen Hinweis auf die Zerstörungen geben, die im Laufe der Jahrhunderte durch Feuer, durch Erdbeben und durch mutwillige Menschenhand angerichtet wurden.

Nonnen an der Dritten Station des Kreuzweges in der Via Dolorosa. An dieser Stelle stürzte Jesus zum erstenmal.

Die Kirche wurde 1927 durch ein Erdbeben schwer beschädigt, aber die Parteien konnten sich über die Art der vorzunehmenden Reparaturen nicht einigen. Die Architekten, die die Griechen, die Armenier und die Katholiken vertraten, stritten sich endlos. Die Politik der Briten und später der Jordanier war die des »Teile und herrsche«, was dazu beitrug, die Lage zu verschärfen. Daher fanden wir 1967, vierzig Jahre nach dem Erdbeben, noch die Baugerüste vor, und nur geringe Fortschritte waren gemacht worden.

Mit unendlicher Geduld gelang es uns, einen relativen Konsens herzustellen, und die Restaurierung wurde schließlich beendet. Natürlich sind Reparaturen an einem so großen und so alten Bauwerk nie ganz abgeschlossen.

Die Kirche gehört sechs Konfessionen – die Griechisch-Orthodoxen, die Armenier und die Katholiken

Die Kuppeln der Grabeskirche im Christlichen Viertel der Altstadt.

haben die Hauptanteile, die Kopten, die Äthiopier und die Syrer geringere. Jede Fliese und jede Säule ist sorgfältig zugeteilter Besitz. Wer welche Türklinke putzt, ist von entscheidender Bedeutung, denn Reinigen zeigt Besitz an. Bei Streitigkeiten dieses Rangs sind schon Geistliche getötet worden.

Der ernsthafteste Streit besteht derzeit zwischen den Äthiopiern und den Kopten; er ist das Erbe einer Zwietracht von dreihundert Jahren, obwohl die beiden Kirchen im wesentlichen dasselbe Dogma haben. Es gibt zwei Kapellen, die vom Vorhof der Kirche zum Dach führen, und Kopten und Äthiopier machen Besitzansprüche an den Kapellen und am Dach geltend. Die Angelegenheit wurde vor das Gericht des britischen Mandats gebracht, das keine juristische Lösung fand.

Während der jordanischen Periode entschied König Hussein zunächst zugunsten der Äthiopier, aber nach einer Intervention Präsident Nassers im Namen der ägyptischen Kopten änderte er seine Meinung. Daher waren, als wir 1967 auf der Szene erschienen, die Kopten die Besitzer. Da wir zu der Zeit gute Beziehungen zu den Äthiopiern hatten und uns nominell im Krieg mit Ägypten befanden, neigten wir dazu, die Äthiopier zu unterstützen. Zu Ostern 1970, während die Kopten beim Gebet waren, wählten die Äthiopier eine ziemlich unorthodoxe Methode: Sie wechselten einfach die Schlösser aus, um in den Besiz der Kapellen zu gelangen. Die Polizei wurde gerufen, und die beiden Parteien erschienen wieder vor Gericht, diesmal einem israelischen. Nach endlosen Beratungen kam man zu demselben Schluß wie die

Briten: Es ist unmöglich, diesen Fall juristisch zu klären.

Ein besonderer Unterausschuß des Verwaltungsausschusses für Jerusalem der israelischen Regierung versuchte einen Kompromiß zu finden. Die Mitglieder besichtigten den Ort immer und immer wieder. Nach jedem Besuch trafen sie sich, um die Details des Falles zu besprechen. In ihrer Verzweiflung bemühten sie sich, den Beistand der Patriarchen der drei großen Kirchen zu gewinnen, aber keiner wollte intervenieren. Ein Richter im Ruhestand wurde nun als Schiedsrichter ernannt. Aber er muß natürlich den Fall von allem Anfang an noch einmal aufrollen. Wahrscheinlich ist dies eine Aufgabe für den Messias.

Vor einigen Jahren erbaten die Armenier die Einwilligung der anderen Kirchen, in der St. Helena-Kapelle ein Fenster wieder zu öffnen, das seit Jahrhunderten zugemauert gewesen war. Hinter der Öffnung entdeckte man eine Reihe miteinander verbundener Räume, die der armenische Erzbischof Kapikian reinigen ließ. Der letzte Raum führte zu einem Steinbruch unter der armenischen Kapelle, der möglicherweise der älteste Steinbruch in Jerusalem ist. An einer der Wände kann man die Zeichnung eines Segelschiffes, eines römischen Hochseeschiffes aus dem 2. oder 3. Jahrhundert, mit der Inschrift *Domine Ivimus* (»Herr, wir sind gegangen«) sehen, eine Erinnerung an eine Pilgerfahrt früher Christen. In der ganzen Kirche sind Kreuze zu sehen, die im Laufe der Jahrhunderte von Pilgern in die Wände geritzt wurden.

Wenn in den Gängen der Kirche ein relativer Friede gewahrt wird, so ist dies das Ergebnis der Annahme des »Status quo«, den der ottomanische Sultan Abdul Mejid 1852 festsetzte. Er wird heute noch respektiert, regelt alle Besitzrechte in der Kirche und die Details der kirchlichen Zeremonien, und wurde seinerzeit

Messe in der Grabeskirche.

von den Kirchen und allen europäischen Mächten akzeptiert.

Es war wahre salomonische Weisheit, die die Schlüssel zu den Haupttoren der Kirche der Obhut von Moslems anvertraute. Die Familie Nusseibeh hat seit Generationen treu ihre Aufgabe erfüllt, sie unparteiisch zu hüten und jeden Tag die Kirchentore zu öffnen und zu schließen.

Im Jahre 1967, wenige Tage nach dem Sechstagekrieg, berief Ministerpräsident Levi Eshkol, der Chef einer Regierung der Nationalen Einheit, alle religiösen Führer Jerusalems, Christen wie Moslems, zu sich und sicherte ihnen zu, daß wir alle ihre Rechte respektieren und bewahren würden. Wir haben dieses Versprechen peinlich genau gehalten. Wir betreiben eine Politik der Nichteinmischung und behandeln die christliche Gemeinde, alle Kirchen, Klöster und religiösen Einrichtungen als exterritoriale Botschaften. Was fehlt, ist ein allgemeines Abkommen mit den Kirchen, das etwa dem Konkordat zwischen dem Vatikan und Italien entspräche. Die Katholiken betrachten sich als Vertreter des Weltchristentums, da es 800 Millionen Katholiken gibt. Die Griechen und Armenier sind dagegen der Ansicht, daß höheres Alter mehr gilt als bloße Zahlen, und würden den Katholiken nie erlauben, ihre Interessen zu vertreten. Daher ist die Chance einer gemeinsamen christlichen Vertretung beinahe gleich Null.

Ein anderes großes Hindernis, das jedes Abkommen unmöglich macht, ist die grundlegende Abneigung der Kirchen, Israels Rechte in Jerusalem anzuerkennen. Es wird besonders kompliziert bei kleineren Problemen. Die Kirchen sind, zum Beispiel, befreit von den hohen Zollabgaben auf Waren, die aus dem Ausland eingeführt werden. Da aber das Gesetz diese Zahlung verlangt – sogar Krankenhäuser zahlen Zollgebühren –, übernimmt das Ministerium für Religiöse Angelegenheiten die Zahlung für die Kirchen aus einem Kontingent, das ihm der Fiskus zuweist – ein drakonisches bürokratisches Verfahren. Wenn aber der Fiskus kein Geld überweist, zahlt das Ministerium die Zollgebühren nicht, und der Zoll gibt die Waren nicht frei, die dann liegen bleiben und liegen bleiben und unterdessen Hafengebühren verursachen. Das ist nur ein Beispiel für unsere Probleme, denn auch Angelegenheiten, für die die Stadtverwaltung nicht zuständig ist, werden uns vorgelegt, da wir leicht zu erreichen sind. Die Würdenträger der Kirchen wissen, daß das Rathaus immer für sie zu sprechen ist.

Da oft Kirchenprobleme auf meinem Schreibtisch landen, habe ich auch das Privileg, das ganze Jahr über an den religiösen Festen teilzunehmen. Es gibt jahrhundertealte Überlieferungen, feierliche und fröhliche Zeremonien. Die Tradition meiner Anwesenheit bei den verschiedenen religiösen Feierlichkeiten begann 1967, und ich besuche wahrscheinlich mehr Gottesdienste als die frommsten Christen. So gehe ich zu den Weihnachts-Mitternachtsmessen in Bethlehem nach dem Gregorianischen, Julianischen und Armenischen Kalender (am 25. Dezember nach der westlichen Zeitrechnung, am 6. Januar nach der orthodoxen und am 18. Januar nach der armenischen). Der Bürgermeister von Bethlehem, Freij, der griechisch-orthodox ist, besucht auch die Messen der Katholiken und der Armenier in seiner eher politischen als religiösen Eigenschaft. Ich nehme teil an der griechischen und armenischen Fußwaschungszeremonie und manchmal auch an der der Syrer und Äthiopier und an der griechischen Zeremonie des Heiligen Feuers am Karsamstag. Und ich feiere Ostern am Jerusalemer Sitz des Synods der russischen Bischöfe im Exil, in einer Kirche, die leider nicht öffentlich zugänglich ist. Sie befindet sich in der Nähe der Grabeskirche und hat ein unauffälliges Äußeres, aber wenn man sie betritt, begegnet man einer anderen Welt in einer anderen Zeit. Es gibt zahllose Kapellen und Gebetshallen, die mit byzantinischen Überresten vermischt und mit großen Porträts des Zaren und der Zarin geschmückt sind. Alte Babuschkas bieten Festtagskuchen an, und die Geistlichen verteilen handbemalte Ostereier, die Vorläufer von Fabergé.

Eine der eindrucksvollsten Zeremonien ist die Fußwaschung der griechisch-orthodoxen Kirche, am Gründonnerstag auf dem offenen Platz vor der Grabeskirche. Wie Jesus die Füße seiner Jünger wusch, so kniet der ehrwürdige Patriarch nieder und wäscht die Füße von zwölf Priestern oder Seminaristen.

Die orthodoxen Kirchen in Griechenland, Rumänien, Bulgarien und Rußland haben nur Metropoliten, aber keine Patriarchen. Daher zieht die Zeremonie unter der Schirmherrschaft des griechisch-orthodoxen Patriarchen von Jerusalem Anhänger aus diesen Ländern, aber auch aus Ländern an, die so fern sind wie Australien oder die beiden Amerikas.

Den Hauptstrom von Pilgern zu dieser Zeremonie bilden die Tausende aus Zypern und Griechenland. Viele von ihnen sind schon älter – oft ähneln sie den schwarzgekleideten, wehklagenden Frauen in *Zorbas, der Grieche* –, und sie haben ihr Leben lang ihre Lire und Drachmen gespart, um zu dieser Zeremonie ins Heilige Land reisen zu können. Sie reisen auf den Decks von Schiffen und bringen die Lebensmittel mit, die sie während der wenigen Tage ihres Aufenthalts brauchen werden. An dem großen Tag beginnen sie lange vor Tagesanbruch den Hof zu füllen, um sich einen Platz zu sichern. Ich habe immer ein Schuldgefühl, weil ich erst um 7 Uhr 30 komme und bequem auf der Terrasse eines Gebäudes sitze, das den Hof überblickt. Aber die frommen Pilger sind nicht an Bequemlichkeit interessiert, sondern an der Leidenschaftlichkeit des Erlebnisses.

Ein dominikanischer Professor an der Ecole Biblique in Jerusalem, Jerome Murphy-O'Connor, schrieb im Frühjahr 1987 im *Eretz*-Magazin: »Für manche

Der Eingang zu dem Schrein, der das Heilige Grab enthält – die vierzehnte Station des Kreuzweges – mitten im Zentrum der Grabeskirche.

Eine griechisch-orthodoxe Feier der Karwoche im Hof der Grabeskirche.

eine architektonische Monstrosität, für andere ein spiritueller Greuel, hat die Grabeskirche immer die verschiedensten Reaktionen ausgelöst. Die Narben ihrer wechselvollen Geschichte sind allzu offensichtlich. Letzten Endes aber tun sie ihrer Würde keinen Abbruch. Sie sind eher die Runzeln in einem einst schönen Gesicht, das interessante Zeiten erlebt hat. Die Grabeskirche kann als ein steinernes Buch gelesen werden, in das die Geschichte der christlichen Kirche in Jerusalem eingeschrieben ist.

Doch eine solche abstrakte Betrachtung geht am Eigentlichen vorbei. Auf jeden geharnischten Ritter oder hochmütigen Touristen kamen Tausende von Pilgern, die ihren Weg zur Kirche in schlichter Frömmigkeit gingen und ihr Leben aufs Spiel setzten. Die Grabeskirche ist ein Magnet des Mutes und des Glaubens, und nur wenige Bauwerke können so viel für sich beanspruchen.«

Das Gartengrab

Der offizielle Spaziergang endet zwar in der Grabeskirche, aber manche sind vielleicht an einem Abstecher zum Gartengrab interessiert, das auch Gordon's Calvary genannt wird – eine Stätte, die den protestantischen Konfessionen heilig ist. Man geht dorthin etwa zehn Minuten, über die Hauptstraße außerhalb des Damaskustors in die Conrad Schick Street.

Die Protestanten sind in Jerusalem die Nachzügler. Die erste protestantische Mission traf in Jerusalem vor 150 Jahren ein; es war eine gemeinsame preußisch-britische Mission unter einem Bischof, der ein getaufter Jude war. Das gemeinsame Bistum bestand von 1840 bis 1887. Bischof Gobat leitete die Gemeinde dreiunddreißig Jahre lang und baute in dieser Zeit eine Knabenschule auf dem Berg Zion. Bis heute wird dort unterrichtet. Ein Teil des Gebäudes ist an ein amerikanisches Bibelinstitut vermietet, das jedes Jahr Hunderte von jungen Studenten nach Jerusalem lockt.

In Deutschland war Jerusalem ein Brennpunkt umfangreicher wissenschaftlicher und archäologischer Studien. Mit diesem Antrieb und unter der Führung König Friedrich Wilhelms IV. von Preußen wurden mehrere Kirchen und kirchliche Bauten entworfen, die dann schließlich sein Großneffe, Kaiser Wilhelm II., bauen ließ. Diese Kirchen sind über die Landschaft Jerusalems verstreut: Augusta Victoria auf dem Berg Scopus, die Dormitio-Abtei auf dem Berg Zion und die Erlöserkirche in der Altstadt.

Ein britischer General, Charles Gordon, der zuletzt als Gefangener des Mahdi in Khartum enthauptet wurde, war als Pilger nach Jerusalem gekommen. Wie einige, meist protestantische, Archäologen hatte er seine Zweifel an der traditionellen Stätte der Kreuzigung. Diese Skeptiker waren davon überzeugt, daß man eine Kreuzigung niemals innerhalb der Stadtmauern vorgenommen hätte, und die Grabeskirche steht innerhalb der gegenwärtigen Stadtmauern. Gordon fand einen Hügel außerhalb des Damaskustors, der wie ein Schädel geformt war, und entdeckte Gräber, die, wie er annahm, aus der Zeit Christi stammten. Ein schöner Garten wurde auf dem Hügel angelegt, und er wird jedes Jahr von Zehntausenden von Protestanten besucht.

Das Postskriptum zu der Geschichte ist, daß unsere Archäologen diese Gräber untersuchten und feststellten, daß sie aus dem 5. Jahrhundert v. Chr. stammen, was fünf Jahrhunderte zu früh ist.

Die heitere Ruhe dieses schönen Gartens wird empfindlich gestört durch den Lärm des arabischen Zentralbusbahnhofs am Fuße des Hügels. Wir bauten einen zweiten Busbahnhof in einiger Entfernung, um diese Störung zu verringern, erzielten aber nur einen Teilerfolg. Es existieren Pläne, das Zentraldepot zu verlagern und die Ruhe des Gartengrabes sicherzustellen.

Das Mormonen-Zentrum

Die letzte Kirche, die Jerusalem erreichte, ist die Kirche Jesu Christi der Heiligen der letzten Tage, der Mormonen, obwohl ihre Wurzeln in der Stadt tatsächlich auch beinahe 150 Jahre alt sind. Im Jahre 1842 kam Orson Hyde, der erste Mormonenmissionar, ins Heilige Land. Er stand auf dem Ölberg und prophezeite die Rückkehr des jüdischen Volkes nach Jerusalem. Sein Gebet wurde in die Mormonenliturgie aufgenommen.

Im Jahre 1968 begannen mormonische Studiengruppen mit regelmäßigen Besuchen. Sie hielten ihre Seminare im Gästehaus des Ramat-Rachel-Kibbuz am Rande der Stadt ab. Der Erfolg ihres Programms ermutigte sie, einen permanenten Zweig der Brigham Young University in Provo, Utah, einzurichten, und sie kauften ein Grundstück auf dem Berg Scopus. So begann eine Geschichte, deren Verzweigungen weit über die Grenzen Jerusalems, ja Israels hinausreichten.

Die Mormonen begannen ihre Wanderung durch das Labyrinth der israelischen Bürokratie. Sie brauchten die Empfehlung des Außenministers, da sie eine ausländische Institution waren; sie brauchten die Unterschrift des Erziehungsministers (eines Mitglieds der Nationalreligiösen Partei), da sie eine Erziehungsinstitution waren; sie brauchten die Unterschrift des Innenministers (ebenfalls von der Nationalreligiösen Partei), der für die Gesamtplanung zuständig ist; sie brauchten meine Unterschrift als Bürgermeister von Jerusalem. Alle unterschrieben. Die Mormonen galten als Israel wohlgesinnt, und ihre Universität hatte einen ausgezeichneten Ruf.

Dann mußten sie den ermüdenden Weg durch die Planungskommissionen gehen. Der Jerusalemer Stadtrat als städtische Planungskommission gab seine Zustimmung, was aufgrund rein architektonischer und planungstechnischer Überlegungen geschieht. Der Beschluß war einstimmig – mit den Stimmen der orthodoxen und ultra-orthodoxen Stadträte.

Wie es in solchen Fällen immer erforderlich ist, wurde der Plan daraufhin drei Monate lang öffentlich ausgestellt, damit die Gelegenheit zu Einwänden gegeben war. Der einzige Einwand kam vom Rat für ein Schönes Israel, der die Höhe des Gebäudes beanstandete. Der Architekt arbeitete die Pläne entsprechend um, der Rat zog seinen Einspruch zurück, und der nötige Genehmigungsstempel wurde ohne Umstände gegeben.

Dann brach die Hölle los. Die ultra-orthodoxen Parteien, die immer eine Gelegenheit suchen, als Bewahrer des reinen jüdischen Glaubens aufzutreten, beschlossen, sich das Mormonen-Zentrum als Zielscheibe zu nehmen. Diesem Greuel mußte Einhalt geboten werden. Die Mormonen sind Proselytenmacher und werden nacheinander die ganze jüdische Bevölkerung bekehren. Einen Juden nach dem anderen. Das Ganze ist Teddy Kolleks Werk. Leute mit Protestschildern zogen jeden Morgen vor meinem Büro auf, gingen aber um ein Uhr nachmittags wieder. (Ich beneidete sie, weil sie nur halbtags zu arbeiten brauchten.) Hetztiraden erschienen in in- und ausländischen Zeitungen und in Briefen, und ich bekam drohende Telefonanrufe.

Diese Aktionen wurden auch von der gemäßigten jüdischen Gemeinde übernommen (ganz zu schweigen von einigen christlichen Gemeinden im Ausland, deren Haltung gegenüber ihren mormonischen Landsleuten nicht gerade sehr christlich war). Die Antimormonen-Kampagne war gänzlich gegen mich gerichtet. Die Minister und Stadträte, die ihre Zustimmung gegeben hatten, leugneten, daß sie die Pläne gebilligt hatten, und beteiligten sich sogar an dem Aufruhr.

Die Angst vor Bekehrungen ist nicht irrational. Der Verlust von sechs Millionen Juden im Holocaust macht uns den Wert jedes einzelnen Juden zutiefst bewußt. Ich war gegen diese Angst nicht gefeit, und aus diesem Grunde hatten wir die Mormonen, die tatsächlich ihren Glauben zu verbreiten trachten, schon 1968 aufgefordert, ein förmliches Versprechen abzugeben, daß sie in Israel keine Bekehrungsversuche unternehmen würden. Sie waren schon jahrelang in Jerusalem, als die Arbeit an diesem neuen Zentrum begann, und hatten nie ihr Wort gebrochen.

Daß ich für das Recht der Mormonen, ihr Zentrum zu bauen, eintrat, entsprang meinem tiefverwurzelten Glauben an die Religionsfreiheit für jeden und überall. Wenn wir den Mormonen untersagten, in Jerusalem zu bauen, was für ein Recht hätten wir dann, Einspruch zu erheben, wenn ähnliche Einschränkungen Juden in Rußland, Argentinien oder auch Utah auferlegen würden? Übrigens teilte mir der Rabbi in

Salt Lake City mit, daß sich jedes Jahr mehrere Mormonen zum Judaismus bekehren und nicht umgekehrt.

Trotz ständiger Drohungen mit Brandstiftung wurde das Gebäude errichtet – und ich könnte hinzufügen, daß es einer der attraktivsten modernen Bauten der Stadt ist. Es ist als Jerusalem Centre for Near Eastern Studies bekannt, und man sieht es von der nordöstlichen Ecke der Stadtmauerpromenade aus und auf der Route des 99er Busses (siehe S. 139).

7
Die kulturelle Meile

Schon vor der Wiedervereinigung der Stadt sahen wir uns vor die Aufgabe gestellt, alte und historische Gebäude zu erhalten. Ich war davon überzeugt, daß die beste Methode zur Beschleunigung ihres Verfalls wäre, Ketten vor die Türen zu hängen und entsprechende Schilder anzubringen, die auf ihre historische Bedeutung hinwiesen: König Salomo hat hier geschlafen. Die einzige Möglichkeit, diese Gebäude zu erhalten, war, ihnen einen neuen Inhalt zu geben. Und nach diesem Prinzip machten wir uns ans Werk. Wir hatten kaum unsere allerersten Schritte unternommen – die Restaurierung des Khan-Theaters und des Yemin-Moshe-Viertels –, als der Sechstagekrieg eine völlig neue Realität schuf. Stätten, die neunzehn Jahre lang im Niemandsland gelegen und rasch verfallen waren, wurden plötzlich zu wichtigen Besitztümern im Zentrum der Stadt. Jeder Bau erforderte besondere Aufmerksamkeit. Und während wir uns an jedes Projekt individuell heranmachten, entdeckten wir zuletzt, daß wir eine »kulturelle Meile« geschaffen hatten. Der Tumult einer blühenden Stadt trat an die Stelle der Trostlosigkeit, die im geteilten Jerusalem geherrscht hatte.

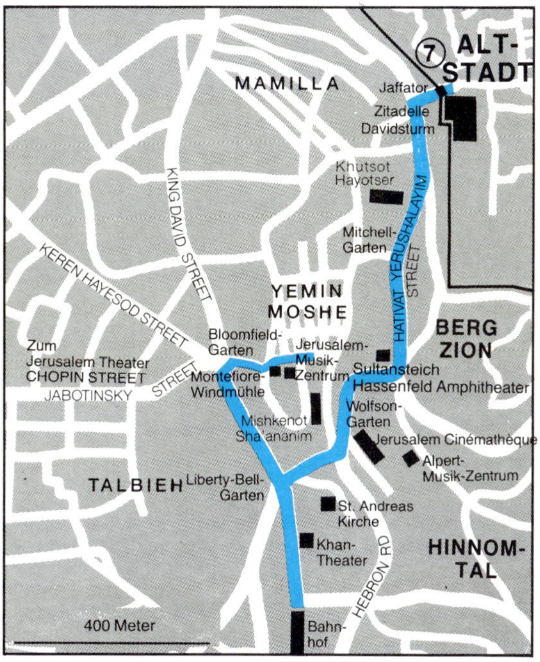

Die Zitadelle

Die kulturelle Meile beginnt an der Zitadelle, dem Davidsturm, der den Eingang zum Jaffator beherrscht. Sie ist ein wahres Archäologenparadies. Die ältesten Überreste stammen aus der Hasmonäerzeit im 2. Jahrhundert v. Chr., obwohl es Anzeichen dafür gibt, daß die Breite Mauer Hesekiels, die noch vierhundert Jahre älter ist, im trockenen Graben der Zitadelle endete. Der Graben enthielt nie Wasser, bildete aber trotzdem ein zusätzliches Hindernis für jede angreifende Armee. Die Zitadelle, wie wir sie heute kennen, wurde von Herodes gebaut und von den Kreuzfahrern, den Mamelucken und schließlich den ottomanischen Türken ergänzt.

Während der neunzehn Jahre der Teilung der Stadt stand die Zitadelle nur zweihundert Meter jenseits der Grenze. Man brauchte nur von der Mamilla Road einen Blick nach oben zu werfen, um die arabischen Legionäre auf den Mauern zu sehen. Diese Festung erlebte nicht zum erstenmal ein militärisches Lager. Vielleicht war die Erinnerung an die Maschinengewehrstellungen auf der Zitadelle – und unser Wunsch, daß sie nie zurückkehren mögen – der Motor unserer Entscheidung, die Verwendung des Bauwerks für friedliche Zwecke zu sichern. Während der späten sechziger Jahre begannen wir mit den ersten archäologischen Grabungen.

Die überwältigende emotionale und physische Ausstrahlung der Zitadelle, die an das Forum in Rom und die Akropolis in Athen erinnert, inspirierte zur Schaffung eines Son-et-Lumière-Programms in mehreren Sprachen. König Herodes' Ruf nach seiner Frau Mariamne ist in den Echos des Hofes deutlich zu hören. Die Trompeten der Kreuzfahrer künden die Ankunft ihrer siegreichen Streitmacht an.

Jeder Schritt, den wir unternahmen, führte ganz natürlich zum nächsten. Die Besucherscharen, die jeden Abend in der Zitadelle zusammenströmen, um mit uns durch die Geschichte zu wandern, bestärkten die Idee, an dieser Stelle ein Museum der Stadt Jerusalem zu schaffen. Die massiven Türme, die Ausblicke von den Wällen, die verborgenen Winkel und Spalten, die Laufgänge, das neu ausgegrabene, offene Gebiet im Zentrum regten die Phantasie an, was hier getan werden könnte. Der Traum begann Gestalt anzunehmen.

Ein Bürgermeister darf weder verschwenderisch

Niemandsland gegenüber dem Jaffator und der Zitadelle während der Zeit der jordanischen Besetzung.

noch unpraktisch sein. Das erste Stadium eines jeden Traums ist eine Besprechung mit dem Leiter der städtischen Finanzverwaltung. Ich hegte die Hoffnung, er werde mir sagen, das sei in der Tat machbar, er könne einen freien Posten im Budget selbst für ein Unternehmen dieser Größenordnung finden. Er berichtete mir, was ich nur zu gut wußte: unser Etat mit seinem kleinen Steueraufkommen war so überlastet, daß wir schon kämpfen mußten, um nicht die Zuteilungen für den Transport behinderter Kinder oder für die Pflege der mittellosen Alten beschneiden zu müssen.

Wieder wurde ein Freund im Ausland dank der Jerusalem Foundation unser Retter. Die Jerusalem Foundation berührt heute jeden Aspekt des Lebens in jedem Winkel unserer Stadt. Von der Restaurierung des Damaskustors und der Stadtmauerpromenade bis zur Schaffung der Sheikh-Jarrah-Klinik, von Bibliotheken bis zu Schwimmbädern, von zusätzlicher Schulung für die Jungen bis zur Heizung für die Alten, von Kunstzentren über Musikzentren zu Filmzentren haben die Freunde Jerusalems, durch die Foundation, die Struktur des Lebens in unserer Stadt verändert.

Son et Lumière in der Zitadelle.

Das Museum der Stadt Jerusalem wurde im April 1989 mit großem Pomp eröffnet. Es war der Höhepunkt von Jahren intensiver Arbeit. Kein Bericht könnte eine bessere Beschreibung liefern als die Eröffnungsrede der Stifterin des Museums, Vivien Duffield, die sich für dieses Projekt voll eingesetzt hatte: »Unvermeidlich hat es schreckliche Probleme, fürchterliche Auseinandersetzungen und lange Diskussionen gegeben. Ich nehme an, man hätte erwarten sollen, daß die Schaffung eines Ortes, wo die Hasmonäer, die Römer und die Kreuzfahrer, die Mamelucken und die Ottomanen, die Briten, die Jordanier und die Israelis herrschten, stolzierten, beteten, schwelgten, bauten, befestigten und kämpften, nicht leicht sein würde, und es war auch nicht leicht. Architekten scheiterten, Archäologen reisten ab, Gärtner verzweifelten, und alle Experten stritten sich. Jeder Schritt wurde von den religiösen Experten aller Glaubensbekenntnisse geprüft und kritisiert.«

Doch das Ergebnis ist erstaunlich. Man betritt das Museum vom Omar-ibn-al-Khattab Square innerhalb des Jaffators aus, indem man einen trockenen Graben überquert, jetzt ein archäologischer Garten, und an einer offenen Moschee vorbeigeht. Der Eingang ist ein modernes Tor in einem alten Torweg, der möglicherweise aus der Kreuzfahrer- oder Mamelukkenzeit stammt. Man kann sich leicht über die fünf möglichen Routen orientieren: die Ausstellungsroute, die Route der Aussichtspunkte, die archäologische Route, die kurze Route und die Route für Behinderte. Ein einführender Film sorgt für ausgiebige Information.

Das Museum zeigt Dioramas, Gemälde, Modelle, Hologramme und Videos, chronologisch angeordnet und beginnend mit der Gabe von Brot und Wein, die der Patriarch Abraham von Melchisedek, von dem König von Salem, erhielt, wie im 1. Buch Mose (Kap. 14) berichtet wird. Die erste Darstellung ist eine Ansicht der Zitadelle und des sechseckigen Baus, den die Briten errichteten. Und dann übernimmt die Geschichte: die Kanaaniter, der Erste Tempel, holographisch dargestellt, die Rückkehr nach Zion, der Hellenismus, die Hasmonäer, der Tod des Herodes und die Zerstörung des Zweiten Tempels. Wir fahren fort mit den Römern, der Gründung von Aelia Capitolina und den Byzantinern. Die Omaijaden werden von den Kreuzfahrern geschlagen, die das Schicksal von der Hand Saladins ereilte. Die Mamelucken bringen uns zur ottomanischen Periode und zu Suleiman, dessen Vermächtnis die Mauer der Altstadt ist. Dann die Ankunft der Großmächte im 19. Jahrhundert, der Sieg der Briten über die Türken, die frühen jüdischen Siedler, die geteilte Stadt und ihre Trennmauern, die einstürzten wie die Mauern Jerichos. Eine Multimedia-Veranstaltung entwirft die Vision Jerusalems. Und ein Laden und eine Cafeteria sorgen für irdischere Bedürfnisse.

Ein Glanzstück des Museums ist ein detailliertes Modell der Stadt aus dem 19. Jahrhundert. Die Geschichte seiner Entdeckung ist der reinste Kriminalroman. Sie begann sehr einfach in der Cafeteria der Hebräischen Universität in Jerusalem. Eine junge Schweizer Studentin hörte zufällig Bruchstücke eines Gesprächs eines anderen Studenten, der der Spur eines Modells von Jerusalem gefolgt war. Dieses Modell war für die Weltausstellung in Wien 1873 von einem ungarischen Katholiken, Stephan Illes, angefertigt worden, der von 1860 bis 1872 in Jerusalem gelebt hatte. Hinweise auf das Modell fanden sich in mehreren Dokumenten, aber das Modell selbst war verschwunden.

Der Student hatte in einem Artikel gelesen, Stephan Illes sei mit seinem Modell durch Europa gereist und zuletzt in Genf gewesen. Die Schweizer Studentin war im Begriff, in den Semesterferien nach Hause, das heißt nach Genf, zu fahren, und erbot sich, ein wenig Detektivarbeit zu leisten. Sie wußte, daß sie leicht die Begeisterung ihres Vaters, eines Historikers, wecken konnte. Dieser übernahm den Fall mit großem Eifer, und er machte das Modell im Lagerhaus der

Ein Modell Jerusalems aus dem 19. Jh. im Stadtmuseum in der Zitadelle.

Maison de la Reformation ausfindig, wo es völlig vernachlässigt und praktisch vergessen lag. Die Bürger von Genf hatten es in den 1870er Jahren gekauft und eine Weile ausgestellt, bevor sie es ins Magazin verbannten. Dieses detaillierte Modell Jerusalems im 19. Jahrhundert war eine Fundgrube von Informationen und beantwortete viele Fragen.

Unsere nächste Aufgabe war, das Modell von Genf nach Jerusalem zu bringen. Mit Hilfe der Maison de la Reformation, die das Modell Jerusalem auslieh, mit Hilfe des Restaurators des Israel-Museums, der die Schäden reparierte, und mit Hilfe eines Freundes in Genf, der dieses Unternehmen mitfinanzierte, fand dieses Modell sein natürliches Zuhause im Stadtmuseum von Jerusalem.

Khutsot Hayotser

Wir verlassen die Zitadelle, überqueren die Straße, gehen hügelabwärts und erreichen Khutsot Hayotser (auf arabisch Jorat el Einab, das Tal der Traube). Hier hatten ursprünglich sephardische Juden in kleinen, einfachen Häusern, aber mit einer schönen Synagoge, gelebt, doch um die Jahrhundertwende waren die Gründerfamilien in bessere Wohnviertel gezogen und nur die ärmsten Familien geblieben. Khutsot Hayotser wurde dann in den zwanziger und dreißiger Jahren als Markt und Werkstättenkomplex für hauptsächlich arabische Handwerker wiederaufgebaut.

Im Jahre 1948 wurde dieses Gebiet zum neutralen Niemandsland, gefährlich, verlassen und verfallend. Es schien eine beinahe unmögliche Aufgabe, es zu renovieren, als 1967 der Stacheldraht entfernt wurde. Und doch sieht es heute so aus, als wären die Kunstgalerien, Werkstätten und Restaurants ständige Einrichtungen seit mindestens König Davids Zeiten.

Man muß die Treppen von Khutsot Hayotser hinuntergehen, um zu erkennen, daß man ein deutlich begrenztes Tal betritt. Dies ist das historische Gei Ben Hinnom, das Tal des Sohnes Hinnoms, berüchtigt seit dem 7. Jahrhundert v. Chr., seit der Herrschaft des Königs Menasse, der hier seine barbarischen Kinderopfer darbrachte. Aus Gei ben Hinnom wurde das hebräische Wort Gehennom, das im Neuen Testament als Gehenna, Hölle, erscheint. Auch hier waren wir der Ansicht, daß ein friedlicher Zweck helfen würde, die Erinnerungen an die grausige Vergangenheit zu tilgen, und wir schufen die Mitchell- und Wolfson-Gärten unten im Tal.

Wir gehen auf der Hauptstraße weiter abwärts. Der Hang zu unserer Linken ist der Berg Zion, und in dem weiten, offenen Raum in dem Tal zu unserer Rechten werden Freiluftkonzerte veranstaltet.

Im Jahre 1978 versammelte sich eine Unzahl von nationalen Komitees, um zu beraten, wie man Israels 30. Unabhängigkeitstag feiern sollte. Es gab ebenso viele Vorschläge wie Komitee-Mitglieder. Ich hatte schon meine eigene klare Vorstellung. Ich fand, daß die Zeit der Militärparaden, wie sie bei früheren Jahrestagen Tradition gewesen waren, vorbei war. Wir sollten anders feiern als mit Panzern und Halbkettenfahrzeugen.

Der Sultansteich

Mit Hilfe von zwei der ergebensten Freunde Israels, Isaac Stern und Zubin Mehta, wurde eine neue Idee entwickelt: ein Konzert im Freien im Sultansteich, einem Reservoir, das der Mameluckensultan Barkuk im 14. Jahrhundert angelegt und das Suleiman restauriert hatte, das aber seit mehr als einem Jahrhundert leer ist. Isaac sollte spielen, Zubin dirigieren. Die Überzeugungskraft dieser beiden Männer vervollständigte die Liste der Mitwirkenden: Mstislaw Rostropowitsch, Leontyne Price, Jean Pierre Rampal, das Israelische Philharmonische Orchester. Natürlich geht nichts ganz glatt: Rostropowitsch bekam kein Visum, Isaac vergaß seine Geige, Rampals Flugzeug konnte in Europa wegen Nebels nicht starten.

Eine wackelige Bühne wurde errichtet, aber es gab keinen Komfort wie etwa Garderoben. Wir requirierten daher das Haus von Freunden im nahegelegenen Viertel Yemin Moshe, die ihren Enkelkindern von den großen Künstlern erzählen können, die sich in ihrem Schlafzimmer umzogen.

Trotz der Seltenheit von Terroranschlägen in der Stadt war gerade eine Woche vor dem Konzert eine Panzerfaust abgefeuert worden, und die Rakete hatte in einem Wohnviertel unweit des Sultansteichs eingeschlagen. Die Sicherheitsexperten hatten zahllose Bedenken wegen dieses Unabhängigkeitstag-Konzerts, zumal der Ort der Veranstaltung keine ordentlichen Sicherheitsvorkehrungen zuließ. Kurz vor Beginn des Konzerts erreichten die Besorgnisse ihren Höhepunkt. Der einzige praktische Vorschlag lautete, daß ich irgendwo auf der Bühne sein sollte, um notfalls Zugang zu einem Mikrofon zu haben.

Zwölftausend Menschen füllten das Gebiet des Teiches und wahrten ein Dekorum, wie man es in unserem Teil der Welt selten erlebt. Es lag in der Luft, daß dies ein denkwürdiger Abend werden sollte. Er wäre unvollständig gewesen ohne die »Ouvertüre 1812«. Wir hatten die Bewohner der Altstadt von den zu erwartenden Kanonenschüssen in Kenntnis gesetzt, damit es keine unnötigen Ängste gab. Und wenn das Feuerwerk auf der Mauer der Altstadt vielleicht nicht historisch echt war, so waren es sicherlich die Trompeten und Kanonen. Als das Konzert endete und diese berühmten Stars der Musikwelt beisammen standen und die »Hatikvah«, unsere Nationalhymne, sangen und spielten, blieb unter den Zuhörern und auf der Bühne kein Auge trocken. Es war ein historischer Abend für Jerusalem. (Ein pikanter Epilog. Am folgenden Tag wurde ich von einem hysterischen Angestellten in unserem Gästehaus Mishkenot Sha'ananim angerufen: Rostropowitsch sei fort. Fort? Verschwunden. Er war früh am Morgen gegangen und hatte gesagt, er werde bald zurückkommen. Er war nicht zurückgekommen, und man hatte nichts von

ihm gehört. Wir schickten Suchtrupps in alle möglichen Richtungen aus, die irrationalsten Befürchtungen stiegen auf. Es war die Zeit vor Glasnost. Vielleicht hatten ihn die Russen entführt. Einen der Suchtrupps schickten wir in die Russische Kirche, wo wir endlich unseren fehlenden Cellisten fanden. Er hatte die Kirche besucht und, mit den Priestern dort in Erinnerungen schwelgend, nicht bemerkt, wie viele, viele Stunden vergingen.)

Das Konzert führte zu dem Konzept eines permanenten Amphitheaters. Und wieder streckte ich die Hand aus. Wo es um die Bedürfnisse Jerusalems geht, darf man nicht schüchtern sein. Es dauerte einige Jahre. Akustikexperten und Beleuchtungsexperten und Sicherheitsexperten und Landschaftsexperten trafen immer wieder zusammen und planten und planten neu. Zur Einweihung des Hassenfeld-Amphitheaters im Sultansteich kam unser Freund Leonard Bernstein und dirigierte das Israelische Philharmonische Orchester vor einer dicht gedrängten Zuhörerschaft. Niemand wollte sich nachsagen lassen, dieses Konzert versäumt zu haben.

Am Fuße des Hügels wenden wir uns nach rechts und gehen auf dem brückenähnlichen Teil der Straße weiter. Das verzierte steinerne Gebilde zu unserer Rechten ist ein *sabil*, eine Kameltränke, die wir vor einigen Jahren restaurierten, aber nur wegen ihres architektonischen Wertes, denn der Bedarf an Kameltränken ist drastisch zurückgegangen.

Die Jerusalemer Cinémathèque

Nach einem kurzen Aufstieg (obwohl ich, ehrlich gesagt, häufiger hinauffahre als steige) erreichen wir unter der Fußgängerbrücke die Treppe, die zum Jerusalemer Filmzentrum, der Cinémathèque hinunterführt – ein weiteres Beispiel für ein altes Gebäude, dem wir einen neuen Inhalt gaben. Das Zentrum liegt auf der Seite des Tals zu unserer Linken, gegenüber den imposanten Hängen des Berges Zion. Es überblickt in der Ferne die Judäische Wüste mit ihren ruhigen rosa und purpurnen Farbtönen.

Bis 1968 hatte der Staat Israel aus ideologischen und praktischen Gründen kein Fernsehen. Ben-Gurion war davon überzeugt, daß es unsere Jugend verderben würde. Ich war sicher, daß er nachgeben werde, als die übrige Welt immer mehr in das Fernsehzeitalter eintrat, aber er blieb fest. Was diese fernsehlose Periode zur Folge hatte, war eine Liebe zum Film. Wissenschaftliche Studien dieser Zeit ergaben immer wieder, daß Israel weltweit den größten Prokopfkonsum an Filmen hatte.

Die Zeiten haben sich natürlich geändert. Israel hat einen Fernsehsender und Zugang zu jordanischen und libanesischen Sendungen in Englisch und Arabisch. Beinahe jeder israelische Haushalt hat ein Fernsehge-

Konzert im Sultansteich.

rät (mit Ausnahme der ultra-orthodoxen Juden, die das Fernsehen – und Rundfunk und Filme – verabscheuen), und die meisten besitzen Videorecorder. (Man erzählt sich die Geschichte von einer japanischen Firma, die eine Bestellung von Videorecordern für Israel für den Bedarf ganz Europas hielt.) Dazu kommen noch die illegalen Sender und die Unzahl der Satellitenprogramme, so daß die Jerusalemer zwischen der *Today*-Show des American Armed Forces Network und kommunistischen Situationskomödien aus der Sowjetunion wählen können. Aber trotz dieser neumodischen Technologie blieben die Israelis begeisterte und kenntnisreiche Kinobesucher.

Die Jerusalemer Cinémathèque war der Traum einer Frau, die ursprünglich in Haifa lebte. Lia van Leer plante eine Institution, die das Beste aus der Welt des Films verfügbar machen, ein großes Filmarchiv beherbergen und Kurse in allen Aspekten der Filmkunst geben sollte. Wir suchten beinahe so eifrig wie die Filmemacher nach einem geeigneten Ort. Die leichteste Lösung war natürlich, ein leeres Grundstück zu wählen und ein Gebäude zu errichten. Aber sobald sich die Möglichkeit zeigte, das gegenwärtige Gebäude mit seiner Würde des 19. Jahrhunderts zu benutzen, waren alle praktischen Vorstellungen hinfällig. Viele Freunde in der Filmindustrie waren von der Idee angetan, und das Zentrum wurde zum Anliegen einer internationalen Gruppe. Hilfe kam aus Los Angeles, New York, Washington, London, Paris und Holland.

Die Programme und Aktivitäten der Cinémathèque sind sehr umfangreich und schließen ein internationales Film Festival mit ein, das jeden Sommer das Leben in unserer Stadt eine Woche lang beinahe lähmt.

Das Programm, das mich am meisten fesselt, ist das der gemeinsamen Filmklassen für arabische und jüdische Jugendliche. Politische Unterschiede, soziale Unterschiede, ökonomische Unterschiede haben keine Bedeutung mehr, wenn sich Ingrid Bergman in der letzten Szene von *Casablanca* von Humphrey Bogart verabschiedet. Wie könnten wir unsere jungen Menschen besser ermutigen, miteinander leben zu lernen und sich gegenseitig zu respektieren?

Für Jerusalemer hat das Gebäude der Cinémathèque etwas an sich, was augenblicklich Ruhm erlangte: die architektonische Anomalie der Stufen, die zum Gebäude hinunterführen. Diese Stufen verstoßen, wie der Besucher entdecken wird, gegen alle fundamentalen Regeln der Baukunst. (Ein üblicher Scherz in Jerusalem: Was ist schlimmer als ein Atomkrieg? Die Stufen der Cinémathèque.)

Das Hinnom-Tal ist unterhalb der Cinémathèque weit tiefer als an seinem nördlichen Ende. Aber es schien nie so tief zu sein wie damals, als es der Seiltänzer Philippe Petit auf einem Drahtseil überquerte. Sein Ausgangspunkt befand sich oberhalb der Cinémathèque, wo es seit 1948 ein Kabel quer über das Tal gibt. Während des Unabhängigkeitskrieges, als die Altstadt belagert und völlig vom Rest der Stadt abgeschnitten war, bildete diese kleine Drahtseilbahn die Lebenslinie für die Streitkräfte auf dem Berg Zion. Das Zionstor, das dem Jüdischen Viertel am nächsten lag, war die meiste Zeit geschlossen und wurde von der arabischen Legion verteidigt.

Philippe Petit verwendete jedoch nicht dieses Kabel, sondern brachte sein eigenes Seil mit und bereitete sich mit erstaunlichem Gleichmut auf sein Kunststück vor. Nachdem ich mich eines Tages mit diesem höchst angenehmen jungen Mann unterhalten hatte, quälten mich Gewissensbisse wegen meiner Beteiligung an diesem tollkühnen Unternehmen. Ich sah zu, als er den ersten Schritt machte, aber beim zweiten ließ mich mein sonst so robustes Nervensystem im Stich. Meine Augen blieben geschlossen, bis das Gebrüll von Zehntausenden mutigen Zuschauern die erfolgreiche Beendigung seines Drahtseilaktes anzeigte.

Tatsache ist, daß ich oft das Gefühl habe, selbst auf einem Seil zu gehen und zu versuchen, ein Gleichgewicht zu halten, das in dieser Stadt so wichtig ist. Im vergangenen Jahr verwendete ich die Fotografie Philippe Petits auf meiner Neujahrskarte – und ich habe sie auf meinem Schreibtisch stehen, damit sie mich ermutigt, wenn einer meiner balancierenden Schritte besonders gefährlich zu sein scheint.

Das große Gebäude, das man auf der anderen Seite des Tals sieht, ist das Alpert-Musikzentrum, ein musikalisches Projekt Herb Alperts, der mit seiner Tijuana Brass Band berühmt wurde. Auch hier teilen arabische und jüdische Jugendliche ein Interesse, das die Politik und sogar die Sprachschranke überschreitet: die Liebe zur Musik.

Die Cinémathèque und das Alpert-Musikzentrum hatten zu einem jüdischen Viertel aus der Zeit der Jahrhundertwende gehört, dem Shama'a-Viertel, das auch Sha'are Zion, die Tore Zions, hieß. Seine Bewohner hatten in regelrechten Löchern gehaust. Im Winter sickerte Wasser in ihre Hütten, im Sommer war es zum Ersticken heiß. Wir brachten die Bewohner in ordentlichen Häusern unter und erhielten die beiden Gebäude, die restaurierbar waren.

Die St. Andreaskirche

Von der Cinémathèque aus gesehen quer über die Hebron Road (man geht jetzt sicher über eine Brücke) stehen die St. Andreaskirche und das Schottische Hospiz. Sie wurden nach dem Ersten Weltkrieg zu Ehren des britischen Sieges und der Rolle der schottischen Soldaten gebaut.

Der heilige Andreas, einer der zwölf Jünger Jesu, ist der Schutzpatron Schottlands, und die Fahne auf dem Gebäude zeigt das Andreaskreuz (er soll in Griechenland an ein X-förmiges Kreuz geschlagen worden sein.) Eine Inschrift, die König Robert I. Bruce aus dem 14. Jahrhundert ehrt, der sein Herz in Jerusalem begraben haben wollte, ist ein Symbol der

Die Jerusalemer Cinémathèque (Filmzentrum) über dem Hinnomtal.

jahrhundertealten Bande Schottlands mit unserer Stadt.

Im Laufe der Jahre gab es viele Vorschläge, das Gelände unterhalb von St. Andreas zu nutzen. Ein Plan sah ein Gebäude vor, das den Blick von der Kirche auf die Altstadt verstellt hätte. Der Vorsteher von St. Andreas bat uns um das Versprechen, daß ein Bau an dieser Stelle die Sicht nicht behindern würde. Das Weltzentrum der Wohlfahrtsorganisation der B'nai B'rith, das hier gebaut werden soll, wird diese Verpflichtung einhalten.

Eine der Statuten der Stadt sieht vor, daß Bauarbeiten überall in der Stadt zuerst die Zustimmung unserer Archäologen finden müssen. Die archäologischen Erwartungen für dieses Gebiet waren gering, aber nachdem man türkische Gewehre aus dem Ersten Weltkrieg gefunden hatte, begann der Archäologe tiefer zu graben. Er entdeckte ein byzantinisches Kirchenboden-Mosaik und Grabhöhlen aus der Zeit des Ersten Tempels. Im Laufe der Jahrhunderte waren diese Höhlen alle ausgeraubt worden. In einer der Grabkammern war jedoch zu sehen, daß eine Decke eingebrochen war. Auf die Chance hin, daß dieser Einbruch vor der Ankunft von Grabräubern erfolgt war, nahmen die Archäologen die Schaufel in die Hand.

Man verwendet den Ausdruck »die wildesten Träume» oft gedankenlos, aber hier wurden sie buchstäblich wahr. Eintausend Objekte wurden in der Höhle entdeckt: Töpferwaren, Schmuck und Parfümfläschchen, was auf ein reiches Begräbnis schließen ließ. Neue Erkenntnisse konnten gewonnen werden: Wenn es nach der Zerstörung des Ersten Tempels und vor der Rückkehr aus Babylon jüdische Begräbnisse gab, war die Stadt vielleicht nicht so vollständig zerstört worden, wie man bisher angenommen hatte.

Zu den Funden an dieser Ausgrabungsstelle, die Ketef Hinnom genannt wurde (»Schulter von Hinnom« wegen der Lage am Hang des Hinnomtals), gehörten ägyptischer und persischer Schmuck und frühe griechische Münzen. Aber die kostbarsten Stücke waren

Philippe Petit überquert das Hinnom-Tal auf einem Drahtseil.

zwei eng zusammengerollte, silberne Amulette. Wieder gelang den Laboratorien des Israel-Museums das scheinbar Unmögliche: sie rollten diese spröden Stücke auf. Jeder Schritt erforderte die größte Sorgfalt. Als die Röllchen geglättet waren, konnte man sehr schwache, kaum sichtbare Markierungen entdekken. Eine Zeichnerin, die die Aufgabe hatte, die Linien zu kopieren, erkannte die Umrisse von alten hebräischen Buchstaben. Weitere Studien führten zur Lösung dieses Rätsels: es war der priesterliche Segen. »Der Herr segne dich und behüte dich, der Herr lasse sein Angesicht leuchten über dir und sei dir gnädig, der Herr erhebe sein Angesicht auf dich und gebe dir Frieden.« Dieser Segen wird mit genau diesen Worten noch heute in täglichen Gebeten ausgesprochen, und er ist das Gebet, mit dem Väter ihre Kinder segnen. Diese Silberamulette sind 400 Jahre älter als die ältesten bekannten biblischen Dokumente, die Schriftrollen vom Toten Meer. Ein wahrhaft monumentaler Fund.

Das Khan-Theater

Hinter St. Andreas, zur Linken, steht das Khan-Theater. Dieses Gebäude begann seine Karriere im 19. (vielleicht auch schon im 18.) Jahrhundert als türkische Herberge, als Karawanserei. Danach erfuhr es mehrere Verwandlungen, war eine deutsche Bierhalle und zuletzt eine Tischlerwerkstatt, die sich auf Eiskästen spezialisierte. Ein Schritt in das Gebäude zeigt ein Theater (mit Jerusalems einzigem Repertoire-Ensemble), einen Nachtclub und ein Restaurant.

Eines der denkwürdigsten Ereignisse im Khan-Theater fand im Sommer 1973 mit dem Besuch des Cellisten Pablo Casals statt, der damals 96 Jahre alt war. Das Jerusalemer Musikzentrum war noch nicht vollendet, und daher versammelte sich die Meisterklasse, die Casals einen ganzen Monat lang jeden Tag dirigierte, im Khan-Theater. Casals, der von zwei starken Männern gestützt wurde, wenn er zur Halle ging, machte den Eindruck großer Gebrechlichkeit. Aber in dem Augenblick, in dem er den Stock in die Hand nahm, wurde man Zeuge der Vitalität dieses Mannes. Seine Stimme nahm eine verjüngte Kraft an, und er schwang die Arme, um so sein Talent diesen jungen Menschen mitzuteilen. Wenn die Musik endete, hatte er wieder die Gebrechlichkeit eines Greises.

Der Jerusalemer Bahnhof auf der gegenüberliegenden Seite hat beinahe denselben Grad der Vergessenheit erreicht wie die Karawanserei. Unser Land hat sich unglücklicherweise dazu entschlossen, die Amerikaner zu imitieren und eine große Zahl von Autostraßen anzulegen, anstatt den Europäern zu folgen und ein erstklassiges Eisenbahnnetz zu schaffen. Daher gibt es täglich nur einen Personenzug von Jerusalem nach Tel Aviv. Da die Infrastruktur jahrzehntelang nicht verbessert wurden, dauert die Fahrt zwei Stunden, doppelt so lang wie mit dem Bus oder dem Auto. Der Zug wird hauptsächlich von Nostalgikern oder Romantikern benutzt, da die Strecke die tiefen Schluchten der Hügel von Judäa durchquert.

Vor der Staatsgründung war ich ein häufiger Passagier auf der Linie Jerusalem-Kairo, da sich das Hauptquartier des britischen Nachrichtendienstes, mit dem wir während des Zweiten Weltkriegs und danach eng zusammenarbeiteten, in Kairo befand. Man verließ den Jerusalemer Bahnhof am Nachmittag und fuhr durch die Halbinsel Sinai bis Kantara. Dort wurde der Zug auf eine Fähre gesetzt, um den Suezkanal zu überqueren, und am nächsten Morgen kam man in Kairo an. Der Zug hatte sehr elegante Schlafwagen und einen ausgezeichneten Speisewagen, und sogar die Schuhe wurden einem geputzt. Ein richtiggehender Orient-Nichtexpreß.

Bevor wir den Liberty-Bell-Garten erreichen, kommen wir an einer Erweiterung des Stadtbildes aus dem Jahre 1989 vorbei: dem *Löwenbrunnen* des deutschen Bildhauers Gernot Rumpf, einem Geschenk der deutschen Regierung und des Bundeskanzlers Helmut Kohl.

Wir gehen über die Straße zur Sonol-Tankstelle.

Das komische Piepsen, das man an dieser Verkehrsampel hört, ermöglicht es den Blinden, sicher zu einem nahegelegenen Garten und Klubhaus mit besonderen Ausstattungen hinüberzugehen, eine Idee, die wir der Stadt Wien stahlen. Auf dem Rand zwischen einem arabischen und einem jüdischen Viertel gelegen, dienen diese Einrichtungen beiden Gemeinden. Wir erreichen schließlich den beliebtesten Zug Jerusalems, einen alten Eisenbahnwaggon, in dem täglich Puppenspiele veranstaltet werden.

Der Liberty-Bell-Garten

Der Liberty-Bell-Garten bildet zusammen mit dem nahegelegenen Bloomfield-Garten ein Freizeit- und Kulturzentrum unserer Stadt. Junge und Alte, Reiche und Arme, Religiöse und Weltliche, Juden und Araber teilen sich die Gärten mit der größten Selbstverständlichkeit. Die Jerusalem Foundation subventioniert die kulturellen Programme, um wenigstens hier allen Bürgern die gleichen Chancen zu bieten. Es gibt Konzerte und Rollschuhlaufen, Picknickflächen und eine Bibliothek im Freien.

Als sich die Vereinigten Staaten 1976 darauf vorbereiteten, ihren zweihundertsten Jahrestag zu feiern, suchten wir nach einer Möglichkeit, unsere engen Beziehungen zu bezeugen und danke zu sagen. Eine Kopie der Liberty-Bell, ein Geschenk, das uns vor langer Zeit eine Delegation aus Philadelphia hinterlassen hatte, rostete in einem vergessenen Winkel. Wir staubten sie ab, polierten sie, stellten sie in der Mitte dieses Gartens auf und legten Pergolas an, die strahlenförmig von der Glocke ausgehen.

Die Kopie der Liberty-Bell trägt das Zitat aus dem Buch Leviticus: »Verkünde Freiheit durch das ganze Land und allen seinen Bewohnern.« Was für einen besseren Beweis gibt es für die langen Bande zwischen dem Land der Bibel und den Vereinigten Staaten?

Eines unserer Ziele bei der Schaffung dieser Gärten war sicherzustellen, daß der Ausblick auf die Altstadt unbehindert blieb. Dieses Land gehörte dem griechisch-orthodoxen Patriarchat, das zu den ersten Grundstückspekulanten in Jerusalem zählte. Unternehmer, die in diesem Gebiet Hochhäuser errichten wollten, übten einen ständigen Druck auf die Kirchenführer aus. Es wäre für die Kirche natürlich weit einträglicher gewesen, den Grund und Boden an diese kommerziellen Unternehmen zu verpachten (die Kirche darf kein Land verkaufen, aber sie verpachtet es auf 100 oder sogar 150 Jahre), doch der Patriarch, der unsere Sorge um die Zukunft Jerusalems teilte, ging auf unser Angebot ein. Eine Pacht von 140 Jahren sichert diese offenen Ausblicke wenn schon nicht in alle Ewigkeit, so doch bis zum Jahre 2110.

Es gibt ein einziges Hochhaus zur Linken, das gebaut wurde, bevor wir an die Erhaltung offener Ausblicke dachten. Das Gebiet hatte Omariyah geheißen, und der einzeln stehende Turm ist unter diesem Namen bekannt. Der ursprüngliche Plan sah sieben Hochhäuser vor, einschließlich des Laromme Hotels. Das Hotel, das an dieser Stelle gebaut wurde, ist ein niedriges Gebäude am Ende des Gartens.

Wir verlassen den Garten an der Kreuzung Jabotinsky Street, Keren Hayesod Street und King David Street. Wir überqueren die Hauptstraße zu unserer Rechten und gehen auf den Bloomfield-Garten zu.

Yemin Moshe

Wenn wir geradeaus in die Seitenstraße hineingehen, werden wir im Yemin-Moshe-Viertel willkommen geheißen von der Windmühle, die in unserer Stadtlandschaft so fehl am Platze scheint, obwohl sie einer der ersten Bauten außerhalb der Mauern der Altstadt war. Im Jahre 1860 reiste Sir Moses Montefiore von England aus ins Heilige Land. Ein Besuch im dichtbevölkerten Jüdischen Viertel der Altstadt weckte seine väterliche Besorgnis, und er baute, um etwas gegen die Überbevölkerung zu tun, ein langes, niedriges Haus, das Mishkenot Sha'ananim (Ruhige Wohnungen) genannt wurde. Seine vierundzwanzig Wohnungen sollten gleichmäßig auf sephardische und aschkenasische Juden aufgeteilt werden. Das Haus zu bauen, war noch ein verhältnismäßig einfaches Unternehmen; aber es war schwer, die Juden dazu zu bringen, die Sicherheit der Mauern der Altstadt zu verlassen und in diesem ungeschützten Gebiet zu leben. Wer sollte die Banditen und Plünderer abwehren? Sir Moses erzielte schließlich einen Teilerfolg: die Juden waren bereit, in Mishkenot Sha'ananim zu leben – aber nur bei Tageslicht.

Ein Teil der Gelder für Mishkenot kam von einem Juden aus New Orleans, Judah Touro, der Sir Moses 50 000 Dollar (im 19. Jahrhundert eine sehr beträchtliche Summe) für ein Altersheim in Jerusalem vermacht hatte. Sir Moses hatte damit ein Krankenhaus in der Altstadt bauen wollen, aber da die Rothschilds schon das Misgav-Ladach-Hospital errichtet hatten, widmete er sich dem Wohnungsprojekt Mishkenot.

Sir Moses dachte aber auch an den Lebensunterhalt der Menschen, und daher die Windmühle. Er war davon überzeugt, daß sie eine größere Mehlindustrie in diesem Gebiet begründen werde. Unglücklicherweise versagte die Technik, und seine Windmühle wurde rasch zu einem ästhetischen Wahrzeichen. Ihre Flügel stehen still, und sie dient heute als kleines Montefiore-Museum.

Das Yemin-Moshe-Viertel, nach Sir Moses benannt, der hundertjährig Jerusalem zum letztenmal besuchte, und das Mishkenot-Sha'ananim-Gebäude waren ein Brennpunkt unserer Renovierungspläne. Während der Jahre der geteilten Stadt an der Grenze gelegen und ab und zu den Schüssen von Heckenschützen und Granatfeuer ausgesetzt, war Yemin Moshe größtenteils zum Slum geworden. Wer in ein sichereres Viertel übersiedeln konnte, tat es. Die leeren Häuser wurden rasch von Hausbesetzern übernommen.

Die Windmühle von Yemin Moshe, eines der ersten Bauwerke außerhalb der Stadtmauern. Jetzt ein kleines Museum.

Die Hausbesetzer in Jerusalem waren nicht die jungen Hippies der Drogenkultur, an die man denkt, wenn man sich Hausbesetzer in London oder Amsterdam vorstellt. Sie waren Einwanderer, Flüchtlinge, die mit der Massenimmigration der fünfziger Jahre kamen und sich danach sehnten, in Jerusalem zu leben. Da dieses Viertel schon vor 1967 ein Teil unseres Restaurierungsprogramms war, beschafften wir den Hausbesetzern andere Wohnmöglichkeiten, so daß wir das Viertel erneuern und hier eine Künstlerkolonie anlegen konnten.

Der Mishkenot-Sha'ananim-Komplex in Yemin Moshe wurde ein Gästehaus. Die Liste der vorübergehenden Bewohner führt auf: Saul Bellow, Simone de Beauvoir, Isaiah Berlin, Milan Kundera, V. S. Naipaul, Arthur Rubinstein, Isaac Stern, Gina Bachauer, Yehudi Menuhin, Rostropowitsch, Marc Chagall, Robert Rauschenberg und Jim Dine.

Angrenzend an Mishkenot befindet sich das Jerusalemer Musikzentrum, wieder ein altes Gebäude, dem wir eine neue Bestimmung gaben. Der Violinist Isaac Stern hatte beklagt, daß es keine Einrichtung gab, um den Kontakt zwischen den großen Virtuosen der Welt und den besten jungen Musikern unseres Landes zu fördern. Israel, das fernab von den Weltzentren liegt, war reich an Talenten. Jetzt können weltberühmte Musiker Meisterklassen unterrichten und den musikalischen Horizont der jungen Menschen erweitern. Die Eröffnung des Musikzentrums, bei der Pablo Casals, Sasha Schneider, Leonard Rose und Eugene Istomin sich Isaac Stern anschlossen, war ein Musikfest, wie es sich für die Stadt König Davids geziemt.

Der Bloomfield-Garten

Der offizielle Abschluß unserer Tour sollte ein Spaziergang durch den angrenzenden Bloomfield-Garten sein, wo man picknicken kann, wenn die Sonne scheint. Während der Frühlings- und der Sommermonate ist dieses Gebiet bedeckt mit Tulpen, gelben Narzissen und Hyazinthen, einem jährlichen Geschenk der Blumenzüchter Hollands.

Im Jahre 1980, als Ministerpräsident Begin das Jerusalem-Gesetz verkündete, wonach Jerusalem tatsächlich die Hauptstadt Israels ist, was meiner Ansicht nach keiner Bestätigung durch das Parlament bedurfte, verlegten viele Länder ihre Botschaften von Jerusalem nach Tel Aviv. Die holländischen Blumenzüchter sandten uns, um ihre Solidarität mit Jerusalem zu beweisen, ein Geschenk von 100 000 Blumen. Als ich öffentlich meinen Dank aussprach, erklärte ich, wenn ich zwischen einer Botschaft und 100 000 Blumen für die Stadt zu wählen hätte, würde ich mich zweifellos für die Blumen entscheiden (damals wußte ich noch gar nicht, daß sie ein jährliches Geschenk sein sollten). Diese Erklärung sorgte natürlich für wilde Aufregung in unserem Außenministerium.

Das Zentrum für darstellende Kunst

Ein Postskriptum zum Spaziergang durch die kulturelle Meile ist ein abendlicher Besuch unseres Zentrums für darstellende Kunst an der Ecke Chopin Street / Marcus Street im Talbieh-Viertel (siehe S. 100). Das erste Stadium dieses Komplexes war das Sherover-Theater mit tausend Sitzplätzen, das 1971 eröffnet wurde. Wie schon das Israel-Museum einige Jahre zuvor wurde dieses Projekt von allen Seiten spöttisch »weißer Elefant« genannt. Wer brauchte schon ein Theater von dieser Größe? Die Stadt hatte damals 335 000 Einwohner: 253 000 Juden und 82 000 Araber. Aber die Mehrheit dieser Bevölkerung, sowohl Juden als auch Araber, hatte keine Theater- oder Konzerttradition. Dem wollten wir durch ein Kunst- und Kulturprogramm für Schulkinder abhelfen. Jedes Schulkind sollte jedes Jahr mindestens ein Konzert hören, ein Theaterstück sehen und einmal das Israel-Museum besuchen. Sechzehn Jahre später sehen wir schon den Erfolg dieses Programms.

Im Laufe der Jahre entdeckten wir, daß unsere Einschätzung falsch gewesen war: das Theater war nicht imstande, dem wachsenden Bedarf zu entsprechen. Wir begannen mit unserem üblichen Planen (und Intrigieren), und dieses Mal gewannen wir die Unterstützung von Lester Crown, der seine Eltern ehren wollte. Lesters Vater Henry war ein warmherziger Mensch, der mir bei meinem allerersten Besuch in den Vereinigten Staaten viel von meiner Nervosität genommen hat. Ich stehe tief in seiner Schuld.

Im Jahre 1986 eröffneten wir die Henry Crown Symphony Hall, in der das Jerusalemer Sinfonieorchester beheimatet ist, und das Rebecca Crown Auditorium. An manchen Abenden sind alle drei Häuser voll: ein Konzert im »Henry«, eine Ballettvorführung im »Rebecca« und ein Stück im Sherover-Theater – was entsetzliche Parkprobleme schafft.

Die wahre Bürde im Leben eines Bürgermeisters ist, daß es keinen wirklichen Unterschied zwischen im Dienst und außer Dienst gibt. Wenn man auf dem Weg zu einem privaten Abendessen an einem geplatzten Wasserrohr oder an einer ausgebrannten Straßenlaterne vorbeikommt, kann man sich nicht einfach zu Tisch setzen, ohne vorher zu telefonieren. Ein Abend im Theater bringt Sorgen wegen des verfügbaren Parkplatzes, wegen der überquellenden Mülltonnen und wegen des Schlaglochs an der Ecke mit sich.

Natürlich gibt es auch die Bewohner Jerusalems, die meinen, daß ein *öffentlicher* Beamter auch immer der *Öffentlichkeit* zur Verfügung zu stehen habe. Ich könnte davon endlos Geschichten erzählen.

Eine Einwohnerin rief einmal abends um 11 Uhr 30

Mishkenot Sha'ananim, das Gästehaus in Yemin Moshe für kreative Besucher Jerusalems, ursprünglich 1860 von Sir Moses Montefiore gebaut, um der Übervölkerung in der Altstadt abzuhelfen.

bei mir zu Hause an und erreichte meine Frau Tamar. Der Ton der Anruferin grenzte an Hysterie. »Ich habe gerade die Rundfunkübertragung des Jahrestagskonzerts des Israelischen Philharmonischen Orchesters gehört. Warum wurde es nur in Tel Aviv gespielt? Warum nicht in Jerusalem? Ich muß mit Teddy darüber sprechen.« Tamar erklärte, daß ich noch nicht nach Hause gekommen sei. »Könnte das nicht bis morgen früh warten? Finden Sie es nicht ein bißchen unpassend, uns so spät am Abend anzurufen?« – »Das ist eine dringende Angelegenheit; Sie verstehen das nicht«, lautete die Antwort. Die Anruferin hinterließ Namen und Telephonnummer. Ich kam um Mitternacht herum nach Hause, und Tamar richtete mir die »dringende« Botschaft aus. Ich arbeitete noch eine Weile an verschiedenen Papieren, Briefen und Artikeln. Es war beinahe 2 Uhr morgens, als ich endlich fertig war, aber ich hatte noch eine besonders dringende Angelegenheit zu erledigen: Ich rief die besorgte Bürgerin an und erklärte ihr genau, warum das Konzert nicht in Jerusalem aufgeführt worden war . . .

8
Mamilla und die Deutsche Kolonie

Irgendwie fühle ich mich wie Hillel, der Weise von ehedem, der von einem Heiden aufgefordert wurde, ihn die ganze Bibel zu lehren, während er auf einem Bein stand. So erteile ich Ihnen eine kurze Lektion in Geschichte, während sie (immerhin auf zwei Beinen) an einer Straßenecke stehen und erst auf Seite 96 gebe ich grünes Licht für den Spaziergang.

Wir beginnen am Rande des Mamilla-Gebietes, werfen zwar einen Blick zurück, gehen aber nicht hindurch. Es befindet sich in einem solchen Stadium der Veränderung, daß ein Besuch voll von Ungewißheiten und eine Beschreibung des heutigen Mamilla in fünf Jahren überholt wäre. Im Gegensatz zu den historischen Stätten Jerusalems wird in Mamilla aufgebaut und nicht hinuntergegraben. Mamilla verbindet das alte mit dem neuen Jerusalem und beschwört die unterschiedlichsten Empfindungen herauf. In den Jahren vor der Staatsgründung war es ein belebtes Geschäftsviertel – das »Neue Geschäftszentrum« genannt – mit einer Mischung aus jüdischen, arabischen und armenischen Kaufleuten. Es war keine Seltenheit, einen polnischen Chassid zu finden, der ganz passabel Arabisch sprach – und einen Araber, der mit starkem Akzent Jiddisch redete.

Als in der Zeit vor dem Ende des britischen Mandats die Spannungen zunahmen, kam es in Mamilla zu Araberpogromen und zu Zusammenstößen innerhalb der Gemeinde. Mamillas zentrale Stellung im Leben Jerusalems endete abrupt mit dem Unabhängigkeitskrieg. Die Waffenstillstandslinien wiesen Mamilla einen Grenzstatus zu. An die Stelle des gewohnten geschäftigen Getriebes trat die geisterhafte Stille einer Gefahrenzone. Wer gehen konnte, ging. Wer einen Platz zum Leben brauchte und keinen anderen hatte, kam. Hausbesetzer übernahmen die Wohnungen und Automechaniker die aufgegebenen Geschäfte. Wo einmal elegante Schuhe nach Maß angefertigt worden waren (auch für Kunden aus Kairo), wurden nun Vergaser repariert.

Die breite Hauptstraße von Mamilla war ein beliebtes Ziel für Schüsse von der Mauer der Altstadt, und daher wurden quer über die Straße massive Mauern gegen Heckenschützen errichtet. Es gab eine schmale Öffnung für Fußgänger und gerade genug Platz, daß einzelne Autos durchfahren konnten, was aber nur wenige wagten. Mamilla war zu einer Sackgasse geworden, die nirgendhin führte, zum Symbol der Vernachlässigung, ein bewohntes Niemandsland.

Nur wenige Tage nach der Wiedervereinigung der Stadt rissen wir die Mauern gegen die Heckenschützen nieder. Die Architekten stürzten an ihre Reißbretter, Mamilla wieder aufzubauen war eine großartige Aufgabe. Es dauerte, wie in Jerusalem üblich, nicht lange, und Mamilla wurde zu einer Quelle von Kontroversen und Streitigkeiten. Sollten die alten Bauten, von denen viele verfielen, zerstört oder renoviert werden? Sollte das Gebiet ein Wohn- oder ein Geschäftsviertel werden oder eine Kombination von beidem? Siebenhundert Einwohner, Geschäfte und Institutionen mußten wieder untergebracht werden.

Wunderbarerweise herrschte unter den Planern in

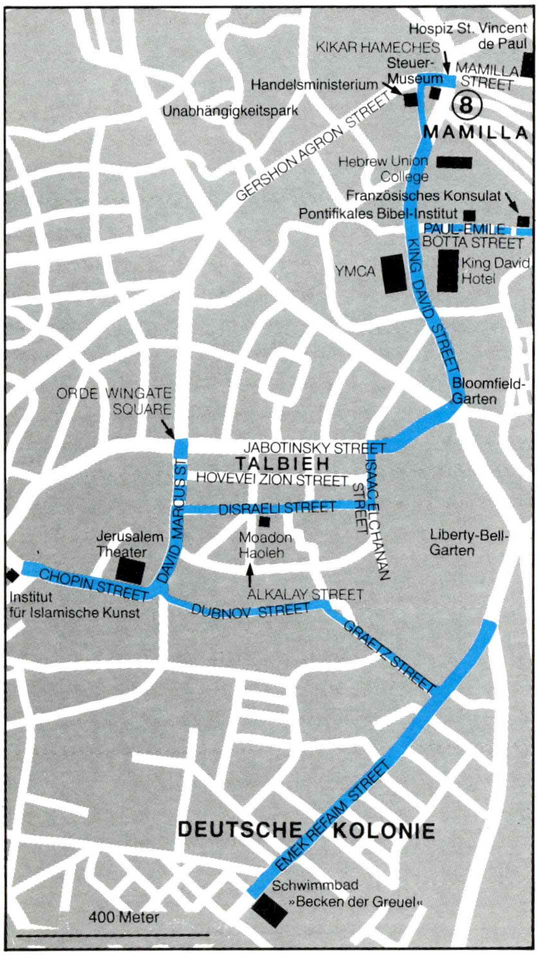

einem Punkt Übereinstimmung: die Autowerkstätten mußten verschwinden. Doch die Automechaniker erhoben Einspruch, und behaupteten, sie würden ihre Kunden verlieren. Wir behaupteten dagegen, wenn *alle* Werkstätten verlegt würden, hätten die Autobesitzer keine andere Wahl als zu folgen. Schließlich siegte unsere Logik.

Wir glaubten, den schwersten Kampf gewonnen zu haben; tatsächlich war es der leichteste. Familien mußten neu untergebracht werden, auch ein kompliziertes (und kostspieliges) Verfahren. Nachdem sie beinahe zwei Jahrzehnte lang an einer Grenze gelebt hatten, waren die Bewohner zu einer eng verbundenen Gemeinschaft geworden, deren Lebensbedingungen oft unter dem normalen Niveau lagen.

Das Fast Hotel, jetzt ein riesiger Krater (das »Fast-Loch«) am nordwestlichen Rand Mamillas gegenüber dem Rathaus, war 1890–92 gebaut worden. Es bot Unterkünfte für Pilger und Touristen und war der bevorzugte Versammlungsort der australischen Soldaten im Zweiten Weltkrieg. Eine Annonce im Jahre 1925 versicherte dem Publikum: »Hier finden Sie alles, was Sie wünschen: Komfort und Ruhe. Reichlich Wasser. Fließendes kaltes und warmes Wasser in allen Zimmern. Zimmer mit privaten Badezimmern. Luftige Säle und Aufenthaltsräume. Elektrisches Licht. Europäische Küche und Bedienung. Gartenterrasse für den Nachmittagstee.« Aber dieses »elegante« Hotel war in der geteilten Stadt verfallen. Die Touristen mieden die Gefahren der nahen Grenze.

Elias Mizrachi, einer unserer städtischen Angestellten, hatte im Fast Hotel gelebt; seine ganze Familie war in den frühen fünfziger Jahren als Hausbesetzer in dieses verlassene Gebäude eingezogen. Ich wollte wissen, wie es gewesen war, dort aufzuwachsen. War es beunruhigend für ein Kind, aus seinem Schlafzimmerfenster in die Gewehrläufe der Legionäre zu blikken? Elias' Erinnerungen zeugen von einer widersinnigen Wirklichkeit. Es gab zwar gelegentlich »Zwischenfälle« durch einen nervösen oder schießwütigen jordanischen Soldaten, aber die Grenze war ein natürlicher Teil seiner Kindheit. Die Kinder, für die Arabisch oft die Muttersprache war, neckten sich mit den Soldaten. »He, stell doch dein Radio lauter!« war eine häufige Bitte von Kindern, deren Familien sich kein Radio leisten konnten. Ein übliches Spiel war, durch Löcher im Zaun zu kriechen und die Stadtmauer zu berühren (und heil zurückzukommen). Wasser lieferte ein Brunnen im Sultansteich (siehe S. 83). Daß er im Niemandsland lag, war kein Hindernis für die Entschlossenen.

Im Jahre 1967 lebten im Fast Hotel siebzig Familien, hauptsächlich Einwanderer aus moslemischen Ländern. Wir wollten sie umquartieren, aber ausziehen wollten sie nicht, obwohl das Gebäude beinahe zusammenfiel. Tatsächlich waren sie neunzehn Jahre lang eine zivile Grenzpatrouille gewesen, die nie Auszeichnungen erhalten hatte.

Im Jahre 1969 explodierte eine kleine Bombe in einem Farbenladen des ehemaligen Hotels. Zum Glück gab es keine Verletzten, aber ein gewisser Sachschaden war entstanden, und ich begleitete die Polizei bei der Untersuchung. Als ich in mein Büro zurückkehrte, begrüßte mich eine nervöse Unruhe unter meinen Mitarbeitern. Zögernd fragten sie, ob ich vielleicht zufällig etwas mit der Bombe zu tun hätte. Was für eine bessere Methode gab es schließlich, um eine Gruppe eigensinniger Menschen dazu zu bewegen auszuziehen? Nicht jeder schien von meinem Dementi überzeugt zu sein.

Der erste Plan für Mamilla wurde 1967 von Moshe Safdie entworfen. Er war großartig und übermäßig ehrgeizig, vielleicht von der Euphorie der Wiedervereinigung der Stadt inspiriert. Er sah Hochhäuser, exklusive Geschäfte und einen großen unterirdischen Parkplatz vor und wurde das Ziel von Angriffen lokaler Bürgergruppen.

Wir legten den Mamilla-Plan dem Plenum des Jerusalem-Komitees vor, eines internationalen beratenden Komitees, das wir bald nach der Wiedervereinigung der Stadt gegründet hatten. Dr. Franklin Murphy, damals Vorsitzender des Verwaltungsrates des Times Mirror in Los Angeles, und Sir Isaiah Berlin, ein bekannter Philosoph in Oxford, legten die Grundrichtlinien des Komitees fest. Wir gewannen Mitglieder von internationalem Ruf: Architekten und Künstler, Theologen und Historiker, Stadtplaner und Soziologen. Louis Kahn, Buckminster Fuller und Philip Johnson erklärten sich ebenso bereit mitzuwirken wie Henry Moore, Jacques Lipchitz, Jorge Luis Borges, Heinrich Böll, Reverend Theodore Hesburgh und Dr. Ursula Niebuhr. Das Mitgliederverzeichnis war eine Ehrenliste von brillanten Geistern. Nur Jerusalem konnte so viele Talente anziehen.

1969 beriefen wir die erste Plenarsitzung ein. Kaum ein Jahr war seit der Wiedervereinigung der Stadt vergangen, und die Jerusalemer machten ihre ersten unsicheren Schritte in Richtung der Koexistenz. Komitee-Mitglieder versammelten sich aus allen Enden der Welt, getrieben von der Einzigartigkeit der Aufgabe und motiviert durch ihre Liebe zu Jerusalem. Sie hatten sich drei Tage frei genommen, so beschäftigt sie waren, und waren weit gereist, und wir konnten ihnen nicht einmal das spärlichste Honorar anbieten. Wir bezahlten allerdings ihren Flug – Touristenklasse natürlich. Aber sie kamen. Wir trafen uns. Wir gingen durch die Stadt. Wir redeten. Wir brachten unsere Ideen vor. Manche wurden bereitwillig akzeptiert, andere rundweg abgelehnt, wieder andere diskutiert, bis man einen Kompromiß erreichte. Während dieser frühen Jahre stand die bauliche Planung Jerusalems an erster Stelle, denn diese Entscheidungen schlossen die soziale und sogar die politische Planung für die Stadt mit ein.

Wir genossen den Luxus, nicht nur aus unseren eigenen Fehlern, sondern auch aus den Fehlern anderer zu lernen. Große Straßen, die für empfindliche Gebiete geplant waren, wurden ebenso gestrichen wie massive, urbane Erneuerungsprojekte, die den Kern westlicher Städte zerstört hatten. Die Weisheit, alte

Viertel zu restaurieren und nicht abzureißen, wurde uns von denen vermittelt, deren eigene Stadtväter einen anderen Kurs gewählt hatten und sich nun reuevoll an die Brust schlugen.

Das Jerusalem-Komitee entschied sich im Laufe der Jahre für einen bescheidenen Erneuerungsplan, einen Kompromiß für Mamilla: restaurieren, was gerettet werden kann, entfernen, was nicht erhalten werden kann oder sollte. Mamilla wurde geplant und neu geplant und wieder neu geplant. Endlich – und ich sage »endlich« mit einem Gefühl der Erschöpfung und zugleich der Begeisterung – wurde ein neuer Plan Safdies gebilligt, der bescheidener und angemessener war.

Das Gebiet ist 11,5 Hektar groß. Um seine Vitalität und Integrität zu sichern, sieht der Plan eine vielfältige Nutzung vor. Es wird einen Boulevard und einen Park im Tal geben, ein Geschäftsviertel mit einer Fußgängerpromenade längs der Mamilla Street, eine Einkaufsgalerie und einen Parkplatz beim Jaffator, ein Wohnviertel längs der südlichen Hänge und eine Hotelzone. Die Fassaden und mehrere vollständige Gebäude auf der Nordseite der Mamilla Street werden erhalten und restauriert, der größte Teil der Südseite der Straße neu gebaut.

Da die Faustregel lautet, daß nichts jemals glatt gehen kann, gibt es ein Gebäude, um das noch gestritten wird. Es heißt, daß Theodor Herzl, der 1898 nach Jerusalem kam, um Kaiser Wilhelm zu treffen und ihn um Hilfe bei der Schaffung eines zionistischen Heimatlandes zu bitten, in einem der zum Abbruch bestimmten Häuser wohnte. Die Eigentümer, die aus Herzls Zimmer ein kleines Museum gemacht haben, kämpfen gegen die Niederreißung an. Aber da ich in Wien nur wenige Straßen von dem Haus entfernt, in dem Herzl gewohnt hatte, aufgewachsen bin (und nach ihm meinen Namen bekommen habe), behaupte ich, daß er der erste gewesen wäre, der Orte, an denen er geschlafen hat, nicht für sakrosankt erklärt hätte. Aber trotz meiner Überzeugung wird das Herzl-Zimmer wahrscheinlich intakt bleiben.

Wenn ich über Projekte wie Mamilla nachdenke, bin ich oft mit mir selbst uneins. Ich bin von Natur aus ein ungeduldiger Mann. Ich bin für rasche Entscheidungen, die rasch ausgeführt werden. Aber manchmal muß man langsam und mit Überlegung zu Werke gehen. Hätten wir Mamilla vor zwanzig Jahren in aller Eile erneuert, so würden wir schwere Fehler begangen haben.

King David Street

Wir beginnen den Spaziergang an der Kreuzung Mamilla Street/King David Street, mit der Mamilla Street im Osten. Das glänzende Gebäude auf der Nordseite der Straße, das alle anderen überragt, ist das Hospiz St. Vincent de Paul, ein Waisenhaus, das im späten 19. Jahrhundert von einem Orden der Barmherzigen Schwestern mit über 30 000 Nonnen in aller Welt und dem Sitz in Paris erbaut wurde. Dieser Orden leistet außerordentliche Arbeit in der Fürsorge für Behinderte, vor allem hirngeschädigte Kinder.

Man kann nicht vom Hospiz St. Vincent de Paul und vom Jerusalem des 20. Jahrhunderts sprechen, ohne von Mère Bernes zu erzählen. Die Geschichten von dieser wahrhaft barmherzigen Schwester sind schon ein Teil der Überlieferung Jerusalems.

Im Jahre 1988 wurde Mère Bernes von »Elwyn« geehrt, einer führenden amerikanischen Organisation, die sich mit behinderten und zurückgebliebenen Kindern befaßt und nun eine ähnliche Arbeit in Jerusalem aufgenommen hat, und sie konnte nicht verstehen, womit sie diese Ehrung verdiente. Die Entscheidung, daß sie ihre Arbeit übernahm, war im Himmel getroffen worden; sie führte sie nur aus. Sie hatte ein gewinnendes Wesen und einen unüberhörbaren französischen Akzent, der jede Sprache würzte, die sie sprach. Als sie 85 Jahre alt war, beschloß ihr Orden, daß sie es nun leichter haben sollte, und versetzte sie nach Alexandria. Bei einer Abschiedsversammlung in meinem Büro sprach sie von ihren Jahren in Jerusalem, von den Kindern, für die sie gesorgt hatte und die ihre Kinder geworden waren, und von ihrem Kummer über den Abschied von ihren Freunden. Sie ließ uns alle mit einem Gefühl der Unzulänglichkeit zurück, mit dem Gefühl, daß wir, gleichgültig, wieviel wir tun, noch viel mehr tun sollten.

Wir beginnen unseren Spaziergang an der südwestlichen Ecke dieser Kreuzung. Die Kreuzung heißt »Kikar Hameches« (»Zollplatz«). Für jeden, der auch nur kurze Zeit in Israel lebt, spielt die Zollbehörde, und wenn es sich nur um ein Paket gebrauchter T-Shirts handelt, eine wichtige (und selten angenehme) Rolle. Das Gebäude zu unserer Linken ist das Zollamt, und es gibt sogar ein Steuer-Museum, das besichtigt werden kann. Zu den erklärten Zielen dieses Museums gehört es, »ein Schaufenster für die Öffentlichkeit zu sein: Steuerbewußtsein einzuflößen und Wissen über die Steuern mitzuteilen« und »eine Quelle der Inspiration für die Arbeitnehmer zu sein und ein Gefühl der Selbstidentifizierung mit der Verwaltung zu vermitteln.«

Wenn wir die Ecke dieses kurzen Blocks erreichen, stehen wir vor der Größe einer vergangenen Ära. Dieses Gebäude, jetzt das Ministerium für Handel und Industrie, war einmal das Palace Hotel und ist älteren Jerusalemern noch unter diesem Namen bekannt. Es wurde in den späten zwanziger Jahren von Haj Amin al Husseini, dem berüchtigten Mufti von Jerusalem, und vom moslemischen Waqf gebaut. Das arabische Koranzitat schmückt noch das Gebäude.

Das Grundstück war Teil eines moslemischen Friedhofs aus dem 12. Jahrhundert, der angeblich diesem Gebiet seinen Namen gab, denn Mamilla ist abgeleitet von *Ma-Min-Allah* (»Was von Allah kommt«). Anderen Theorien zufolge gab es einmal eine alte Kirche, die St. Mamilla hieß.

Im Islam ist es erlaubt, Friedhöfe nach einer gewissen Anzahl von Jahren einzuebnen. Daher hatte Haj Amin al Husseini keine Bedenken, an dieser Stelle zu

Theodor Herzl (rechts außen) mit einer jüdischen Familie, wahrscheinlich in Mamilla, während eines Besuches in Jerusalem im Jahre 1898.

bauen, und er schloß den Friedhof 1927 für neue Begräbnisse. In den frühen fünfziger Jahren folgten wir seinen Schritten und ließen einen zusätzlichen Teil des Friedhofs auf, der im Unabhängigkeitspark auf der anderen Straßenseite lag. Das geschah mit der Erlaubnis des Quadi in Jaffa, der höchsten moslemischen Autorität in Israel.

Ein jüdischer Bauunternehmer, Baruch Katinka, der auch das nahegelegene YMCA-Gebäude baute, wollte den Auftrag für dieses Hotel haben, war aber überzeugt, daß er ihn als Jude nicht bekommen würde. Daher nahm er sich einen arabischen Partner und gründete die Firma Katinka, Donya und Awad. In einem Buch, das er Jahre später schrieb, hatte Katinka nur Lob für Haj Amin al Husseini, der vor allem bekannt ist wegen seiner pronazistischen Einstellung und seiner Begeisterung für Hitler, den er tatsächlich einmal besuchte.

Vierhundert arabische und jüdische Arbeiter stellten dieses Gebäude in dreizehn Monaten fertig. 1930 wurde das Hotel eröffnet, aber 1933 schon wieder geschlossen. Um die Mitte der dreißiger Jahre verwandelte es sich in ein Bürogebäude für das Mandat, und später übernahm es die israelische Regierung.

Wir wenden uns an der Ecke nach links und gehen das kurze Straßenstück zurück, das uns wieder zur King David Street bringt. Wir überqueren sie am Fußgängerübergang, gehen einige Schritte zurück und erreichen die Jerusalemer Außenstelle des Hebrew Union College, der Rabbinischen Schule des Reformjudentums in den Vereinigten Staaten. Der Campus wurde von Moshe Safdie entworfen und ist eine Seltenheit der modernen Architektur: ein Gebäude, das ebenso funktionell wie schön ist.

Während der Campus eine Schöpfung der achtziger Jahre ist, wurde das Hauptgebäude schon 1963 errichtet. Es war der Traum des Archäologen und Erziehers Nelson Glueck, des ehemaligen Präsidenten des Hebrew Union College. Er hatte mehrere Kriegsjahre teils mit Archäologie, teils mit Nachrichtendiensttätigkeit für die amerikanische Armee verbracht, ein moderner Lawrence von Arabien. Er wollte in Jerusalem eine Archäologie-Schule bauen, da die Fakultät der Hebräischen Universität auf dem Berg Scopus während der Teilung der Stadt unzugänglich war. Er kam in das Büro des Ministerpräsidenten Ben-Gurion, dessen Direktor ich in diesen Jahren war, und verhandelte wegen eines Grundstücks. Überzeugt, daß eine von Amerika finanzierte Archäologie-Schule ein Wahrzeichen der Stadt werden würde, schlugen wir die Stelle an der King David Street vor. Aber mit der Bedingung, daß jeder rabbinische Student des Hebrew Union College ein Studienjahr in Jerusalem ab-

Das King David Hotel (Mitte) und die YMCA (unten rechts).

solvieren müsse. Heute ist das eine allgemein akzeptierte Praxis, aber damals war die Idee neu, ja sogar ausgefallen. Der Aufruhr im religiösen Establishment Israels bei der Idee, daß das Reformjudentum in Jerusalem Fuß fassen sollte, begann schon, bevor die Werkzeuge des Zeichners auf dem Zeichentisch lagen. Dabei machte die Schule nur einen Bruchteil der Größe des heutigen Campus aus.

Wir gehen die King David Street in unserer ursprünglichen Richtung weiter hinauf und kommen an einem modernen Wohnhaus an der Ecke der Paul-Emile Botta Street vorbei. Während unsere offizielle Route geradeaus weitergeht, kann ich nicht umhin, einen zehnminütigen Abstecher zu unserer Linken vorzuschlagen, obwohl wir dann wieder zurückgehen müssen. Der Gang ist auch kein leichtes Manöver, da Sie das winzige Pflaster mit geparkten Wagen teilen müssen.

Das Pontifikale Bibelinstitut zur Linken ist die einzige jesuitische Institution in der Stadt. Zukünftige Geistliche, hauptsächlich aus afrikanischen und asiatischen Ländern, verbringen ein Jahr im Institut, das enge Beziehungen zur Hebräischen Universität unterhält. Seine Museumsbibliothek, die an einigen Wochentagen öffentlich zugänglich ist, ist voll von archäologischen Funden, von denen keiner so beliebt ist wie eine Mumie, in Jerusalem kein so vertrauter Anblick wie in Kairo.

Der Nachbar des Instituts ist das Französische Konsulat, das den Vorübergehenden nicht einlädt, aber ein Blick durch das Tor verschafft uns eine Vorstellung von der Arbeit des französischen Architekten M. Fa-

vier, der nach Jerusalem geholt wurde, um das Konsulat zu entwerfen. Es bietet, wie mit Recht behauptet wird, den schönsten Anblick aller ausländischen Missionen.

Am Ende des Häuserblocks, zur Rechten, steht das Zionist Confederation House, ein altes, schön restauriertes Gebäude, das jetzt Konzerte, Vorträge (oft in englischer Sprache) und eine ausgezeichnete Spinat-Quiche anbietet.

Wir gehen zurück, um unseren Weg wiederaufzunehmen, und kommen in der Nähe eines kleinen Parkplatzes zur Linken an einer Reihe geometrischer Figuren vorbei, *Vier Würfel in Hälften geschnitten*, einer Skulptur des bekannten Schweizer Künstlers Max Bill.

Wir kehren nun zur King David Street zurück und werfen einen Blick auf das King David Hotel, dessen Eingang sich zu unserer Linken befindet.

Das King David Hotel

Von dem Schweizer Architekten Emil Vogt 1930 für eine ägyptisch-jüdische Familie entworfen, zählt das King David Hotel zu der Handvoll Hotels, die Weltberühmtheit erlangt haben. Es hat Könige und Scheichs, Präsidenten und Premierminister, Schriftsteller und Schauspieler beherbergt. Winston Churchill und König Abdullah wohnten hier ebenso wie Elisabeth Taylor und Kirk Douglas. Schon vor der Ankunft des ägyptischen Präsidenten Anwar Sadat stockte der Verkehr vor dem Hotel, als Israelis ungläubig auf die ägyptische Fahne starrten, die vom Mast des Hotels wehte. Die Wäschebeutel, die an den Badezimmertüren hängen, führten einmal (mit nur wenigen Schreibfehlern) die Namen der weltbekannten Persönlichkeiten auf, die sich in das Hotelregister eingetragen hatten. Aber die Litanei der Beschwerden – warum ist A genannt und B nicht? – verursachte mehr Scherereien, als die Originalität der Idee wert war.

Ich habe gelegentlich versucht, die Regierung dazu zu bewegen, offizielle Besucher, besonders solche, für die Autokolonnen und verschärfte Sicherheitsmaßnahmen erforderlich sind, in einem der Hotels am Eingang der Stadt unterzubringen, in der Nähe des Amtes des Ministerpräsidenten und des Parlaments, so daß der Verkehr in der Stadt nicht so sehr gestört wird, aber ohne Erfolg.

Berüchtigt wurde das King David Hotel im Juli 1946, als sein südlicher Flügel von der Irgun, der von Menachem Begin angeführten Untergrundgruppe, gesprengt wurde. Keine andere Tat mit Ausnahme der Ermordung Lord Moynes am 6. November 1944 in Kairo hatte einen so schweren Rückschlag in den englisch-israelischen Beziehungen zur Folge. Wie immer man Churchills Einstellung zum Zionismus bewertet, diese beiden Ereignisse verschlossen alle Zugangswege, sogar für Chaim Weizmann.

Ich war am Tage dieses Bombenanschlags in politischer Mission in London. Der Schriftsteller Arthur Koestler, den ich ein Jahrzehnt zuvor kennengelernt hatte, als er Palästina besuchte – er widmete sein Buch *Diebe in der Nacht* drei Ehepaaren einschließlich »Tamar und Teddy aus Ein Gev« – hatte geholfen, für mich ein Treffen im Unterhaus mit, wie wir erwarteten, fünfzehn oder zwanzig Parlamentsmitgliedern zu arrangieren. Das Treffen war auf 2 Uhr nachmittags festgesetzt. Die Mittagsnachrichten brachten den Bericht über den Bombenanschlag, und 150 Parlamentsmitglieder erschienen, um »diesen Haganah-Offizier« zu sehen.

YMCA

Gegenüber dem King David Hotel befindet sich die YMCA (in Jerusalem Imka ausgesprochen). Von Arthur Louis Harmon, dem Architekten des Empire State Building in New York, entworfen, galt dieses YMCA-Gebäude als das schönste im ganzen Weltnetz dieser Organisation. Das ist es wahrscheinlich heute noch.

Die Jerusalemer Young Men's Christian Association wurde schon 1878 gegründet und war im Laufe der Jahre in zahlreichen Gebäuden untergebracht. Das gegenwärtige Gebäude war die Idee Dr. Archibald Hartes aus Mobile, Alabama, der von 1920 bis 1930 Generaldirektor der YMCA in Palästina war. Es heißt, daß er 1925 am Weihnachtsabend ein Geschenk von 1 Million Dollar erhielt, um eine YMCA zu schaffen, die »als Ehrenmal und fromme Gabe an den einen Herrn, den Gott der Christen, Juden und Moslems gleichermaßen« dienen sollte.

Aber Harte entzweite sich mit seinem Bauausschuß und trat 1930, als das Gebäude halb fertig war, zurück. Er baute sich schließlich einen Zufluchtsort in Peniel am See Genezareth. Man erzählt sich, er habe immer, wenn er nach Jerusalem kam und am YMCA-Gebäude vorbeiging, stets den Blick abgewandt. Erst als es fertig war, fand er sich bereit, das Gebäude anzusehen. Einer anderen Geschichte zufolge setzte er bis in die vierziger Jahre keinen Fuß in das Gebäude, und dann stellte er als erstes die Möbel um. Ein Postskriptum zu seinem Leben ist, daß er sein Haus in Peniel der YMCA vermachte, die dort Zimmer vermietet. Und obwohl es als ein Geheimtip für Kenner gilt, ist es den größten Teil des Jahres voll ausgebucht.

Die formelle Einweihung des YMCA-Gebäudes fand 1933 am Ostersonntag statt. Die Hauptansprache hielt Feldmarschall Edmund Lord Allenby, derselbe Allenby, der 1917 die türkische Kapitulation entgegengenommen hatte. Er sprach von einem Projekt, »das dazu bestimmt ist, ein besseres gegenseitiges Verständnis in der Stadt, die allen drei Religionen heilig ist, zu fördern ... In seinem Schatten mögen streitende Sektierer aufhören, sich zu zanken; wilde Leidenschaften mögen gezähmt und die Geister der Menschen zu höheren Idealen hingezogen werden ... Hier ist ein Ort, dessen Atmosphäre Friede ist, wo politische und religiöse Eifersüchteleien vergessen werden können und die internationale Einheit gefördert und entwickelt werden kann.«

Der Blick vom Glockenturm aus umfaßt die ganze Stadt und ihren plötzlichen Übergang in die Judäische Wüste. Es gibt Konzerte des YMCA-Glockenspiels, dessen Klang den Fußgängerverkehr zum Stehen bringt, und gelegentlich halten sogar Autofahrer an, um dieses musikalische Zwischenspiel zu hören.

Jahrzehntelang, bis zur Eröffnung der Crown Symphony Hall im Februar 1986, beherbergte die Konzerthalle der YMCA das Jerusalemer Sinfonieorchester. Ich ging eines Nachmittags hin, um zu sehen, wie Danny Kaye mit dem Orchester für ein Konzert probte, das er an unserem Unabhängigkeitstag dirigieren sollte. Ein Musiker irritierte ihn, und schließlich sagte er zu ihm: »Warum gehen Sie nicht einen Hügel ausgraben oder sowas?«

Wenn wir die Verkehrsampel erreichen, haben wir zur Linken die King David Gardens, das luxuriöseste Wohngebäude der Stadt. Während seine Annehmlichkeiten – ein Swimmingpool, eine Garage – in anderen Teilen der Welt nichts Besonderes sind, wurden sie in Jerusalem zum »Stadtgespräch.« Und tatsächlich sind ein guter Teil der Bewohner Ausländer.

Das hohe weiße Gebäude auf der anderen Straßenseite ist das King Solomon Hotel. Ein Stück weiter unten in der Seitenstraße steht das Moriah Hotel. Der Bloomfield-Garten zur Linken ist eine Versuchung für den Besucher, den Spaziergang abzubrechen und eine bequeme Bank oder ein Plätzchen im Gras zu suchen und einfach die Leute zu beobachten.

Wir gehen an der Windmühle zu unserer Linken vorbei (siehe S. 90), überqueren die Hauptstraße zum Laromme Hotel und erreichen die Jabotinsky Street. An der ersten Ecke wenden wir uns nach links in die Isaac Elchanan Street, die nach einem talmudischen Weisen benannt wurde. Die erste zur Rechten ist die Hovevei Zion Street, aber wir biegen in die zweite rechts, die Disraeli Street, ein. Sie können jedoch einen Blick auf das Haus Hovevei Zion Street 24 werfen, das Griechische Konsulat, und einen Vorgeschmack von den architektonischen Genüssen im Talbieh-Viertel bekommen.

Talbieh

Wenn wir die Disraeli Street entlanggehen, empfinden wir Zufriedenheit mit den alten arabischen Bauten und Ungeduld mit den modernen Gebäuden, an unserem Wege. Dies war immer ein Viertel der besitzenden Stände und brauchte nie die Qualitätsverbesserung durchzumachen, die wir später in der Deutschen Kolonie sehen werden.

Talbieh wurde Anfang dieses Jahrhunderts von christlichen Arabern aus Bethlehem und Beit Jalla gebaut. Nachdem sie in der frühen Mandatszeit durch Bauarbeiten und Lebensmittellieferungen für die britische Armee Geld verdient hatten, legten sie ihre Profite im Talbieh-Viertel an und bauten Häuser, die sie an britische Regierungsbeamte und Offiziere vermieteten. Die Zimmer waren groß und geräumig, wie es dem britischen Stil entsprach. Die meisten Vorhaben wurden zwischen 1924 und 1936 beendet, obwohl noch bis 1948 weitergebaut wurde.

Am Fuß der Disraeli Street gehen wir an der Psychiatrischen Klinik von Talbieh vorbei, deren Gebäude auf beiden Seiten der Straße stehen. Beachten Sie auch Nr. 13 zu Ihrer Rechten; es ist das Israelische Institut für Psychoanalyse, gegründet von Professor Max Eitingon, einem Schüler Freuds.

An der nächsten Ecke, in der Alkalay Street, steht ein Gebäude, das den Einwandererverbänden, Moadon Haoleh, dient. (Es gibt dort einen ausgezeichneten *ulpan* – einen Intensivkurs in hebräischer Sprache – für den Fall, daß Ihnen ein Besuch von ein oder zwei Wochen nicht ausreicht und Sie mit dem Gedanken an einen längeren Aufenthalt spielen.) An dem grünen Tor, an dem Sie vorübergehen, sind die Initialen A. J. zu sehen. Annis Jamal war ein arabischer Arzt, einer von drei Brüdern, die hier drei Häuser bauten. Er war mit einer schönen russischen Herzogin verheiratet und eine romantische Erscheinung auf den Straßen Jerusalems.

Dem Moadon Haoleh diagonal gegenüber (an der hinteren rechten Ecke), Nr. 17, ist einer der architektonischen Triumphe des Viertels zu sehen, der alle Elemente aus Tausendundeiner Nacht vereinigt. Das Haus heißt Beit Jalad und gehörte einem arabischen Bauunternehmer, dessen Familie das ganze Haus bewohnte. Im allgemeinen wurden in diesem Viertel ebenso wie im nahegelegenen Katamon-Viertel die Häuser von einem arabischen Clan, der *hamula*, gebaut, und die Familie wohnte dann in einem Teil des Hauses und vermietete den anderen. Dieses Gebäude diente später als Waisenhaus, die Motza-Anstalt, als der Jerusalemer Vorort Motza im Unabhängigkeitskrieg von den Jordaniern angegriffen wurde. Jetzt sind darin die AMIT-Frauen untergebracht, eine religiöse Frauenorganisation. Das Gebäude war Ben-Gurion als offizielle Residenz angeboten worden, aber er lehnte ab. Er hatte Bedenken, in einem Haus zu leben, das einmal arabisches Eigentum gewesen war.

Am Ende der Disraeli Street erreichen wir die Marcus Street, benannt nach dem amerikanischen Obersten Mickey Marcus, der im Unabhängigkeitskrieg fiel. Mickey, ein Absolvent von West Point, war eine treibende Kraft bei der Aufstellung unserer jungen Armee, eine legendäre Gestalt in der Geschichte der jüdischen Nation.

Er hatte im Zweiten Weltkrieg mit den Alliierten Streitkräften gekämpft und wollte nach seiner Heimkehr ein ruhiges Leben mit seiner Frau Emma führen. Seine Pläne hatten nicht mit einberechnet, daß es einen noch ungeborenen Staat gab, und beim Ausbruch des Unabhängigkeitskrieges wurde er zum Militärdienst »eingezogen.« Er wurde bald darauf getötet. Man nahm natürlich an, er sei im Kampf gefallen, aber bald war allgemein bekannt, was wirklich geschehen war. Mickey, der die ungewohnte hebräische Parole vergessen hatte, wurde von einem jüdischen Wachtposten erschossen, der ihn für einen Feind hielt.

Ich war zu dieser Zeit gerade in New York, um Geldmittel, Waffen und verschiedene Waren für den neuen Staat aufzutreiben. Da ich teilweise mitverantwortlich war für den Druck, der auf Mickey ausgeübt worden war, in diesem fernen Krieg zu kämpfen und eine Armee von Amateuren auszubilden, hielt ich es für meine Pflicht, Emma seinen Tod mitzuteilen. Ich fuhr hinaus zu der Schule, an der sie unterrichtete, und erinnere mich kaum noch an diese Taxifahrt. Im Büro des Direktors entledigte ich mich einer Aufgabe, auf die man sich nie richtig vorbereiten kann. Emma war mutig und gefaßt, aber ihr Herz war gebrochen. Da sie keine Kinder hatten, war ihr Trost Mickeys Beitrag zur Moral und Kampfkraft Israels.

Als wir 1973 die Feiern zum fünfundzwanzigsten Jahrestag der Staatsgründung vorbereiteten, dachte ich oft an Mickey und Emma, mit der ich im Laufe der Jahre in Kontakt geblieben und die nun beinahe blind war. Ich konnte ein Schuldgefühl nie loswerden und beschloß, daß Emma zu dieser Feier bei uns in Jerusalem sein sollte. Ich sammelte Geld von einigen Freunden und brachte sie als offiziellen Gast des Staates her. Ein junger weiblicher Offizier eskortierte sie während ihres ganzen Aufenthalts. Aber unsere Schuld bleibt immer unbezahlt.

Der schöne Eingang eines Hauses in Talbieh, einem reichen Viertel, das Anfang des 20. Jahrhunderts von christlichen Arabern gebaut wurde.

Viele Straßen Jerusalems haben Namen, die man allgemein kennt – King David Street, Herzl Boulevard, King George Street (die Balfour-Erklärung wurde während seiner Regierungszeit abgegeben), Bethlehem Road, Harry Truman Square, Chopin Street und sogar George Eliot Street (eine bescheidene Gasse längs des Amerikanischen Konsulats). Aber der Besucher wird immer wieder Straßen mit dunklen oder verschleierten Hinweisen finden – Wedgewood Street oder Hamem Gimmel (»die 43«). Helga Dudman, eine lokale Journalistin, schrieb ein Buch mit dem Titel *Street People*, ein handlicher Führer für alle, die mehr als ein nur flüchtiges Interesse an dem Hintergrund der Straßennamen Jerusalems haben.

Die Stadt hat ein Straßenbenennungskomitee (dem ich zum Glück nicht angehöre). Es setzt sich aus gelehrten Mitgliedern zusammen, die die herkulische Aufgabe haben, Namen für eine Handvoll neuer Straßen aus einer endlosen Liste von Gesuchen auszuwählen, denn der Wunsch, einen geliebten Menschen, einen Kollegen oder einen Helden in Jerusalem unsterblich zu machen, scheint allgegenwärtig zu sein.

Während unser Weg in der Marcus Street hügelabwärts weitergeht, möchte ich wieder einen Abstecher von fünf Minuten nach rechts vorschlagen. Das unlängst renovierte Gebäude, wenn man sich dem Kreis nähert, beherbergt die CRB Foundation, die Charles Bronfman aus Montreal gegründet hat. Es ist einen Blick wert, und sei es nur um zu sehen, wie man ein Haus restaurieren kann, ohne gegen seine ursprüngliche Architektur zu verstoßen.

Das Gebäude auf der anderen Seite des Kreises, das leicht an der belgischen Fahne zu erkennen ist, ist das Belgische Konsulat. Dieser Bau, Beit Salameh, wurde von einem reichen arabischen Bauunternehmer, Constantin Salameh, errichtet. Von der Pracht des Französischen Konsulats beeindruckt, beauftragte er Favier, sein Haus zu bauen. Er träumte von einem einzigartigen Haus, und sein Traum wurde Wirklichkeit. Im Jahre 1947 ging Salameh ins Ausland und vermietete das Haus den Belgiern. So wurde im Gegensatz zu den meisten arabischen Häusern, die während des Unabhängigkeitskrieges verlassen wurden, dieses Gebäude nie zum »aufgegebenen Eigentum«. Bis 1986 wurde Mr. Salameh, der in Baden-Baden in Deutschland lebte, vom Außenministerium die Miete gezahlt. Salameh lehnte immer wieder Entschädigungsangebote ab, aber zuletzt überredeten ihn seine Kinder, die in Griechenland leben, sich mit der israelischen Regierung zu einigen, der jetzt das Gebäude gehört.

Während dieser offene Platz offiziell Wingate Square heißt, nach Orde Wingate (dem »Freund«, wie er in der Haganah genannt wurde, der sich später im Zweiten Weltkrieg in den äthiopischen und burmesischen Feldzügen auszeichnete), gibt es alte Jerusalemer, die ihn immer noch Salameh Square nennen.

Wir nehmen unseren Weg durch die Marcus Street wieder auf und erreichen Nr. 18, von einem Bauunternehmer namens Bisharah gebaut und Villa Harun al Rashid genannt. Der Name ist am obersten Stockwerk des Hauses mit Ziegeln eingelegt. Eine gänzlich unbegründete, aber weitverbreitete Geschichte erzählt, daß Golda Meir, als sie Ministerin für Wohnungsbau war und im obersten Stock wohnte, den Besuch eines UN-Beamten erwartete und die Ziegel wegschlagen ließ, weil sie nicht wollte, daß man erfuhr, daß ein israelischer Minister in einem arabischen Haus wohnte. Wenn ich bedenke, daß die Architektur selbst alles verrät, neige ich dazu, dieser Geschichte keinen Glauben zu schenken.

Eine scharfe Wendung nach rechts, am Sherover- und Crown-Theater vorbei bringt uns zum L. A. Mayer Memorial Institute for Islamic Art. Es wurde von einer Engländerin, Mrs. Bryce Solomons, zu Ehren Professor Mayers von der Hebräischen Universität, eines berühmten Islamisten, gebaut.

Ich traf mit Mrs. Solomons in meiner Eigenschaft als Direktor des Büros des Ministerpräsidenten zusammen. Wir boten ihr einen halben Hektar Land in der Nähe des Israel-Museums an, da wir meinten, daß sich die beiden Institutionen gut ergänzen würden. Bei der nächsten Besprechung brachte Mrs. Solomons einen britischen Experten mit – Sir Anthony Blunt, der später weit größeren Ruhm als Spion erlangen sollte. Unter seiner Anleitung entschied sie, daß das Israel-Museum für sich allein stehen sollte, und wählte das Grundstück in der Palmach Street. Sie erwies sich dabei als hellseherisch, denn in der Nachbarschaft befinden sich heute mehrere andere kulturelle und öffentliche Institutionen.

Angrenzend an das Museum – ein seltsames Nebeneinander – baute sie ein Heim für pensionierte Akademiker und sorgte so dafür, daß Professor Mayer einen guten Platz für seine alten Tage hatte.

Das Museum besitzt eine ausgezeichnete Sammlung islamischer Artefakte aus jedem islamischen Land und jeder islamischen Periode und ist einen Besuch wert. Es war einmal berühmt für seine Uhrensammlung, aber in einer Freitagnacht wurden die schönsten Stücke gestohlen, und man fand sie nie wieder. Neue alte Uhren liegen jetzt an Stelle der früheren in den Vitrinen. Zum Glück wurde kurz vor dem Diebstahl ein Katalog der Sammlung fertiggestellt, so daß wenigstens die Aufzeichnungen, wenn schon nicht die Uhren selbst, der Nachwelt erhalten bleiben.

Wir gehen zur Marcus Street zurück, nehmen unsere ursprüngliche Richtung wieder auf und wenden uns in der Dubnov Street nach links. Das massive, verlassen aussehende Gebäude vor uns ist ein Leprakrankenhaus, das im 19. Jahrhundert als Teil der humanitären Bemühungen der deutschen christlichen Gemeinde (Lutheraner, Templer, Katholiken) errichtet wurde. Die Deutschen bauten Krankenhäuser und Waisenhäuser und wandten sich hauptsächlich der arabischen Bevölkerung zu. Ihre Arbeit war im großen und ganzen mehr humanitär als missionarisch. Sie wußten, daß sie nur eine geringe Chance hatten, die Moslems zu bekehren, obwohl einige arabische Frauen tatsächlich Nonnen wurden.

Die Leprakranken hatten in Jerusalem wie beinahe überall ein noch härteres Los zu tragen, als das Schicksal ihnen ohnehin auferlegt hatte. Um die Mitte des 19. Jahrhunderts wurden sie aus den Stadtmauern vertrieben und lebten in elenden Hütten auf dem Berg Zion. Das erste Leprakrankenhaus (jetzt ein dominikanisches Haus, Beit Isaiah) wurde 1860 auf der Steigung der Mamilla Street (jetzt Agron Street) gebaut, aber der Bedarf war bald größer als der verfügbare

Raum, und ein neues Haus für Leprakranke, an dem wir nun vorbeigehen, wurde 1887 fertiggestellt. Hier leben noch etwa ein Dutzend ältere Menschen, und wenn ihre Krankheit auch nicht ansteckend ist, so haben sie doch kein anderes Leben gekannt, und sie haben keinen anderen Ort, wohin sie gehen könnten. Wir wollen die Patienten eines Tages in eine richtige Krankenhausumgebung verlegen und das Gebäude für einen kulturellen Zweck im Rahmen der kulturellen Meile nutzen. Es ist sehr geräumig, aber in einem so verfallenen Zustand, daß die Renovierung eine umfangreiche (und kostspielige) Arbeit sein wird.

Wenn wir die Dubnov Street entlanggehen, sehen wir zur Linken Privathäuser. Zur Rechten befindet sich ein leeres Gelände, das eines Tages entweder eine Grünanlage oder ein Wohngebiet sein wird, je nachdem, ob das Rathaus oder die Landbehörde dieses Tauziehen gewinnt.

Links an der Ecke sehen wir den Hintereingang zu einem Rosengarten. Dies war der erste Garten, der diesen Namen trug und dieser Funktion diente. Hier wurden die offiziellen Empfänge von den Briten und von allen früheren Bürgermeistern gegeben, auch von mir bis zur Wiedervereinigung der Stadt.

Wenn wir die Kreuzung mit der Graetz Street erreichen, stehen wir wieder vor einem der geheimen Ingredienzien, die den Zauber Jerusalems ausmachen: den erstaunlichen Ausblicken, die sich eröffnen, wenn man es am wenigsten erwartet. An dieser Ecke ist die faszinierende Facette des Ausblicks die starke Verzerrung der Perspektive: die Himmelfahrtskirche auf dem Ölberg scheint nur ein kurzes Stück von der Dormitio-Abtei auf dem Berg Zion entfernt zu sein, während in Wirklichkeit die ganze Altstadt und Gethsemane zwischen den beiden liegen. Die Fahne, die zu Ihrer Rechten weht, ist natürlich die des heiligen Andreas.

Artefakt im Museum für Islamische Kunst.

Die Deutsche Kolonie

Wir wenden uns nach rechts, gehen die Graetz Street hinunter und erreichen die Emek Refaim Street und die Deutsche Kolonie. Die Deutschen waren die einzige Gemeinde, die sich ihre eigene Siedlung baute, im Gegensatz zur Amerikanischen Kolonie, die schon bestehende Gebäude mietete.

Obwohl wir nach rechts abbiegen werden, könnte es der Mühe wert sein, zuerst den halben Block nach links zu gehen, um am Anfang anzufangen. Diese Kolonie wurde 1873 von deutschen Templern aus Württemberg gebaut, einer Sekte der protestantischen Pietisten, die sich von den Lutheranern getrennt hatten. Ihr Motto lautete »Aus Babylon auswandern und sich in Palästina niederlassen.« Die Templer waren tatsächlich frühe »Zionisten«. Sie waren inspiriert von ihrem Glauben und erfüllt von dem Wunsch, sich im Heiligen Land niederzulassen. Sie schufen eine kleine Anzahl von Siedlungen in ganz Palästina, bebauten das Land und gediehen. Die Juden in Palästina bewunderten die Templer, sie respektierten ihre Arbeitsmoral, ihre Tüchtigkeit und ihre Ausdauer.

Trotz des starken Verkehrs in der Emek Refaim Street werden wir immer wieder von einer Seite der Straße zur anderen hinüberwechseln. Das erste Gebäude auf der anderen Seite der Straße war das Gemeindehaus der Templer, jetzt eine wenig besuchte, armenische Kirche. Die nächsten beiden Gebäude, das Israel Fibre Institute, waren ein Gymnasium, wo Schüler – einschließlich einiger jüdischer – für das deutsche Abitur studierten. Die Uhr, die die Schüler zum Unterricht rief, ist noch auf dem Gebäude des Gymnasiums zu sehen.

Deutsche aus den sechs anderen Siedlungen im ganzen Heiligen Land schickten ihre Söhne in diese Schule, und sie wohnten einen Block weiter unten in der Pension Nikolai Schmidt. (Nikolai Schmidt könnte als mein Vorgänger betrachtet werden, denn er nannte sich »Herr Bürgermeister«.)

Die Kolonie wurde nach dem Muster eines deutschen Straßendorfes gebaut. Es gab eine Hauptstraße mit kleineren Seitenstraßen, alle in einem geraden Gitter angelegt, das sich deutlich vom übrigen Jerusalem mit seiner kreisförmigen und abstrusen Anlage unterscheidet.

Die Gebäude kopierten eine typisch deutsche Architektur, wenn auch im landesüblichen Stein und nicht in Holz, und gelegentlich wurden östliche Elemente hinzugefügt. Im Inneren waren die Häuser ähnlich den arabischen angeordnet: ein zentraler Raum mit zwei Zimmern auf jeder Seite. Es gab auch einen Dachboden in deutschem Stil und einen Weinkeller. Das erste Haus, das 1873 von Matthäus Franck, einem Schleifer, gebaut wurde, hatte sogar eine mit Dampf angetriebene Schleifmaschine.

Auf Nr. 9 kann man einen Löwenkopf sehen (er ähnelt ein wenig Einstein). Es ist das einzige Haus mit einer Figur dieser Art, und es wurde von Theodor Zandel, dem Architekten des alten Shaare-Zedek-Hospitals in der Jaffa Road, gebaut. Die Familie besaß eine Apotheke in Bayern, die Löwen-Apotheke, und der Löwe erinnerte an das alte Firmenschild der Apotheke.

Wir überqueren die Straße und kommen an Nr. 12a vorbei, dem International Cultural Centre for Youth. Das ICCY hat eine illustre Abstammung aus Hollywood. Spyros Skouras, der griechische Hollywoodfilmmogul der vierziger und fünfziger Jahre, hatte einen Direktor jüdischer Abkunft namens Murray Silverstone. Beiden gemeinsam war die Liebe zu Jerusalem. Sie trieben in der ganzen Filmindustrie Geld auf, um dieses Zentrum zu errichten, das »junge Menschen lehren soll, in Frieden und Harmonie zusammenzuleben« – durch die Künste. Der ICCY-Garten ist Skouras' Tochter, Dionysia, gewidmet, die sehr jung starb.

Inschriften in deutscher Schrift wie auf Nr. 16 sind aus dem Alten Testament und bezeugen die biblischen Bande der Templer mit Jerusalem.

Auf Nr. 39 befindet sich der seit 1878 bestehende Templerfriedhof. Es sieht so aus, als läge der Friedhof in der Mitte der Kolonie, aber tatsächlich befand er sich am Rande. Nach der heutigen Terminologie wird die ganze Länge der Emek Refaim Street als Deutsche Kolonie bezeichnet, aber sie bildete tatsächlich nur einen Teil davon. Auf Nr. 25 kann man schon moslemische Architektur mit eingelegten, armenischen Ziegeln erkennen.

Bis 1878 hatten die Templer ihre Toten auf dem protestantischen Friedhof auf dem Berg Zion (siehe S. 43) begraben. Aber ein Streit zwischen den Protestanten und den Templern in religiösen Fragen führte dazu, daß die Protestanten sich weigerten, den Templern die Benutzung ihres Friedhofs zu erlauben, so daß den Templern nichts anderes übrig blieb, als Land für ihren eigenen Friedhof zu erwerben. Noch heute sorgt ein arabischer Gärtner, den die Templer in Deutschland anstellten, dafür, daß er gut gepflegt wird. Ironischerweise gibt es jetzt einen protestantischen Friedhof gleich nebenan, der noch benutzt wird.

Mit dem Aufstieg der Nazis verschlechterten sich die Beziehungen zwischen den Templern und den Juden. Es gibt sogar Briefpapier, das die Existenz eines Zweiges der Nazipartei in der Deutschen Kolonie im Jahre 1933 beweist. Die Verschlechterung der Beziehungen zwischen Großbritannien und Deutschland belastete auch die Beziehungen zwischen Briten und den Deutschen im Mandat Palästina. Im Jahre 1938 wurde Orde Wingate, damals Hauptmann in der britischen Armee, zu einem offiziellen Dinner eingeladen. Als der deutsche Konsul hereinkam, wandte sich Hauptmann Wingate an seine Frau und sagte: »Komm, Lorna, gehen wir. Wir haben hier nichts zu suchen.«

Im Herbst 1938 wurde ich nach London geschickt, um die Jugendbewegung Habonim zu unterstützen. Die Route von Haifa nach Triest wurde von italienischen Schiffen befahren. Kaum hatte unser Schiff die Hoheitsgewässer des britischen Mandats verlassen, als eine Gruppe von Templern ihre Naziausrüstung anlegte. Sie waren auf dem Weg nach Deutschland, um ihre Dienste dem Führer anzubieten.

Kurz nach meiner Ankunft in London erlebte die Welt die »Kristallnacht«, die mutwillige Zerstörung von Tausenden von jüdischen Geschäften und Synagogen in ganz Deutschland und Österreich durch die Nazis. Meine Mission nahm plötzlich eine neue Gestalt an: die Befreiung junger Menschen von der Unterdrückung durch die Nazis.

In England standen an der Spitze dieses Befreiungsunternehmens zwei bemerkenswerte Menschen, Rebecca (Becky) Sieff, eine Nachfahrin der Familien Marks und Spencer, und Michael Foot. Nach langen Diskussionen wurde eine Strategie entworfen, wie Einreisegenehmigungen für junge Menschen als Landarbeiter zu bekommen wären. Trotz weitverbreiteter Arbeitslosigkeit in den städtischen Gebieten waren Landarbeiter nämlich knapp. Mit der Zustimmung der beiden landwirtschaftlichen Gewerkschaften erklärte sich das Home Office bereit, Einreisege-

Ein Hauseingang in der Deutschen Kolonie.

Das Naturwissenschaftliche Museum in der Deutschen Kolonie.

nehmigungen für 3000 junge Menschen auszugeben – unter einer einzigen Bedingung: wir mußten die Arbeitsplätze für diese jungen Menschen nachweisen. Wir kämmten das ganze Land durch. Wir schmeichelten und redeten gut zu und überredeten. Unsere Wanderungen brachten uns zu den Cotswolds, zu einer Farm unter der Leitung von deutschen Mönchen. Als sie erfuhren, daß ich aus Galiläa kam, fragten sie: »Bruder, kommst du aus Nazareth?« Meine geographische Herkunft brachte uns fünfzig weitere Genehmigungen ein.

Im Jahre 1939 deportierten die Briten die Templer nach Australien, wo sie bald eine sehr wohlhabende Gemeinde bildeten. Mitglieder dieser Gemeinde unternehmen immer noch alle zwei Jahre eine Pilgerfahrt nach Jerusalem und treffen sich hier mit Gruppen von Templern aus Deutschland, um an den Gräbern ihrer Ahnen zu beten. Einer der aktivsten Organisatoren dieser Besuche ist Waldemar Fast, der Enkel des Erbauers des Fast Hotels (siehe S. 95). Waldemar war 1939 mit seinem Vater nach Australien geschickt worden und später nach Deutschland gegangen, wo er ein Reisebüro aufmachte, das diese Templer-Besuche organisiert.

Die deutschen Häuser wurden 1939 von den Briten als feindliches Eigentum übernommen und von britischen Offizieren und Beamten bewohnt. Bemerkenswert ist, daß 1952, bei dem Reparationsabkommen zwischen der israelischen und der deutschen Regierung, die Templer von der deutschen Regierung Reparationen für ihr Eigentum im Heiligen Land verlangten und 52 Millionen Mark erhielten. Nach dem Abzug der Briten wurden die verlassenen Häuser in dem Massenzustrom von jüdischen Einwanderern übernommen, und hier wie anderswo folgten Verfall und Neukauf, Renovierung und Qualitätsverbesserung aufeinander.

Die Deutsche Kolonie war in den fünfziger Jahren gleich nahegelegenen Vierteln wie Bakaa und Katamon eine Quelle schwerer sozialer Probleme. Die Hausbesetzer, die die Häuser übernommen hatten, waren oft Neueinwanderer aus moslemischen Ländern, aus Marokko, Algerien, Libyen, Tunesien, dem Irak und dem Jemen. Israel war in den frühen fünfziger Jahren ein armes Land, die Lebensmittel waren rationiert, und dennoch stand es plötzlich vor der Aufgabe, Hunderttausende von Einwanderern zu assimilieren. Sie kamen rascher, als auch nur primitive Häuser gebaut werden konnten, und so waren ihre ersten Unterkünfte Zeltstädte und Durchgangslager.

Die meisten zog es nach Jerusalem. Seit Generationen hatten sie um die Rückkehr nach Zion gebetet. Zion war Jerusalem, und die Realität des modernen Staates Israel wurde noch nicht verstanden. Sie hatten die Mühen und Plagen ihrer anstrengenden Reise ertragen in der Hoffnung, Jerusalem zu erreichen. Ihre erste Enttäuschung war, daß die West-Mauer außerhalb ihrer Reichweite lag, daß sie nicht ihre Steine berühren oder in ihrem Schatten weinen konnten. Das Waffenstillstandsabkommen von 1949 hatte zwar vorgesehen, daß die West-Mauer zugänglich sein sollte, aber diese entscheidende Bedingung wurde nie eingehalten.

Nichtsdestoweniger war ein leeres Zimmer in Jerusalem genug, um diese Sehnsüchte zu erfüllen, und sie nahmen die verlassenen Gebäude in Besitz. Ein Haus, in dem eine reiche Familie einmal elegant gewohnt hatte, war nun das Heim von einem halben Dutzend Familien.

Diese Familien hatten auch schwere soziale Probleme, wie sie jedem vertraut sind, der Einwanderergesellschaften studiert hat, ob es sich um Italiener in den Vereinigten Staaten oder um Pakistanis in Großbritannien handelt. Die Eltern beherrschten die Landessprache nicht und fügten sich viel langsamer als ihre Kinder in den Strom des Lebens ein. Sie hatten Schwierigkeiten, Arbeit zu finden, und die Familienstruktur war von Auflösung bedroht.

Und wir machten Fehler. Wir waren so sehr darauf bedacht, eine einzige, vereinte Gesellschaft zu schaffen – Juden aus aller Welt werden eine Nation und sprechen eine Sprache –, daß das Gewebe des vielfarbenen Erbes nicht ausgebessert, sondern aufgegeben wurde. Man stellte diesen Einwanderern ein verwestlichtes Ideal vor Augen, das sie erreichen sollten. Sie konnten es nicht erreichen, und zugleich verloren sie den Stolz auf das, was ihnen gehörte. Sie mochten nicht *gefilte Fisch* essen, aber sie schämten sich ihrer Vorliebe für *kubeh* (ein orientalisches Gericht aus mit Fleisch gefüllten Teigrollen).

Die neue Betonung des Volkstums begann in Jerusalem, lange bevor sie zur internationalen Mode wurde, denn es war bald klar, daß der Schmelztiegel ein reiches und vielfältiges Erbe zerstörte. Wir entwarfen das Konzept eines Mosaiks und ermutigten jede Gemeinde, ihre Identität beizubehalten. Inzwischen war jedoch vieles schon zu spät.

Die Qualitätsverbesserung – ein Begriff der modernen Gesellschaft – begann in den späten sechziger Jahren. Die Schönheit der alten arabischen Gebäude mit ihren bunten Fliesenböden, Bogeneingängen und hohen Decken war eine Attraktion für eine neue Generation. Aber es war eine Qualitätsverbesserung mit einer ausgesprochenen Jerusalemer Note. Während manche Familien nur zu gern verkauften und in neue, moderne Wohnungen einzogen, lehnten andere diese Angebote ab, so verführerisch sie auch waren. Sie blieben in ihren Häusern, und als die Zeit verging und auch sie wohlhabend wurden, vermochten sie ihre Häuser selbst zu verbessern. So ist die eingeborene Bevölkerung mit den Neuankömmlingen verschmolzen und hat diesen Gebieten einen vielfarbigen Charakter gegeben.

Der Spaziergang endet am Schwimmbad der Deutschen Kolonie, das in den frühen sechziger Jahren gebaut wurde. Als erstes öffentliches Schwimmbad in der Heiligen Stadt wurde es zum Streitobjekt mit der ultra-orthodoxen Gemeinde, die heftig gegen den »Teich des Greuels« demonstrierte. Das Greuliche bestand darin, daß Männer und Frauen gemeinsam badeten.

Die Jerusalemer waren zuvor eine Zielscheibe des Spottes gewesen, denn da sie vielleicht einmal im Jahr an einen Strand kamen, galten sie als diejenigen, die nicht schwimmen konnten. Wir haben seither mehrere Schwimmbäder gebaut, und der auf dem Trockenen sitzende Jerusalemer ist zu einer Legende von gestern geworden. Junge Leute aus Jerusalem haben sogar schon Goldmedaillen gewonnen.

Es ist rücksichtsvoll von mir, den Spaziergang hier enden zu lassen, denn der Besucher befindet sich im Zentrum einer Ansammlung von internationalen Schnellimbissen: Hamburger, Pizza, Croissants und Falafel.

9
Das Israel-Museum und die Knesset

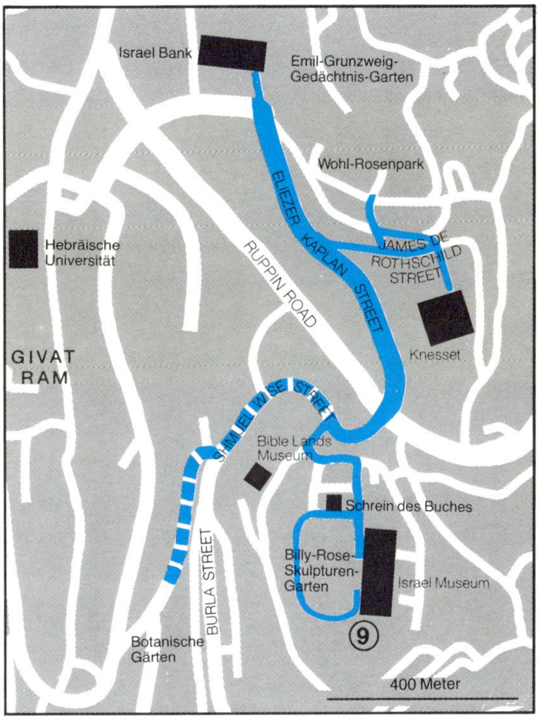

Meine beinahe täglichen Besuche im Israel-Museum sind, wie ich gestehen muß, nicht allein kulturell inspiriert. Als Vermächtnis der hektischen frühen Tage des Museums, als ich als Vorsitzender (und Aufseher) den größten Teil meiner wachen Stunden, und viele meiner Schlafstunden, dort verbrachte, habe ich noch ein Büro im Museum. Dieses versteckte Büro ist besonders geeignet für Besprechungen am späten Abend, wenn das Rathaus schon geschlossen ist – und es dient mir auch gelegentlich als Zuflucht, wenn mein berüchtigtes Temperament mit mir durchgeht und ich aus meinem Stadtbüro stürme. Aber selbst wenn ich nur vorübergehe, blicke ich voll Stolz auf das, was die hervorragendste kulturelle Institution unseres Landes geworden ist.

Heute kann man sich kaum noch vorstellen, daß in den frühen sechziger Jahren der bloße Gedanke an ein Museum von den meisten als reiner Unsinn abgetan wurde. Unser Staat hatte kaum die Pubertät erreicht. Der Ort für das geplante Museum lag drei Kilometer von einer Grenze entfernt: den Befestigungen, dem Stacheldraht, den Panzerfallen und den Mauern gegen Heckenschützen, die Jersusalem in Israel und Jordanien teilten. Die Zeltstädte und Hütten, die über Nacht errichtet worden waren, um die Hunderttausende von Einwanderern, Überlebenden des Holocausts und Flüchtlingen aus moslemischen Ländern unterzubringen, waren gerade erst abgerissen worden. Unser Land stand mit minimalen Mitteln vor überwältigenden Bedürfnissen auf den Gebieten der Sicherheit, des Wohnungsbaus, der Erziehung und der medizinischen Versorgung. Und ich sprach von Museen.

Die Wurzeln dieser Idee reichten ein Jahrzehnt zurück. In den frühen fünfziger Jahren hatte ich als Gesandter in unserer Botschaft in Washington gedient. Während dieser Zeit vermachten zwei große jüdische Kunstsammler, die ich kannte, ihre Sammlungen dem Metropolitan Museum in New York und dem Fogg Museum in Harvard. Ich war überzeugt, daß ganze Sammlungen nach Israel kommen könnten, wenn wir nur entsprechende Einrichtungen hätten. Ich fand diese Angelegenheit dringend: Wenn wir warteten, würden wir unsere Chance versäumen.

In meiner Wiener Erziehung war Kultur ein ebenso wichtiges Element des täglichen Lebens gewesen wie das Dach über dem Kopf und das Essen auf dem Teller. Das blieb so, selbst wenn das Dach und das Essen nicht so leicht verfügbar waren. Daher könnte meine Zielstrebigkeit in der Förderung der Künste in unserem eben erst flügge gewordenen Staat ihre Wurzeln in meiner Kindheit haben.

Meine Phantasie erhielt bald einen gewissen pragmatischen Rückhalt. Baron Edmond de Rothschild aus Paris machte uns ein Angebot, das wir nicht ausschlagen konnten: das prächtige französische Zimmer aus dem 18. Jahrhundert, das sich seit Generationen im Besitz seiner Familie befand. Er knüpfte an sein Angebot eine Bedingung: eine passende Unterbringung mußte gefunden werden. Die Saat war somit gesät, aber es war keine einfache Aufgabe. Während sich einige unentwegte Kollegen diesen Bemühungen anschlossen, war die allgemeine Reaktion bestenfalls eine gehobene Braue, häufiger aber direkter Spott. Ein Museum? Wie viele Familien konnte man in seinen Galerien unterbringen? Wie viele Klassenzimmer paßten in seine Pavillons? Selbst unter denen, die im Prinzip für ein Museum waren, fehlte es nicht an Meinungsverschiedenheiten hinsichtlich seiner Natur. Was sollte ausgestellt werden? Alte Kunst? Jüdische

Kunst? Moderne Kunst? Israelische Kunst? Wir mußten ein Museum schaffen, das den ausländischen Touristen unterhielt und belehrte, während es eine gänzlich andere Rolle für den ortsansässigen Besucher spielte. Und wer sollte das finanzieren? Es würde Jahre oder Jahrzehnte dauern, bis ein Museum Platz im Budget der Regierung fände. Wir begannen eine Suche auf allen Kontinenten – nach Geld und nach Kunst. Wir plagten jeden, der zuhören wollte, und auch einige, die nicht zuhören wollten. Unsere Taktiken reichten von sanfter Überredung bis zu sanftem Zwang.

Sogar die Regierung der Vereinigten Staaten spielte eine bedeutende Rolle bei unserer Bemühung. Sie stellte sogenannte Counterpart funds für die Auszahlung in Israel zur Verfügung. Bernard Katzen, ein New Yorker Anwalt, wurde von Präsident Eisenhower ernannt und nach Israel geschickt, um diese Zuweisungen zu bestimmen. Bevor seine Füße den Boden berührten, hatte die Zahl der Anträge schon sintflutartige Proportionen angenommen. Doch wir hatten das Glück, daß ihn die Idee eines Museums fesselte. Er erklärte sich bereit zu helfen, und wir machten einen riesigen Schritt vorwärts.

In den fanatischen Auseinandersetzungen über die Natur des Museums herrschte in einem Punkt Übereinstimmung: es sollte ein Heim für die Archäologie des Landes Israel werden. Bis 1948 hatte man archäologische Funde in dem majestätischen Rockefeller-Museum (siehe S. 38) gegenüber der nordöstlichen Ecke der Mauer der Altstadt untergebracht. Aber nach der Teilung der Stadt waren dieses Gebäude und seine Schätze nicht mehr zugänglich. Archäologische Funde nach 1948 waren überall in der Stadt behelfsmäßig gelagert. Hinsichtlich der Notwendigkeit, ein richtiges Heim für sie zu finden, gab es keine Meinungsverschiedenheiten.

Übereinstimmung herrschte auch darüber, daß das Museum die Schriftrollen vom Toten Meer beherbergen sollte. Im Jahre 1947 wurden sie, 2000 Jahre alte Überreste einer mönchischen jüdischen Sekte, durch reinen Zufall entdeckt, als ein junger beduinischer Hirte einer verirrten Ziege in eine Höhle bei Qumran, nahe dem Toten Meer, folgte. Er konnte zwar das ungeheure Ausmaß seiner Entdeckung nicht erfassen, erkannte aber doch, daß diese Rollen einen Wert hatten, und verkaufte sie in Bethlehem. Die Schriftrollen wurden von Professor Sukenik identifiziert, der drei von ihnen 1948 billig erwarb, wobei er den Händler in Bethlehem unter schwierigen und gefährlichen Umständen traf, denn die Kämpfe hatten schon begonnen.

Am 1. Juni 1954 erschien im *Wall Street Journal* eine Verkaufsanzeige in der Spalte »Vermischtes« unter einer Anzeige für Kalamazoo-Öfen. »Die vier

---

Das Israel-Museum aus der Vogelperspektive mit dem Schrein des Buches und dem Billy-Rose-Kunstgarten.

Schriftrollen vom Toten Meer«, lautete die Überschrift. »Biblische Manuskripte, die auf mindestens 200 v. Chr. zurückgehen, sind zu verkaufen. Dies wäre ein ideales Geschenk für eine erzieherische oder religiöse Institution von einer individuellen Gruppe. Box F 206, The Wall Street Journal.« Ein Bischof der syrisch-orthodoxen Kirche hatte die Schriftrollen von demselben Händler gekauft wie Professor Sukenik.

Der Kauf der Schriftrollen erforderte Intrigen à la John Le Carré und brachte politische Komplikationen (die Schriftrollen gehörten theoretisch Jordanien, wo die Qumran-Höhlen damals lagen) und eine hastige Finanzierung mit sich, aber zuletzt wurde der Handel abgeschlossen.

Diese Schriftrollen brauchten nun einen Rahmen, der ihrer unvergleichlichen Bedeutung für die jüdisch-christliche Tradition entsprach. Auf der Suche nach der nötigen Hilfe boten wir die Weisheit des Talmuds auf. Der Talmud ermahnt den, »der eine Mizwa, eine gute Tat, beginnt, sie auch zu beenden«. Einige Jahre früher, bei unserer verzweifelten Suche nach Geld für den Ankauf der Schriftrollen, war uns ein Freund in New York, Samuel Gottesman, zu Hilfe gekommen. Wir wandten uns nun an ihn mit der Bitte, das Gebäude für die Unterbringung der Schriftrollen zu finanzieren, und beriefen uns auf diese Talmudregel.

Der Schrein des Buches, das erste der Museumsgebäude, ist eines der charakteristischsten Baudenkmäler unserer Stadt. Von Armand Bartos und Frederick Kiesler entworfen, spiegelt die weiße Kuppel den Dekkel des Kruges wider, in dem die Schriftrollen gefunden wurden. An die weiße Kuppel schließt sich eine schwarze Granitmauer an, und zusammen symbolisieren sie den »Krieg der Söhne des Lichts gegen die Söhne der Finsternis«, wovon eine der Schriftrollen handelt.

Die Gründungsväter – und -mütter – des Museums waren sich auch einig darüber, daß es Judaica und jüdische Ethnographie aufnehmen sollte. Eine erste Sammlung war schon in dem kleinen Bezalel-Museum angelegt worden, das Mordechai Narkiss und Boris Schatz zu Beginn des Jahrhunderts geschaffen hatten. Sie bildete den Kern der jetzigen Sammlung, die seither eine der besten der Welt geworden ist.

Bei all unserem Planen und Neuplanen diktierten manchmal unerwartete Entdeckungen unsere Entscheidungen. Wir hatten gewiß nicht an einen Skulpturengarten als *sine qua non* für dieses Museum gedacht, sofern wir überhaupt an einen gedacht hatten. Aber auf meinen Wanderungen hatte ich das Glück, den bekannten Showman Billy Rose zu treffen, der zufällig eine großartige Sammlung von Skulpturen besaß. Er war von unserer Idee (und unserer Chuzpe) fasziniert, und während ich hoffte, mich mit einem oder zwei größeren Stücken unter dem Arm entfernen zu können, bot er seine ganze Sammlung an. Als er später von Ben-Gurion gefragt wurde, ob er keine Bedenken habe, seine Kunstwerke in so kurzer Entfernung von einer Grenze aufstellen zu lassen, antwortete Billy Rose schlagfertig: »Herr Ministerpräsident, wenn ein Krieg kommt, schmelzen Sie meine Bronzen ein und machen Kugeln daraus.«

Der japanisch-amerikanische Bildhauer Isamu Noguchi, schon damals eine international bekannte Figur in der Kunstwelt, erklärte sich bereit, den Kunstgarten zu entwerfen. Und so entstand eine launenhafte Zusammenarbeit, wie man sie selten findet: Billy Rose und Isamu Noguchi. Ihre täglichen Streitigkeiten arteten in regelrechte Kämpfe aus, und das Szenarium war uns bald vertraut: jeden Morgen warf Billy Rose Noguchi hinaus; jeden Nachmittag kündigte Noguchi. So arbeiten Genies. Als er die sechzehnte Version des Plans für den Garten beendet hatte, wurde Noguchi gefragt, warum er diese Arbeit übernommen habe. »Jerusalem«, sagte er, »ist eine Leidenschaft.«

Wenn ich heute durch den Garten gehe, denke ich oft über die Wechselfälle des Lebens nach. Heute hat kaum noch jemand von der jüngeren Generation in New York eine Ahnung, wer Billy Rose war. Aber der Billy-Rose-Kunstgarten mit seinen Skulpturen von Rodin, Henry Moore, Picasso und Maillol gibt uns Kunde von dieser großartigen Persönlichkeit. Was er und Noguchi zusammen schufen, hat nicht so leicht seinesgleichen irgendwo auf der Welt.

Ein Flügel war noch zu planen: unser Jugendflügel. Israel ist mit Recht als die kinderfreundlichste Gesellschaft der Welt bekannt, unsere Kinder sind auch unsere größte natürliche Ressource. Sogar das kleine Be-

Das Innere des Schreins des Buches, des ersten Gebäudes des Israel-Museums, mit der Glasvitrine, in der ein Faksimile der Isaiah-Rolle aufbewahrt wird.

Das griechisch-orthodoxe Kreuzkloster, das im 11. Jh. wieder aufgebaut wurde, nachdem das ursprüngliche Bauwerk aus dem 6. Jh. von den Persern zerstört worden war.

zalel-Museum hatte Klassen für Kinder auf einem engen Dachboden mit einem Oberlicht. Israels berühmteste Künstler erzählen von ihren ersten Kritzeleien in diesem Raum.

Der Ruth-Jugendflügel ist ein funkelndes Juwel in der Krone des Israel-Museums. Neben den Sonder-Ausstellungen, die ebensoviele Erwachsene wie Kinder anziehen, und neben einer Reihe von Kursen, die man besuchen kann, macht der Jugendflügel unsere Kinder mit Museen vertraut und sie können sich darin mit einer Unbefangenheit bewegen, die unserer Generation fremd war. Wir wurden immer in Museen geführt, als wären sie Leichenhallen. Man konnte kaum laut atmen, mußte beinahe auf Zehenspitzen gehen.

Das Israel-Museum sollte auch ein Museum moderner Kunst sein, obwohl dies zur ernstesten Meinungsverschiedenheit bei den Museumsgründern führte. Manche hielten die Aufnahme israelischer Kunst für eine Priorität. Andere, wie ich, waren der Meinung, daß sie im Prinzip aufgenommen werden sollte, aber erst in einem späteren Stadium. Wir wollten zuerst einen Horizont festlegen und die höchste internationale Qualität sichern; dann konnten wir zuversichtlich auch unsere heimische Kunst mit einschließen. Im Laufe der Jahre zeigten wir oft vorübergehende Ausstellungen israelischer Künstler, aber erst 1986 schufen wir den Ayala-Zacks-Abramov-Pavillon für Israelische Kunst.

Für den Entwurf des Museumsgebäudes wurde eine internationale Ausschreibung veranstaltet, die zwei Jerusalemer Architekten, Professor Mansfeld und Dora Gad, gewannen. Der Komplex erinnert an ein mediterranes Dorf, das sanft den Hügel hinansteigt und sich natürlich entfaltet.

Von diesem Hügel aus umfaßt der Blick das Kreuzkloster, ein massives, festungsähnliches Gebäude, das im 6. Jahrhundert errichtet, im 7. Jahrhundert von den Persern zerstört und im 11. Jahrhundert wieder aufgebaut wurde und in dem einige griechisch-orthodoxe Mönche leben, die Knesset (das Parlament) und den Campus der Hebräischen Universität auf Givat Ram.

Das Museum wurde im Mai 1965 mit großem Pomp eröffnet. Die Skeptiker waren skeptisch geblieben, und man warf uns vor, Luftschlösser zu bauen. Aber die Besucherzahl bewies das Gegenteil. In unserer Phantasie hatten wir 250 000 Besucher pro Jahr gesehen. Heute sind es beinahe eine Million. Die Größe des Museums verdreifachte sich. Galerien kamen hinzu für Volkskunst und Impressionismus, Räume der französischen, englischen und venezianischen Periode, Alte Meister, vorübergehende Ausstellungen, fernöstliche Kunst und die Archäologie benachbarter Kulturen, Design, altes Glas und alte Handschriften. Der gegenwärtig im Bau befindliche Nathan-Cummings-Flügel für Kunst des 20. Jahrhunderts wird den Hauptplan des Museums vervollständigen.

Was ich an dem Museum für einzigartig halte, ist die Verschmelzung von leblosen Kunstwerken und dem speziellen Zug von Menschlichkeit, der für unsere Stadt charakteristisch ist. Man geht durch den ethnographischen Flügel und trifft auf eine Gruppe alter Kurden, die, inspiriert durch die Ausstellung von Gegenständen aus dem »alten Land«, spontan einen ihrer Tänze aufführen. Man geht durch eine Ausstellung von Fotografien und trifft einen Soldaten, der ein Schild trägt: »Rückenverletzung: seien Sie bitte vorsichtig.« Man geht durch die archäologischen Galerien und sieht ein siebenjähriges Mädchen, das die Hand seines Großvaters faßt, um ihm sein »liebstes Stück« zu zeigen.

Wir hatten ursprünglich gedacht, wenn das Museum einmal existierte, könnten wir uns auf unseren Lorbeeren ausruhen. Wir hatten nicht bedacht, daß die Lorbeeren kaum Sämlinge waren. Was wir nun sicherzustellen hatten, war die erstklassige Qualität der Sammlungen und Ausstellungen. Es war nicht immer leicht: man schlug uns oft »Koppelungsgeschäfte« vor. Wir konnten einen erstklassigen Renoir haben, wenn wir drei größere Werke des Neffen des Stifters mit dazunahmen. Die Entscheidungen waren nicht immer einfach für eine junge Institution.

Der Mann, der uns immer wieder in der Suche nach Qualität bestärkte, war ein 67jähriger Holländer, Willem Sandberg, der Gründer des Stedelijk Museum in Amsterdam und ein Weltexperte auf dem Gebiet der modernen Kunst.

Seine Bescheidenheit war legendär, und als wir ihm eine besondere Ehrung zuteil werden ließen, stimmte er nur zögernd zu. In seiner Dankesrede erzählte er die folgende Geschichte: »Ich habe während des Zweiten Weltkrieges im holländischen Untergrund gearbeitet. Als ich eines Tages die Straße entlang ging, erfuhr ich, daß die fünf anderen meiner Gruppe an diesem Morgen von der Gestapo verhaftet worden waren und daß ich mich verstecken mußte. Während der nächsten Monate schlief ich jede Nacht in einem anderen Bett oder auf einem anderen Feld. Einmal nahm sich die Gestapo meine Frau vor, um zu erfahren, wo ich mich versteckte. ›Ist Ihnen klar‹, sagten sie zu ihr, ›daß wir vom Feind Nummer Eins der Gestapo sprechen?‹« Sandberg machte eine Pause und fügte hinzu: »Das war die letzte große Ehrung, die ich angenommen habe.«

Während der ersten zwei Jahre der Existenz des Museums ergab sich oft die Frage der Sicherheit. Wir waren um alle Aspekte der Sicherheit besorgt, und es existierten detaillierte Pläne für den Notfall. Sogar der Schrein des Buches war so gebaut, daß die wichtigste Isaiah-Rolle notfalls wie ein Periskop unter den Boden versenkt werden konnte.

Als der Sechstagekrieg nach einer dreiwöchigen Periode von Drohungen und Spannungen ausbrach, hatten wir Zeit gehabt, Vorsichtsmaßnahmen zu treffen. Wir hielten es für wichtig, die Tore des Museums offen zu lassen, aber wir brachten wertvolle Werke in die Lagerräume hinunter und ersetzten sie durch weniger wichtige. Wir klebten Streifen über die Fenster, damit sie nicht zersprangen. (Die Kinder der Jugendflügel-Klassen bemalten dann die Vierecke der verklebten Fenster, so daß sie weniger ominös aussahen.)

Da alle tauglichen Männer zum Reservedienst einberufen worden waren, trugen die weiblichen Mitarbeiter die Bürde dieser Vorbereitungen. Eines Tages mußten sie Sandsäcke füllen, mit denen die Skulpturen im Freien geschützt werden sollten. Sie füllten acht Stunden lang Sandsäcke unter einer sengenden Sonne. Als die Arbeit beendet war und jeder Muskel schmerzte, entspannten sie sich und bewunderten ihr Werk. Und dann erfuhren sie, daß sie den falschen Sand verwendet hatten. Der Haufen, von dem sie ihn genommen hatten, war für die Picasso-Skulptur gedacht, und der Sand enthielt Kieselsteine, die Querschläger verursachen konnten. Daher verbrachten sie den nächsten Tag damit, die Säcke auszuleeren und wieder zu füllen – mit dem richtigen Sand.

Am Vormittag des 5. Juni wurden weitere Objekte in die Keller gebracht. Das Granatfeuer der Jordanier begann um 11 Uhr vormittags, und eine Granate traf das Museum und riß eine Ecke des Gebäudes weg. Alle Fensterscheiben zersplitterten, aber niemand wurde verletzt und kein Exponat beschädigt.

Trotz der möglichen Gefahr für Kunstwerke in den ersten zwei Jahren des Museums zeigten wir die Joseph-Hazen-Sammlung und die Marcus-Mizne-Sammlung, die internationale Anerkennung fanden. Diese internationalen Ausstellungen eröffneten eine neue Welt zu einer Zeit, in der Reisen ins Ausland außerordentlich selten waren und Israel sehr isoliert war.

Im Jahre 1966, einige Monate nach der Eröffnung, machten unsere Träume einen riesigen Sprung vorwärts. Mrs. James de Rothschild in London wollte sicherstellen, daß die höchsten Standards gehalten wurden, und daher schenkte die Yad Hanadiv Foundation dem Museum fünf bedeutende impressionistische Werke – zwei van Goghs, zwei Gauguins und einen Cézanne. Voll Ehrfurcht, beinahe ungläubig, packten wir sie aus.

Andere Freunde folgten ihrem Beispiel. Der Herzog von Devonshire besuchte Jerusalem 1976 und schrieb einige Wochen nach seinem Besuch mit typisch englischem Understatement: »Für den Fall, daß sie Sie interessieren, lege ich einen Führer für mein Haus und einen Katalog einer in Amerika gezeigten Ausstellung von Zeichnungen Alter Meister aus Chatsworth bei. Ich weiß nicht, ob es Sie interessieren würde, eine Ausstellung solcher Zeichnungen in Ihrem Museum zu zeigen, aber wenn Ihnen die Idee zusagte, würde ich sie mit dem größten Wohlwollen in Erwägung ziehen.« Die Aufregung auf der Jerusalemer Seite war typisch israelisch, und das Geschrei hörte man zweifellos bis Chatsworth.

Eine Ausstellung der Gemälde aus dem Besitz Armand Hammers lockte in drei Monaten 300 000 Besucher an. Nicht jeder, der in der Schlange stand, war in einem Heim groß geworden, in dem Museumsbesuche zur Tradition gehörten.

Richtig mündig wurde das Museum vielleicht durch eine Ausstellung, die wir nicht in Jerusalem zeigten, sondern ins Ausland schickten: »Schätze des Heiligen Landes: Alte Kunst im Israel-Museum.« Sie wurde im Metropolitan Museum in New York, im County Museum in Los Angeles, im Museum of Fine Arts in Houston und im Royal Ontario Museum in Toronto gezeigt.

Ein Gang durch das Israel-Museum

Es wird Zeit, daß unser Besuch beginnt. Ich zögere, eine Route festzulegen, da ein Museumsbesuch ein durchaus persönliches Erlebnis ist. Aber ich kann nicht umhin, eine Probe dessen zu geben, was Sie erwartet.

Der Weg zum Haupteingang ist eine wirksame Einführung in das Museum mit dem Schrein des Buches und dem Billy-Rose-Kunstgarten auf der rechten Seite. Das modernistische Gebäude zur Linken wurde 1988 hinzugefügt; es ist der Weisbord-Pavillon für wechselnde Ausstellungen.

Ich muß zugeben, daß der Gang zum Haupteingang zwei Jahrzehnte lang seine Schrecken hatte. Für die Jungen und Beherzten ist er nur eine kurze Strecke, andere wurden durch das Gefälle und die Stufen abgeschreckt oder waren schon erschöpft, bevor sie noch das Gebäude betreten hatten. Heute fährt den ganzen Tag ein kleiner Wagen (namens Doris) hin und her und bringt die Besucher gegen eine geringe Gebühr zur Vordertür des Museums.

Die große Treppe am Eingang (achtundzwanzig Stufen) führt Sie hinunter auf das Hauptniveau des Museums; es gibt auch einen Lift.

Nun stehen Sie an einer Kreuzung: der einzuschlagende Weg hängt von Ihren Interessen und von der Zeit ab, die Sie zur Verfügung haben. Selbst ein Besuch von einem halben Tag kann nur oberflächlich sein, wenn Sie alles sehen wollen. (Nach 1991, wenn der Flügel für die Kunst des 20. Jahrhunderts fertig ist, kann es einige Änderungen der Route geben.)

Wir gehen geradeaus zu den Galerien für jüdische zeremonielle Kunst, eine der schönsten Ausstellungen der Welt, wenn nicht die schönste. Als wir diese Galerien 1988 erneuerten, entschieden wir, daß ein umfassender Überblick über dieses Thema fehlte, nicht nur für unsere nichtjüdischen Besucher, sondern auch für die Juden, die nur wenig von ihrem Erbe wissen. Die audiovisuelle Präsentation, abwechselnd in Hebräisch und Englisch, sorgt für eine Einführung.

Wir gehen durch Galerien für den Shabbat, für die Thora, für die Feiertage. Wir können eine hölzerne deutsche Synagoge aus dem 18. Jahrhundert aus der Stadt Horb besichtigen (in der großen Galerie rechts), eine der wenigen Synagogen, die nicht zerstört wurden, weil man sie zerlegt und in einem Keller gelagert hatte. Sie ist eine permanente Leihgabe der Stadt Bamberg.

Der Kontrast eines Besuches der italienischen Synagoge aus dem 18. Jahrhundert (in der hinteren Ecke der Galerie, rechts die Stufen hinunter) zeigt am besten den großen Einfluß, den jedes Land auf seine jüdische Gemeinde ausübte. Die italienische Synagoge konnte nirgendwo anders als in Italien gestanden haben.

Wir gehen von der jüdischen zeremoniellen Kunst weiter in den ethnographischen Pavillon. Die linke Wand der Hauptgalerie ist die des Lebenszyklus, von der Geburt bis zum Tod. Es werden sogar jüdische Grabsteine gezeigt. Die Wand zur Rechten zeigt zwei Salons, einen aus einem typisch marokkanisch-jüdischen Haus und einen aus einem typisch deutsch-jüdischen Haus.

Bevor wir die letzte Galerie des ethnographischen Pavillons erreichen – Trachten und Schmuck, die für sich allein einen halben Tag in Anspruch nehmen können –, kommen wir zu einer Ausstellungsfläche, die Künstlern gewidmet ist, die im Holocaust umkamen. Dies ist die Stiftung eines Ehepaares, das den Holocaust überlebte und fühlte, wie wichtig es ist, ständig an das Talent und die Kreativität zu erinnern, die mit den sechs Millionen Juden zugrunde gingen.

Wir erreichen die Impressionisten-Galerie, deren Beleuchtung zum Problem geworden war. Unsere Kustoden wollten natürliches Licht, aber sie suchten das Licht Nordeuropas und nicht das mediterrane Licht (das verfügbar war). Wir legten das Problem der Technischen Universität in Haifa vor, deren Ingenieure eine Decke entwarfen, die das gedämpfte Licht schuf, das wir suchten. Sie ist einen Blick nach oben wert.

Am hinteren Ende der Galerie betreten wir eine andere Welt. Links befindet sich das französische Zimmer aus dem 18. Jahrhundert und unmittelbar vor uns das venezianische Zimmer aus dem 18. Jahrhundert. Ein Gang die Stufen hinunter (die Sie wieder hinaufsteigen müssen) bringt Sie in unsere Galerie Alter Meister und in ein englisches Speisezimmer aus dem 18. Jahrhundert.

Wenn man durch die Impressionisten-Galerie zurückgeht (die immer ein Genuß ist), erreicht man den Pavillon für ethnische Kunst: man erhält einen Eindruck von Neuguinea und den Indianern, wirft einen Blick auf die afrikanische Welt und hat die Chance, die präkolumbianischen Kulturen zu besichtigen. Die fernöstliche Galerie zur Linken führt zu den Galerien für israelische Kunst und zu unserem Design-Pavillon. Wenn Sie geradeaus weitergehen, erreichen Sie die numismatische Galerie und den Eingang zum Auditorium des Museums (für abendliche Konzerte, Vorträge, Filme).

Die im Israel-Museum ausgestellte italienische Synagoge stammt aus dem Jahre 1702.

Der Besucher, der geradeaus weitergeht, kommt zu unserer ursprünglichen Kreuzung zurück, aber diesmal wenden wir uns den Archäologie-Pavillons zu. Wer durch die Galerien für israelische Kunst gegangen ist, muß wieder die Treppe heruntersteigen.

Die Archäologie-Galerien sind chronologisch angeordnet, sie beginnen mit prähistorischen Zeiten und enden mit der islamischen Ära. Ich kann der Versuchung nicht widerstehen, auf meine Lieblingsgalerie hinzuweisen: die für altes Glas. Abgesehen von der superben Schönheit jedes Stückes, stehe ich in Ehrfurcht vor der Ästhetik einer zweitausendjährigen Vergangenheit.

Ich habe das Sammelfieber von meinem Vater geerbt, einem eingefleischten Sammler von allem, was sich sammeln läßt, und ich durchstreifte oft Antiquitätenläden und Antiquariate, als die Preise für Stücke von Museumsqualität noch sehr annehmbar, ja oft sehr billig waren. Ich sammelte alte Keramiken, alte Münzen, altes Glas, Judaica, seltene Karten und frühe Ansichten von Jerusalem. Die Kustoden des Museums machten oft Gebrauch von der freien Hand, die ich ihnen in meiner Sammlung ließ. Aber die Hinterlassenschaft, die mir am meisten bedeutet, ist eine Handvoll europäischer Glaswaren, die praktisch die einzigen Gegenstände waren, mit denen meine Eltern vor dem bevorstehenden Holocaust flohen.

Wenn wir den Glaspavillon verlassen, erreichen wir die Galerie der römischen Periode, wo die berühmte Büste Hadrians ausgestellt ist. Diese Bronzebüste wurde von einem amerikanischen Touristen, der mit einem Minensuchgerät umherging, in Galiläa gefunden. Mehrere Jahre Laborarbeit waren nötig, um die Büste zu reinigen und zu stabilisieren, und während dieser ganzen Zeit brachte der Tourist Verwandte und Freunde, die seinen Fund sehen sollten.

Einige Wochen nach der Entdeckung dieser Büste reiste ich nach New York zu einem Dinner für die »Amerikanischen Freunde des Israel-Museums«, bei dem Gelder gesammelt werden sollten. Ich dachte, es wäre ein großer Coup, wenn wir bei dieser Gelegenheit die Hadrianbüste zeigen könnten, und ich wandte mich mit meiner Bitte an den Leiter der Abteilung für Antiquitäten unserer Regierung und erklärte, ich würde die Büste während des Flugs auf dem Schoß halten. Die Antwort war einfach, wenn auch etwas beunruhigend: »Und wenn das Flugzeug abstürzt?« Man braucht eben einen Archäologen, um die Dinge in die richtige Perspektive zu setzen.

Wir gehen an einer prachtvollen Sammlung von Öllampen vorbei und eine weitere breite Treppe hinunter in die Welt der benachbarten Kulturen. Dann gehen wir durch die hölzernen Türen in die Welt unserer jungen Leute. Dies ist die Hauptausstellungsgalerie des Jugendflügels. Was immer ausgestellt wird, der

Schwerpunkt ist didaktisch, ob es sich um das alte Ägypten handelt oder um die Papierherstellung oder Farbenmischung oder Selbstporträts oder das historische Indien oder auch Comics. Der Teil im Erdgeschoß enthält zusätzlichen Ausstellungsraum, Klassenzimmer, ein Auditorium, eine Bibliothek und einen »Recycling-Raum«, und es wimmelt von Hunderten und Aberhunderten schwatzender Kinder aller Altersstufen.

Das Israel-Museum wird den Kern eines Komplexes neuer Museen in der umliegenden Nachbarschaft bilden. Quer über die Straße befindet sich das Bible Lands Museum, das die einzigartigen Stücke eines einzigen Sammlers, Dr. Elie Borowski aus Toronto, beherbergen wird. Seine Sammlung auf dem Gebiet der biblischen Archäologie ist einmalig, und zahllose Menschen in aller Welt umwarben ihn, um die Sammlung zu bekommen. Aber seine Liebe und die seiner Frau Batya gehört Jerusalem, und da er die Sammlung als geschlossene Einheit bewahren wollte, wurde das Bible Lands Museum gebaut.

Die anderen neuen Museen werden in der Nähe des Givat-Ram-Campus der Hebräischen Universität auf der nächsten Anhöhe gelegen sein: das Bloomfield-Wissenschafts-Museum, die Jerusalemer Miniaturausgabe des San Francisco Exploratorium, und ein neues naturgeschichtliches Museum. Wir schaffen oft Einrichtungen, von denen wir behaupten, sie seien für unsere Kinder, aber sie sprechen ebenso auch das Kind in uns an. Was Israel gelernt hat, ist, daß Museen kein Luxus sind, daß es ebenso wichtig ist, die Seele und den Geist zu nähren wie den Körper.

Der Torso des römischen Kaisers Hadrian im Israel-Museum.

Nahrung für die Seele gibt es reichlich in dieser Gegend mit ihren Parks und Gärten, die nur wenige Minuten entfernt sind. Der Botanische Garten der Hebräischen Universität unterhalb des Museums war auch ein Traum, dessen Verwirklichung, unabhängig von der Wachstumszeit, Jahre dauerte. Er ist ein Wunder der Natur insofern, als seine verschiedenen Einteilungen nach Kontinenten – der amerikanische Sektor, der europäische Sektor, der asiatische Sektor, der australische Sektor – beweisen, was auf dem Boden Jerusalems mit – oder trotz – den Jerusalemer Witterungsverhältnissen erreicht werden kann.

Der Givat-Ram-Campus der Hebräischen Universität

Der Botanische Garten ist ein integraler Teil des Givat-Ram-Campus der Hebräischen Universität. Nach dem Unabhängigkeitskrieg forderte das Waffenstillstandsabkommen den freien Zugang für Israelis zum Campus der Hebräischen Universität auf dem Berg Scopus. Obwohl das Abkommen in bezug auf den freien Zugang nicht gehalten wurde, blieb der Berg Scopus während der ganzen Zeit der Teilung in israelischer Hand: eine israelische Enklave, die auf allen Seiten von jordanischem Territorium umgeben war. Die einzigen »Studenten«, die den Campus auf dem Berg Scopus erreichten, waren Soldaten, die das Gebiet bewachten und alle vierzehn Tage von einer Eskorte der Vereinten Nationen vom Mandelbaumtor aus über die Grenze geleitet wurden.

So wurde die Hebräische Universität beinahe über Nacht zu einer Geisteruniversität. Anfangs wurden ihre »Hörsäle«, um den Studienbetrieb halbwegs aufrechtzuerhalten, auf Wohnungen und Schuppen überall in der neuen Stadt verteilt, kaum ein ideales Studienklima. Als man schließlich der Realität ins Auge sah, daß der Campus auf dem Berg Scopus nicht mehr lebensfähig war, wurde in Westjerusalem auf dem Givat Ram ein neuer Campus gebaut.

Die Wiedervereinigung im Jahre 1967 brachte den Berg Scopus wieder zurück in die alltägliche Welt. Der Bus Nr. 9, der Jahrzehnte zuvor Studenten auf den Berg Scopus gebracht hatte – in den neunzehn Jahren der Teilung der Stadt wurde der Nummer 9 keine andere Strecke zugewiesen – nahm seine alte Route wieder auf. Eine meiner lebhaftesten Erinnerungen an den Sechstagekrieg ist eine Busladung Soldaten, die zum Berg Scopus fuhren und in aller Eile eine Nummer 9 auf dem Busfenster angebracht hatten.

Schritt für Schritt, Abteilung für Abteilung, wurde die Universität auf dem Berg Scopus wiedergeboren. Was auf dem Campus von Givat Ram zurückblieb, waren die naturwissenschaftlichen Fakultäten und die schöne Skulptur von Henry Moore, die der Treffpunkt für junge Paare gewesen war. Die Campus-Synagoge auf Givat Ram mit ihrer weißen Kuppel wird oft mit dem etwas ähnlich geformten Schrein des Buches des Israel-Museums verwechselt.

Teil des Botanischen Gartens auf dem Givat-Ram-Campus der Hebräischen Universität.

Auf dem Givat-Ram-Campus befindet sich auch die Jüdische National- und Universitätsbibliothek, der schönste Verwahrungsort für Bücher und wertvolle Manuskripte unseres Landes. Ich fügte dieser Sammlung etwas hinzu, indem ich ein Geschenk weitergab, das ich von Igor Strawinski erhalten hatte: das Originalmanuskript von *Das Opfer Isaaks*, einem Stück, das er zu einem hebräischen Text für das Israel Festival geschrieben hatte, als er 1964 hier war. Meine Erinnerungen an seinen Besuch sind immer mit einer gewissen Verlegenheit verbunden. Ich hatte das Privileg, ihn zur Premiere seines Werkes nach Caesarea zu fahren, und mein Wagen hatte unterwegs eine Panne!

Wir überqueren nun die Ruppin Road, gehen die Eliezer Kaplan Street entlang, wo die wichtigsten Regierungsgebäude stehen, biegen nach rechts in die James A. de Rothschild Road ein und kommen vor der Knesset, dem israelischen Parlament, an.

Die Knesset

Bei der Schaffung des Staates im Jahre 1948 war allen klar gewesen, daß es nur eine Hauptstadt geben konnte: Jerusalem. Die Ausführung dieses Beschlusses mußte aber zunächst aufgeschoben werden, da Jerusalem vom übrigen Land getrennt war. Die Jerusalemer spürten als letzte, daß ein Staat erklärt worden war. Unter ständigem Beschuß, mit strengen Lebensmittel- und Wasserrationierungen, waren sie damit beschäftigt, ihre zukünftige Hauptstadt zu verteidigen. Das Freudenfest mußte aufgeschoben werden.

Tel Aviv diente mehrere Monate lang als funktionelle Hauptstadt. Große Geschäftsunternehmen wie Banken und Versicherungen verlegten ihren Sitz dorthin und blieben zuletzt auch dort, so daß Tel Aviv heute Israels Finanzmetropole ist.

Sobald Jerusalem zugänglich war, nahm Ben-Gurion seine Bibel, sein Notizbuch und seinen Füllfederhalter, und mit diesen drei Dingen in der Hand verlegte er sein Büro nach Jerusalem. Er richtete das Büro des Ministerpräsidenten in einem Gebäude ein, das der Jewish Agency gehörte. Die Knesset wurde vorübergehend in einem Bürogebäude in der King George Street, dem Froumine-Gebäude, untergebracht. Dieses »vorübergehend« dauerte achtzehn Jahre! Als aber der Staat erwachsen wurde, konnte man die alles andere als würdigen Räumlichkeiten der Knesset nicht mehr hinnehmen. James de Rothschild aus London, der für diese Bedürfnisse empfänglich war, schrieb einen Brief, der Ben-Gurion erst nach dem Tode des Absenders erreichten sollte, und bat darin, man möge den Rothschilds erlauben, ein richtiges Parlamentsgebäude zu bauen. Die Erlaubnis wurde natürlich bereitwillig gewährt und ein passender Ort ausgewählt.

Die fanatischen Streitigkeiten hinsichtlich des architektonischen Entwurfs wurden zum täglichen Brot in dieser Legislaturperiode, aber schließlich einigte man sich, und ein imposantes Gebäude erstand. Die von Benno Elkan geschaffene Menorah, die ein Geschenk des britischen Judentums war und den Park neben der alten Knesset geschmückt hatte, wurde ebenfalls an diese neue Stelle versetzt.

Die Einweihung des Knesset-Gebäudes war eine

bittersüße Angelegenheit. Sprecher von Regierungen in aller Welt – einschließlich des Sprechers des Unterhauses, eine persönliche Ehre für die Rothschilds – versammelten sich unter viel Aufhebens in Jerusalem.

Aber für mich war die Zeremonie verdorben. Ben-Gurion stand auf der schwarzen Liste seiner früheren Kollegen von der Arbeiterpartei und wurde daher nicht eingeladen zu sprechen. Sie konnten sich nicht über ihre politischen Streitigkeiten hinwegsetzen, um den Gründungsvater des Staates und der demokratischen Grundsätze des Parlaments und, praktisch gesprochen, den Empfänger des Geschenks anzuerkennen, das die Schaffung dieses neuen Gebäudes ermöglicht hatte. Ein kleinlicher Haufen waren sie.

Eine Erinnerung, die immer wieder auftaucht, wenn ich die Knesset betrete, ist die an Ben-Gurions Tod im Jahre 1973 und seine Aufbahrung in der Eingangshalle der Knesset. Für mich war er mehr als ein Mentor.

Er war ein Mann der Visionen und doch ein Mann der Tat. Er wußte beinahe immer, wann man flexibel und wann man hartnäckig sein mußte. Sein Verständnis für Menschen und für Geschichte ermöglichte es ihm, Entscheidungen zu treffen, die sowohl kurzfristig als auch langfristig wirksam waren.

Um 3 Uhr morgens gab es noch immer endlose Schlangen von Menschen, die gekommen waren, um ihm die letzte Ehre zu erweisen. Trotz der großen Menge herrschte eine überwältigende Stille. Trotz der späten Stunde führten Eltern ihre kleinen Kinder an der Hand, die sie mitgebracht hatten, damit sie diesen einzigartigen Mann ehrten. Die Älteren standen mit unendlicher Geduld da, manche sprachen Jiddisch, andere Marokkanisch. Wir alle wußten, daß wir Zeugen des Endes einer Ära waren.

Das Publikum kann die Knesset am Sonntag- und am Donnerstagvormittag besichtigen. Die schönen Gobelins von Marc Chagall, die die Rothschilds großzügigerweise in Auftrag gaben, sind allein schon einen Besuch wert.

Als ich mich vor langer Zeit einmal in Paris aufhielt, suchte ich Chagall auf, der mich mitnahm, um mir die Arbeit an den Gobelins zu zeigen. Früh am Morgen gingen wir von seinem Haus auf der Ile Saint Louis

Die Knesset, Israels Parlament.

zum Palais des Gobelins. Ich begleitete Chagall in die Werkstätten, wo Dutzende von jungen Damen mit Skizzen neben sich an diesen Gobelins arbeiteten. Ich fand die Szene faszinierend. Die Arbeiterinnen waren Chagalls beinahe tägliche Besuche gewöhnt, und seine Ankunft löste keine Unruhe aus. Er benutzte zwar keine Lupe, aber seine Prüfung der Fäden war mikroskopisch genau. Wenn eine Farbnuance sein fachmännisches Auge nicht befriedigte, wurden Teile des Gobelins kurzerhand wieder aufgetrennt.

Die Gobelins schildern die Geschichte des jüdischen Volkes von der Erschaffung der Welt bis in die moderne Zeit, von Moses' erster Ankunft an den Grenzen des Landes bis zur Rückkehr nach Zion.

Der Knesset gegenüber befindet sich der Demonstrationshügel. Das Bemerkenswerteste im Gebiet der Knesset und der Regierungsgebäude ist, daß man immer der einen oder anderen Demonstration begegnen kann: Ärzte oder Farmer, Lehrer oder Fernsehtechniker, Aktivisten des linken oder rechten Flügels.

Es ist nicht lange her, daß ich selbst eine Einmann-Demonstration vor dem Büro des Ministerpräsidenten veranstaltete. Ich protestierte gegen das Zaudern des Ministerpräsidenten, seine Zustimmung zum Bau des Fußballstadions der Stadt zu geben.

Fußball ist Israels anerkannter nationaler Zeitvertreib, und die Stadt brauchte dringend ein richtiges Stadion. Da aber die Spiele am Shabbat stattfinden, was nach Ansicht der religiösen Parteien die Shabbatruhe stört, war das Stadion zu einer politischen Frage geworden.

Wir hatten in den späten siebziger Jahren an einer bestimmten Stelle mit der Arbeit begonnen, aber auf die dringenden Bitten Ministerpräsident Begins hin wählten wir eine andere Stelle. Pläne wurden vorgelegt und von den endlosen Kommissionen genehmigt, wie es sich in einer bürokratischen Gesellschaft gehört. Wir waren nur einen Schritt von unserem Ziel entfernt, es fehlte eine bloße Formalität, die Unterschrift des amtierenden Innenministers, Ministerpräsident Shamir. Da er mehr politische Erwägungen im Auge hatte als die Bedürfnisse der Stadt und darauf vertraute, daß er die Stimmen der treuen Fußballfans nicht verlieren würde, schob er die Unterzeichnung auf.

Frustriert entschied ich schließlich, daß es keine andere Möglichkeit gab, als vor seinem Büro zu demonstrieren. Da aber die Realität des Lebens eines Bürgermeisters nicht zuläßt, daß er einen Tag müßig damit verbringt, ein Schild in der Hand zu halten, nahm ich mein ganzes Büro zur Demonstration mit: Schreibtisch, Sekretärinnen, Telefone und alles. Leider vergeblich.

Der Ministerpräsident unternahm nichts und zwang uns, die Angelegenheit vor Gericht zu bringen. (Postskriptum 1989: Das Gericht entschied zu unseren Gunsten, und die Arbeit ist im Gange.)

Der Wohl-Rosenpark gegenüber der Knesset.

Der Wohl-Rosenpark

Die Schönheit des Wohl-Rosenparkes ist nicht nur Nahrung für die Seele, sondern ein regelrechter Festschmaus. Es gibt hier 650 Sorten von Rosen einschließlich der Lili Marleen, der Maria Callas – und der Friedensrose.

Dieser Park wurde von der Regierung als offizieller Ort für den Empfang und die Verabschiedung staatlicher Würdenträger gewählt: die Präsidenten von Costa Rica und El Salvador waren hier, der französische Premierminister Jacques Chirac, die britische Premierministerin Margaret Thatcher, der amerikanische Vizepräsident George Bush und viele mehr. Der einzige Nachteil sind die einundzwanzig Salutschüsse, die oft Picknicker in der Nähe erschrecken.

Es ist vielleicht eine allgemeine Wahrheit, daß es keine Freude ohne Schmerz gibt, und es scheint eine Wahrheit zu sein, die besonders in unserer Stadt gilt. So trifft man, wenn man die Zufluchtsstätte des Wohl-Rosenparks verläßt, auf den Emil-Grunzweig-Gedenkgarten. Dieser Garten erzählt von der tragischen Geschichte eines jungen Mitglieds der »Frieden-Jetzt«-Bewegung, das getötet wurde, als es an dieser Stelle eine Demonstration gegen den Krieg im Libanon anführte. Die Handgranate wurde von einem israelischen Anhänger des berüchtigten Rabbi Meir Kahane geworfen, der gegen Grunzweigs politische Ansichten war.

Als der Garten eingeweiht wurde, war Ministerpräsident Begin anwesend, obwohl auch er keine Sympathie für Grunzweigs politische Ansichten hegte. Die Zeit war jedoch für ihn gekommen, sich von der zunehmenden Gewalttätigkeit seiner Anhänger zu distanzieren. Die Ungeheuerlichkeit des Todes Grunzweigs erschütterte das ganze Land, so daß sich die Wellen der Gewalt merklich legten.

Das letzte Gebäude auf dieser Route – eine auf den Kopf gestellte Pyramide ohne Spitze – ist die Bank von Israel, wo wichtige Entscheidungen beeinflussen, was wir verdienen (wenig), was zu kaufen wir uns leisten können (wenig) und was wir sparen (wenig).

10
Vom Ticho-Haus nach Mea Shearim

Zwar weist das Ticho-Haus (Beit Ticho) in der Harav Kook Street 7-9, wo unser Spaziergang beginnt, nicht die zahllosen archäologischen Schichten auf, die für Jerusalems ältere Stätten charakteristisch sind, es hat aber doch eine Reihe von Verwandlungen in neuer Zeit durchgemacht. Das Haus wurde im späten 19. Jahrhundert von Hajj Rashid, einem prominenten Araber, gebaut, der es dann Wilhelm Moses Shapira verkaufte, einem zum Christentum übergetretenen Juden. Shapira verkaufte Antiquitäten, von denen viele neu hergestellt waren. Seine Unredlichkeit machte ihn weithin berüchtigt, und er beging zuletzt Selbstmord.

Die Tichos kauften das Haus 1924. Ihre Geschichte ist von der Art, aus der man Romane und Filme macht.

Dr. Avraham Albert Ticho, 1883 in Boskowitz, Mähren, geboren, studierte Medizin in Wien und wurde ein hervorragender Augenarzt. Da Augenkrankheiten hierzulande weit verbreitet waren, suchte man dringend seine Dienste, und er kam 1912 nach Jerusalem. Innerhalb eines Jahres hatte er in den Jerusalemer Schulen Vorbeugungsmaßnahmen eingeführt, um die Ausbreitung des Trachoms einzudämmen.

Es war damals in jüdischen Familien nicht ungewöhnlich, daß Cousin und Cousine ersten Grades heirateten. Daher nahm auch niemand Anstoß daran,

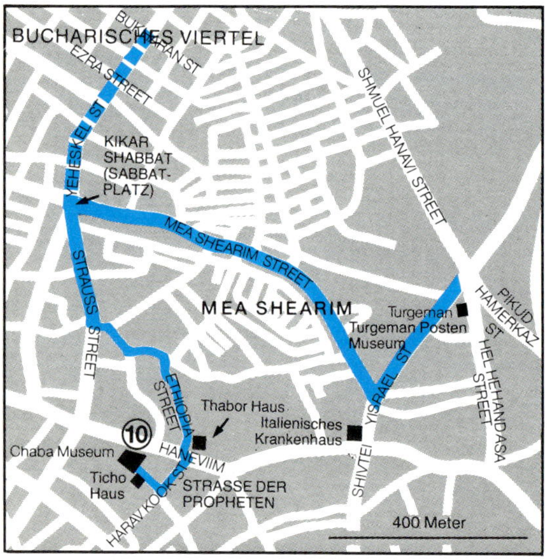

daß Dr. Ticho seine Cousine Anna heiratete, die aus Brünn stammte und elf Jahre jünger war. Sie war kaum achtzehn Jahre alt und hatte bereits in Wien Kunst studiert. Nach ihrer Ankunft in Jerusalem machte die öde Landschaft einen solchen Eindruck auf sie, daß sie zu malen aufhörte.

Die Jungvermählten packten bald wieder ihre Koffer und zogen nach Damaskus, wo Dr. Ticho als Chefophthalmologe der österreichischen Armee stationiert wurde. In Damaskus begann Anna wieder zu malen.

Im Jahre 1918 kehrten die beiden nach Jerusalem zurück, und Dr. Ticho übernahm die ophthalmologische Abteilung des Rothschild- (später Hadassah-) Hospitals und eröffnete seine Privatklinik, die als die beste im Nahen Osten Ruhm erlangte. Er behandelte Paschas und Rabbis, Effendis und Mittellose, sogar Abdullah, den Emir von Transjordanien. Als Dr. Ticho

Das Ticho-Haus-Museum in der Harav Kook Street.

während der arabischen Unruhen von 1929 eine Stichverletzung davontrug, kamen Genesungswünsche aus England, Antwerpen und Rabat – die Briefe sind im ersten Stock des Hauses ausgestellt. Es gibt auch ein Dankschreiben im Namen Emir Abdullahs aus dem Jahre 1941.

Ein Dokument fesselt mich und stimmt mich zugleich traurig: eine Bekanntmachung des Oberrabbinats, in der ganz Israel aufgefordert wurde, für die Genesung Dr. Tichos nach dem Attentat zu beten. Heute – und das bedrückt mich – würde eine solche Bekanntmachung nicht in den Straßen Jerusalems angeschlagen werden, wenn das Opfer ein nichtgläubiger Jude wäre.

Anna half ihrem Mann in der Klinik und malte; sie fing die Landschaft und die Menschen ein. Ihre winzige Gestalt – sie war knapp 1,50 m groß – sah man oft auf Jerusalems Hügeln, mit dem Skizzenbuch in der Hand.

Nach dem Tode ihres Mannes im Jahre 1960 vermietete sie das Erdgeschoß des Hauses, in dem sich die Klinik befunden hatte, an Radio Israel. Der erste Stock wurde ihre Wohnung und ihr Atelier.

Anna wollte das Haus der Stadt vermachen, und wir diskutierten oft, wie es restauriert werden und welchem Zweck es dienen sollte.

Als sie 1980 sterbenskrank im Krankenhaus lag und nicht mehr sprechen konnte, schrieb sie einen Zettel für die Frau, die an ihrem Bett saß, Elisheva Cohen, die Direktorin des Israel-Museums und ihre beste Freundin. »Sorge bitte dafür«, stand da auf Deutsch, ihrer Muttersprache, »daß ich ein stattliches Begräbnis bekomme. Und sorge bitte dafür, daß gut auf das Haus geachtet wird.«

Anna starb an einem Tag, an dem Jerusalem einen seiner seltenen Schneestürme erlebte und das Leben in der Stadt stark beeinträchtigt war. Ich rief das Bestattungsunternehmen an, um mich zu vergewissern, daß für ihre Beerdigung alles vorbereitet war, und machte mich erbötig, schwere Fahrzeuge zur Verfügung zu stellen, falls sie benötigt würden. Da die Straßen kaum befahrbar waren (nur Notfahrzeuge haben Winterreifen), gelang es lediglich einer kleinen Freundesschar die Aufbahrungshalle zu erreichen, die nur durch ein Dach geschützt ist. Die Kälte war schneidend. Wir warteten und warteten. Ich wurde blaß, als ich erfuhr, daß die Straße zum Friedhof trotz der gegenteiligen Versicherungen des Bestattungsunternehmens unpassierbar war. Eine kurze Feier fand schließlich statt, aber es bedrückte mich sehr, daß wir einen der Wünsche Annas nicht hatten erfüllen können.

Um so entschlossener war ich, dafür zu sorgen, daß die Restaurierungsarbeiten am Haus tadellos ausgeführt wurden. Annas Gemälde sind ebenso schön ausgestellt wie Dr. Tichos Sammlung von Judaica, hauptsächlich Chanukkah-Lampen. Die Stille der Bibliothek im Erdgeschoß wird jede Woche durch eine Stunde unterbrochen, in der Kindern Geschichten erzählt werden. Der erste Stock ist ein beliebter Treffpunkt für Kammerkonzerte und Vorträge. In dem Café, das auch Tische im Freien hat und wo man einen schmackhaften Strudel bekommt, ist selten ein leerer Platz zu finden, und der von Bäumen beschattete Garten bietet einen willkommenen Ruhepunkt, nicht nur für Besucher, die mit dem Reiseführer in der Hand durch die Straßen Jerusalems wandern, sondern auch für Einheimische mit schweren Einkaufstaschen.

Erst als ich bei der Einweihung des Ticho-Hauses zugegen war, war mein Gewissen beruhigt.

In der Nähe des Ticho-Hauses kann man zwei weitere »Museen« besuchen, die am Vormittag geöffnet sind. Wenn man den Pfad einschlägt, der an den Außenstufen zum Ticho-Haus vorbeiführt, und wenn man den Schildern und Pfeilen folgt (und sich an sonnigen Tagen unter der tief hängenden Wäsche durchbückt) erreicht man das Chaba-Museum für Jüdische Mikrographische Kunst – die Kunst des Miniaturschreibens. Ich habe mich manchmal gefragt, ob das Nebeneinander dieses Museums und der Augenklinik Dr. Tichos rein zufällig war.

Direkt hinter dem Haupteingang zum Ticho-Haus-Komplex steht das Haus des Rabbi Kook, des ersten aschkenasischen Oberrabiners von Palästina. Besucher sind willkommen.

Wir verlassen das Ticho-Haus, gehen nach links durch die Harav Kook Street und erreichen die Haneviim Street.

Dort zeigt uns ein Blick nach links einen alten Eisenbahnwaggon. Er dient als provisorisches Büro einer Freiwilligenorganisation mit dem Namen Yad Sarah, die medizinische Behelfe (Krücken, Rollstühle, Atemgeräte) für die häusliche Pflege verleiht. Als der Waggon hier gegen jede erdenkliche Regel aufgestellt wurde, schwankten wir zwischen kommunalen Überlegungen – er muß sofort verschwinden! – und Achtung vor dem Werk der Barmherzigkeit, das diese engagierten Freiwilligen verrichteten. Wir belassen ihn an Ort und Stelle, bis eine entsprechende Einrichtung für die Organisation verfügbar ist.

Wenn wir in der Haneviim Street nach links weitergingen, kämen wir zum Bikur-Cholim-Hospital, von dem ein Gebäude ein von Conrad Schick entworfenes deutsches Krankenhaus aus dem 19. Jahrhundert ist, ferner zur St. Joseph-Klosterschule auf Nr. 66 und zum Jerusalemer Wohnsitz des englischen Malers des 19. Jahrhunderts William Holman Hunt auf Nr. 64. Wir überqueren aber die Haneviim Street beim Parkplatz und halten vor Nr. 58, dem Thabor-Haus, ebenfalls von Conrad Schick gebaut. Der gegenwärtige Besitzer ist das Schwedische Theologische Institut, das ein guter Hüter eines guten Hauses ist.

Conrad Schick war ein süddeutscher Protestant, der 1851 als Missionar ins Heilige Land geschickt wurde. Die Mittel, die man ihm mitgab, reichten nicht einmal für die nackte Existenz. Daher bat er seine Familie zu Hause, ihm einen Posten Kuckucksuhren zu schicken, für die er einen Markt zu finden glaubte. Er unterschätzte den Erfolg dieser Uhren bei den Effendis und war bald der Inhaber eines blühenden Unternehmens.

Es ging sogar zu gut für seinen Geschmack. Aus Angst, es werde ihn mehr zu einem Geschäftsmann als zu einem Christen machen, unternahm er den ungewöhnlichen Schritt, es aufzugeben.

Er war ein Renaissancemensch mit vielfältigen Talenten. Als Architekt war er Autodidakt wie die meisten Architekten seiner Zeit, dazu besaß er umfangreiche Kenntnisse in Geologie und Archäologie. Er entwarf das Leprakrankenhaus (siehe S. 102), das Talithakumi-Waisenhaus und das deutsche Krankenhaus am Ende dieses Blocks. Er wurde im Ausland hoch geachtet und erhielt mehrere Ehrentitel von deutschen Universitäten. Gleichzeitig wurde er von der örtlichen jüdischen Gemeinde bereitwillig akzeptiert und bewundert, und man gab ihm sogar den Auftrag, Mea Shearim (siehe S. 125) zu entwerfen.

Conrad Schicks Haus ist die Miniatur eines deutschen Schlosses mit einer Privatkapelle auf der rechten Seite. Das Wappen zeigt die Buchstaben CSFD, Conrad Schick und seine Frau Frederika Dobler, die auf dem protestantischen Friedhof auf dem Berg Zion begraben sind.

Seine Liebe zur Archäologie zeigt sich an den Artefakten, die in die Fassade des Gebäudes eingelassen sind. Oben links kann man ein Beispiel dafür sehen. Diese Behandlung alter Stücke würde von heutigen Archäologen als frevlerisch beurteilt, aber sie zeigt eine menschliche und intime Beziehung zu diesen Objekten.

Wir betreten (rechts vom Thabor-Haus) die Ethiopia Street, die ihren Namen von der äthiopischen Kirche herleitet, die man auf der rechten Seite der Straße, mitten unter malerischen Wohnungen findet, und die noch eine kleine Schar von Mönchen beherbergt, obwohl das Gebetszentrum für diese Gemeinde in der Altstadt liegt.

Die engen Beziehungen zwischen Israel und Äthiopien während der Regierungszeit Haile Selassies bestehen längst nicht mehr, aber ein Beweis dafür ist bis heute in den Grundbüchern unserer Stadt zu finden, denn Haile Selassie besaß ein Haus in dieser Straße, und es ist noch auf seinen Namen eingetragen. Einmal wurde ein bombastischer Plan für den Bau einer Pilgerherberge und eines Amphitheaters an dieser Stelle vorgeschlagen – beides sollte teilweise von Juden finanziert werden, die in Geschäftsverbindung mit Äthiopien standen –, aber mit dem Wechsel der Regierung dort wurde dieser Vorschlag hinfällig.

Das Ende dieser Straße ist die unsichtbare Grenze zum Viertel Mea Shearim. In den letzten Jahren haben sich die ultraorthodoxen Viertel weit über die Grenzen von Mea Shearim hinaus ausgebreitet, aber dies bleibt das traditionellste Beispiel und in mancher Beziehung die extremste Gemeinde.

Wir gehen weiter zur Strauss Street und an der früheren B'nai-B'rith-Bibliothek zu unserer Linken vorbei, die aus dem Jahre 1903 stammt. In dem Gebäude war zunächst auch die Nationale Universitätsbibliothek untergebracht; der neueste Inhaber ist der Rabbinical Council of America.

Wenn wir uns in der Strauss Street nach rechts wenden, erreichen wir bei der zweiten Verkehrsampel eine belebte Kreuzung. Scheinbar ganz harmlos, war sie einmal der Ort wöchentlicher Shabbat-Demonstrationen und erhielt daher den inoffiziellen Namen Kikar Shabbat, »Sabbatplatz«. Orthodoxe Juden fahren am Shabbat nicht, und den Autos, die hier samstags vorbeifuhren, wurde das auf sehr deutliche Weise zu verstehen gegeben. Man rief auf jiddisch »*Schabbes! Schabbes!*« und warf auch gelegentlich mit Steinen, um der Entrüstung Nachdruck zu verleihen. Nach der Wiedervereinigung der Stadt wurden alternative Routen eröffnet, und der Fahrzeugverkehr konnte diese Kreuzung meiden. Wie das benachbarte Mea Shearim ist die Straße am Shabbat für den Verkehr gesperrt.

Das Bucharische Viertel

Wir werden Mea Shearim zuletzt durch eine Rechtswendung am »Sabbatplatz« und durch die Mea Shearim Street betreten, das Einkaufs-Mekka von Geula, einem »Vorort« von Mea Shearim, aber ich möchte für diejenigen, die Zeit und Neigung haben, einen Abstecher zum Bucharischen Viertel vorschlagen. Wir gehen in der Yeheskel Street geradeaus weiter bis zur Ezra Street, wo wir nach links abbiegen.

Das Bucharische Viertel, das gegen Ende des 19. Jahrhunderts gebaut wurde, unterschied sich grundlegend von den anderen jüdischen Wohngebieten, wo im allgemeinen die kommunalen Institutionen Häuser bauten und dann Wohnungen an die Gemeindeglieder vermieteten. Das Bucharische Viertel wurde von reichen Juden aus Buchara und Taschkent in der heutigen Sowjetrepublik Usbekistan gebaut. Sie hatten hier ihre Sommerhäuser.

Es gab kein starkes kommunales Leben und keine zentrale Synagoge. Beinahe jede Sippe hatte eine Synagoge in ihrem Heim, und die Familien waren groß genug, um den traditionellen *minjan* aufzubringen, die Zahl von zehn Männern, die für den öffentlichen Gottesdienst erforderlich sind. Es erinnert an die privaten Kapellen in den großen christlichen Häusern.

Die Häuser waren prächtig und geräumig, aber keines nahm es mit dem Beth Yehudayoff in der Ezra Street Nr. 19 auf. Es wurde 1904-05 gebaut und »der Palast« genannt. Die Menschen bestaunten es und fragten sich, warum jemand ein Haus mit dreißig Zimmern baute, das er nur jeden zweiten Sommer benutzte. Es heißt, Yehudayoff habe dem Messias bei seiner Ankunft einen passenden Wohnsitz anbieten wollen.

Auf den Toren, Türen und Mauern ist oft der sechszackige Davidstern angebracht oder eingemeißelt. Die Bucharer versäumten keine Gelegenheit, ihre jüdische Identität zu bekunden, die sie in ihrer bucharischen Heimat nicht so offen ausdrücken durften.

Nicht alle Bucharer waren wohlhabend, und an

der Ecke Yeheskel Street/Bukharan Street steht ein Haus, in dem die weniger Begüterten Unterkunft fanden.

Die Russische Revolution machte dem Strom bucharischer Besucher ein Ende, und nur wenige Bucharer sind in diesem Viertel geblieben. Die traurigerweise vernachlässigten Häuser gehören oft Dutzenden von Erben, die in Dutzenden von Ländern verstreut sind. Der Einzug der ultra-religiösen *haredi*-Gemeinde hat seinen Charakter verändert, und die traditionelle schwarze Kleidung ist an die Stelle der vielfarbenen Gewänder der Bucharer getreten.

Mea Shearim

Wenn wir in der Yeheskel Street zurückgehen, erreichen wir wieder den »Sabbatplatz«, aber da wir nun aus der entgegengesetzten Richtung kommen, liegt der Eingang zu Mea Shearim zur Linken. Die Straße verengt sich, und man betritt eine in sich geschlossene Gemeinde. Der ursprüngliche Plan für Mea Shearim sah eine Reihe von Häusern um einen inneren Hof für Synagogen, Schulen und Wasserzisternen vor. Als aber das Viertel rasch übervölkert wurde, füllten Wohnungen fast sämtliche offenen Räume aus, und nur wenige von diesen inneren Höfen sind geblieben.

Die einzige Möglichkeit, Mea Shearim zu erleben, ist kreuz und quer durch seine Gassen zu wandern. Besuchern, die aus Städten mit ähnlichen Gemeinden kommen – New York, London, Antwerpen –, ist der Anblick vertraut. Anderen weniger: die schwarz gekleideten Männer mit ihren geringelten Schläfenlokken, die Frauen in Kleidern mit langen Ärmeln, schwarzen Strümpfen (auch in der Sommerhitze) und einem schwarzen Schal oder einem *scheitl*, einer Perücke, auf dem Kopf. Eine Schar kleiner Kinder hängt am Rock der Mutter, die gewiß schon den neuesten Familienzuwachs austrägt. Gesprochen wird oft Jiddisch, nicht Hebräisch. Es gibt kein Radio und kein Fernsehen, kein Kino und keine weltlichen Zeitungen, und die Zeit wird mit religiösen Studien verbracht. Es ist ein Schritt zurück in die Zeit, in die Dörfer des Polens des 19. Jahrhunderts, eine lebensechte Replik Anatevkas.

Das offizielle Mea Shearim hat etwas über 5000 Einwohner, lauter ultra-orthodoxe Juden, wenn auch der verschiedensten Schattierungen. Und während die Beziehungen zu anderen Gemeinden sich nicht immer friedlich gestalten, sind sie innerhalb der Gemeinde beinahe kommuneartig. Die Bedürfnisse des einzelnen werden zum Anliegen der Gesellschaft. Wenn Geld für die Hochzeit einer Tochter gebraucht wird, wird es beschafft. Familien in Not versorgt man mit Lebensmitteln. Medizinische Bedürfnisse werden aus einer ganzen Reihe von Fonds gedeckt. Die Gemeinde hat ihren eigenen »Gesundheitsminister«, der für die nötige Behandlung und die Bezahlung der Kosten sorgt.

Das Viertel Mea Shearim.

Fassade des »Palastes« oder Beit Yehudayoff im Bucharischen Viertel.

In Mea Shearim beherrschen die jüdischen Feiertage das ganze Leben, und jeder der Feiertage ist einen besonderen Besuch wert. Auch sollten Besuche in der Periode vor den Feiertagen vorgenommen werden, denn das ganze Viertel ist mit den besonderen Vorbereitungsritualen für den speziellen Feiertag beschäftigt.

Vor den Hohen Feiertagen (im September) kann man die Spannung spüren, wenn sich die Bittsteller darauf vorbereiten, ihre jährliche Rechenschaft für das Buch des Urteils abzulegen. Jeder ist beschäftigt, macht noch einen letzten Besuch im rituellen Bad, in der *mikvah*, oder tätigt einen letzten Einkauf. Während des ganzen Monats vor dem jüdischen Neujahr, Rosch Haschanah, wird während des morgendlichen Gottesdienstes das Widderhorn geblasen, und da es in

Ein chassidischer Jude liest die Bibel in einem Studienhaus in Mea Shearim.

jedem Winkel ein Gebetshaus gibt, schallt das Trompeten von überall her durch die Luft.

Am Abend vor dem Versöhnungstag ist ein kompliziertes Ritual der Umwandlung der Sünden erforderlich, und während dies in den meisten frommen Häusern mit Münzen vollzogen wird, halten die Menschen in Mea Shearim an dem uralten Ritual fest und verwenden für diese Zeremonie ein lebendes Huhn.

Es folgt Sukkoth (im Oktober), und der traditionelle Lulaw (Palmzweig) und der Ethrog (eine Zitrusfrucht) müssen gekauft werden. Jedes Stück muß vollkommen, ohne Makel sein, und die Auswahl dauert oft Stunden: Eine Untersuchung mit der Lupe ist nicht ungewöhnlich.

Das jüdische Gesetz – die *Halacha* – schreibt vor, daß man sieben Tage in behelfsmäßigen Hütten *(sukkoth)* leben muß zur Erinnerung an die vierzig Jahre, in denen die alten Israeliten durch die Wüste zogen. Das Ritual erfordert den Bau der *sukkah* und die Nacht ist von unaufhörlichem Hämmern erfüllt. Die Wohnungen in Mea Shearim sind klein und die Balkons oft winzig, aber es gibt keinen einzigen Balkon, der nicht seine *sukkah* hat. Während viele das Gesetz nur in dem Maße erfüllen, daß sie in dieser Woche jedes Mahl in der *sukkah* einnehmen, halten sich die Ultra-Orthodoxen an den Buchstaben des Gesetzes und schlafen auch dort.

Zu Chanukkah (im Dezember) muß die Chanukkah-Lampe für Vorübergehende sichtbar sein. Die meisten halten das Gebot für erfüllt, wenn sie die Lampe in ein Fenster stellen. In Mea Shearim hängt sie vor dem Haus.

Purim (im März) ist ein Festtag, an dem man sich verkleidet, und die Straßen sind voll von kleinen Königinnen Esther und kleinen Mordechais (der Heldin und dem Helden des Festes) und kleinen Hamans (die den Schurken darstellen) – ganz zu schweigen von den zahllosen Cowboys und Supermen. Der Feiertag schreibt auch vor, so betrunken zu sein, daß man Mordechai nicht mehr von Haman unterscheiden kann. Wie alle Gebote wird auch dieses in Mea Shearim buchstäblich befolgt.

Passah (im April) bringt das Fest des ungesäuerten Brotes, der Matze, und jeder Winkel von Mea Shearim hat auf wunderbare Weise eine Zweimann-Matzefabrik. Man erfährt, daß es Matze und Matze gibt. Es gibt die maschinengemachte Matze, die wir gewöhnlich in unseren Supermärkten kaufen. Es gibt eine maschinengemachte Matze, für die das Mehl schon vom Weizenfeld an überwacht wird. Und es gibt die handgemachte Matze, die aus besonderem Mehl hergestellt und als die Krönung der Matze betrachtet wird. Der Durchmesser dieser Matze kann einen Meter erreichen, und sie schmeckt wie eine Mischung aus Pappe und Gips. Sie werden sehen, daß diese Matzes sehr vorsichtig durch die Straßen getragen werden, denn schon ein kleiner Bruch in der Matze macht sie für rituelle Zwecke unbrauchbar.

Shavuoth (Pfingsten), die letzte der drei biblischen Pilgerfahrten nach Jerusalem, ist das Erntefest. Die Kinder werden mit Kränzen geschmückt, die die ersten Früchte symbolisieren. Die Festtagsspeisen sind Käsekuchen, Käseblintzen und Käsekreplach (Krapfen). Es ist Brauch, die ganze Nacht aufzusitzen und die Thora zu studieren. Wer daher in den frühen Morgenstunden dieses Feiertags durch Mea Shearim geht, könnte meinen, es sei Mittag.

Wenn der Besuch Jerusalems nicht mit einem der Feiertage zusammenfällt, braucht man nicht zu verzagen, denn in Mea Shearim ist jeder Shabbat ein Feiertag für sich. Die Geschäftigkeit beginnt früh am Freitagmorgen und nimmt mit dem Fortschreiten des Tages zu, denn alles Einkaufen, Putzen und Kochen muß vor Sonnenuntergang beendet sein. Die objektive Länge des Tages spielt keine Rolle: die letzte Minute ist die letzte Minute, im Winter, wenn die Sonne um

4 Uhr untergeht, und im Sommer, wenn sie um 8 Uhr untergeht.

Die Gerüche der Vorbereitungen auf den Shabbat gehören zum Erlebnis des Besuchs. Und wenn man schon nicht in ein Haus gehen und um einen Teller Hühnersuppe bitten mag, so kann die frische Shabbat-Challah (eine Art Hefezopf) in jeder Bäckerei gekauft werden (folgen Sie nur Ihrer Nase). Vergessen Sie das Kalorienzählen, denn der Genuß der frischgebackenen Challah sollte nicht in fleischlichen, sondern in spirituellen Begriffen gemessen werden.

Einkaufen kann man in Mea Shearim hauptsächlich jüdische Kultgegenstände, und man findet mehrere Läden dieser Art in der Hauptstraße und in den Gassen. Es gibt auch einige kleine Obst- und Gemüsemärkte im Freien, obwohl sie nur einen Bruchteil der Größe des Hauptmarktes in Mahane Yehuda (siehe S. 136) haben.

Das Erlebnis eines traditionellen Shabbatessens am Freitagabend steht oft allen Besuchern offen, obwohl man es hauptsächlich auf jüdische Touristen abgesehen hat, um ihnen ein religiöses Shabbaterlebnis zu bereiten; der Zweck ist, die Juden zu »bekehren«, nicht die Christen. Man braucht nur zur West-Mauer zu gehen, wenn die Sonne untergeht, und man wird eine Einladung erhalten. Die Familie, bei der Sie zu Gast sind, mag Ihre Sprache nicht beherrschen, aber Sie können nichtsdestoweniger den Shabbatgeist in sich aufnehmen. *Caveat emptor:* man wird sich bemühen, den Uneingeweihten einzuweihen.

Purim-Festlichkeiten.

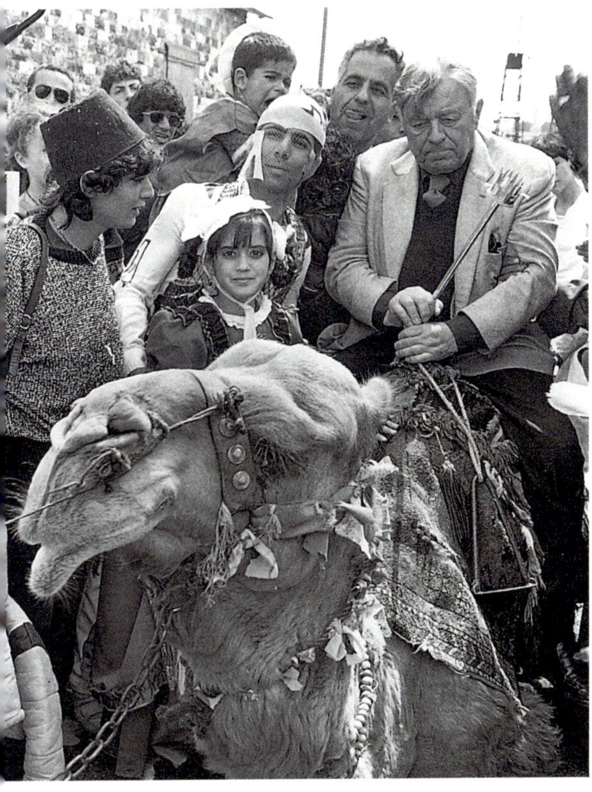

Bei einem Besuch in Mea Shearim an jedem Tag der Woche werden sittsame Kleidung und Anstand erwartet, ja sogar gefordert. Sie werden Schilder in englischer Sprache sehen, die die Besucherin warnen: »Frauen in unschicklicher Kleidung ist das Betreten unseres Viertels streng verboten.« Man findet detaillierte Anweisungen: »Bitte und Warnung. Für Frauen, die unser Viertel betreten. Nicht in unserem Viertel zu erscheinen in kurzen Kleidern (die die Knie nicht bedecken), in kurzärmeligen Kleidern (die die Arme nicht bedecken). Die Thora fordert sittsame Kleidung, die den ganzen Körper bedeckt.« Die Unterzeichner sind »die Bewohner des Viertels«.

Hebräische oder jiddische Schilder für den lokalen Gebrauch drücken oft die antizionistische Einstellung mancher Bewohner aus. Da dem Gesetz nach am Unabhängigkeitstag Israels alle Geschäfte schließen müssen, erklären öffentliche Anschläge, dies sei ein Zeichen der Trauer wegen der Schaffung des weltlichen jüdischen Staates. Als Yigal Shilo, ein junger Archäologe, nach langem Kampf an Krebs starb, verkündeten Schilder einen Tag der Freude, weil dieser Mann in einem Gebiet gegraben hatte, das eine Quelle der Streitigkeiten mit den Ultra-Orthodoxen war. »So mögen deine Feinde zugrunde gehen«, las man und prophezeite, seine »großen Leiden« würden im Jenseits ihre Fortsetzung finden.

Vor den israelischen Nationalwahlen im November 1988 wurden Transparente über die Straßen gespannt, die die Leute ermahnten, sich nicht an den zionistischen Wahlen zu beteiligen, da sie ein Greuel seien. Aber nur eine kleine Schar der ultra-orthodoxen Gemeinde wählte nicht; die Mehrheit lieferte eine Demonstration der Stärke.

Die zunehmende Stärke der *haredi*-Bevölkerung hat den Konflikt zwischen dem religiösen und dem weltlichen Judentum verschärft. *Haredi* – wörtlich »die Furchtsamen«, d. h. die den Herrn fürchten – ist ein Ausdruck, der sich allgemein auf die ultra-orthodoxe Gemeinde bezieht. Man sollte besser sagen: auf die Gemeinden, denn die Spaltungen zwischen ihnen sind oft ebenso virulent wie ihr Kampf mit der weltlichen jüdischen Gemeinde. Religiosität und Intoleranz gehen nicht notwendigerweise Hand in Hand, aber die wenigen intoleranten Extremisten werden von der weltlichen Gemeinde als ständige Bedrohung betrachtet. Außerdem versuchen *haredi*-Gruppen tatsächlich, ihre Ideologie der Mehrheit aufzuzwingen, ob es nun um die Einhaltung des Shabbats, die Zulässigkeit von Autopsien oder den Verkauf von nichtkoscherem Fleisch geht.

Wir sind der Ansicht, daß Jerusalem anders ist als andere Städte. Es kann in Jerusalem eine Form von Shabbatfrieden und Stille herrschen, ohne daß die Rechte derer beschnitten werden, die ihren Shabbat anders verbringen wollen. Die Unnachgiebigkeit der Ultra-Orthodoxen hält jedoch oft die Gemäßigten davon ab, einen Kompromiß mit ihnen zu suchen.

Auch wenn Jerusalem eine ruhige und besinnliche Stadt sein soll, darf es keine Stadt sein, in der religiöser Zwang herrscht. Der wahre Geist Jerusalems muß so beschaffen sein, daß er die Menschen dazu einlädt, bereitwillig und mit voller Gewissensfreiheit teilzunehmen an der Vitalität und Tiefe der spirituellen Suche und für sie offen zu sein. Doch wir dürfen die Integrität des Individuums nicht um der spirituellen Qualität der Vergangenheit willen verletzen.

Was den Uneingeweihten oft erstaunt, ist die Wut, mit der jede religiöse Auseinandersetzung ausgetragen wird – und die Plötzlichkeit, mit der sie zugunsten eines neuen Kampfes aufgegeben wird, denn nur der neue Kampf sichert wieder neue Publicity. In dem einen Jahr sind es die Autopsien (die von den Ultra-Orthodoxen auch bekämpft werden, wenn sie aus medizinischen Gründen oder als Beweismittel bei kriminalistischen Untersuchungen vorgenommen werden); im nächsten Jahr ist es ein Fußballstadion (wo die Spiele am Shabbat stattfinden); in wieder einem anderen Jahr ist es ein Schwimmbad (wo Männer und Frauen zusammen baden); dann sind es wieder archäologische Grabungen in der Davidsstadt (mit der Klage wegen Schändung eines alten jüdischen Friedhofs), und dann ist es das Mormonenzentrum (die drohende Massenbekehrung des jüdischen Volkes). Aber keine einzelne Gruppe, so aufrichtig ihre religiösen Überzeugungen auch sein mögen, darf darüber bestimmen, welche spirituelle Bedeutung andere ihrem Leben geben wollen. Wir können nicht erwarten, daß Jerusalem die Loyalität und Liebe aller Juden – und der Christen und Moslems ebenso – für sich in Anspruch nimmt, wenn die Stadt eine Botschaft des Fanatismus, der Intoleranz und der Entlegitimierung der religiösen Bewegungen innerhalb der jüdischen Welt aussendet.

Zwar wird ein großer Teil des Konflikts auf religiösen Schlachtfeldern ausgetragen, aber es ist dennoch weit mehr ein politischer Kampf, oft ein vernichtender Krieg. Unsere Stadtverwaltung hat zwar mehr als jede frühere für die *haredi*-Gemeinde getan und legitime Bedürfnisse erfüllt – wir haben mehr Synagogen gebaut, mehr Klassenzimmer eingerichtet, mehr Straßen in sehr religiösen Vierteln am Shabbat gesperrt –, aber ich persönlich bin zu einem Symbol in dem Kampf der *haredi* gegen das nicht-orthodoxe Judentum geworden, besonders wegen meines unerschütterlichen Glaubens an Toleranz und gegenseitigen Respekt. Zu den Schmähungen gegen mich gehörten öffentliche Ankündigungen meines Todes, Demonstrationen aller Art und sogar beleidigende Anrufe in meinem Haus – was keine besondere Anstrengung erfordert, da meine Nummer im Telefonbuch steht. (Als sich ein Anrufer als »Todesengel« zu erkennen gab, antwortete meine Frau Tamar, sie hätte nie gedacht, daß der Todesengel ein Telefon besitzt!)

Von den bloßen Beschimpfungen ging man schließlich zu offener Gewalttätigkeit über. Der Zwischenfall trug sich 1983 zu, einige Wochen vor den Kommunalwahlen. Damals hatte die *haredi*-Gemeinde das Djanogly-Schwimmbad in Ramot, das beinahe schon fertig war, zum Streitobjekt gewählt.

Ich war an einem Shabbat eingeladen worden, am Gottesdienst in einer persischen Synagoge am Rande des Bucharischen Viertels teilzunehmen. Als ich die Synagoge verließ, wurde ich von einem *haredi*-Bataillon angegriffen, das mit Stöcken und Flaschen bewaffnet war – eine höchst unpassende Weise, den Shabbat zu feiern. Das Zahlenverhältnis war ungefähr 100 zu 1, meine Chancen standen wirklich sehr schlecht. Es gelang den Angreifern, mich zu verprügeln, bevor die Polizei kam und eingreifen konnte. Die Striemen auf meinen Armen und Beinen waren schmerzhaft, aber die geistigen Wunden schmerzten noch mehr.

Es gab politische Analytiker, die behaupteten, der Angriff habe mir zusätzliche Stimmen eingebracht, aber ich kann mir angenehmere Methoden vorstellen, die Wählerschaft für sich zu gewinnen. Meine Mitarbeiter behaupteten, die schwersten Schläge seien von den Presseberichten ausgeteilt worden, die wiederholt den Überfall auf »einen alten Mann« beklagten. Ich war erst zweiundsiebzig.

Die Hauptstraße von Mea Shearim endet an der Shivtei Yisrael Street. Auf der rechten Seite steht ein Gebäude, das auf dem Weg ins Siena des 13. Jahrhunderts gewesen zu sein scheint und sich verirrt hat. Dies war ein italienisches Krankenhaus, ein weiteres Beispiel für die humanitäre Hilfe der europäischen Mächte. Der Bau wurde 1911 begonnen, aber die Arbeit durch den Ersten Weltkrieg unterbrochen und das Krankenhaus erst 1920 fertiggestellt. Nachdem es während der Mandatszeit der britischen Luftwaffe gedient hatte, beherbergt es nun das israelische Erziehungsministerium. (An der früheren Krankenhauskapelle hängt eine riesige Mesusah, ein jüdisches rituelles Objekt, das an Türpfosten angebracht wird.)

Wir sehen in Jerusalem die Schatten des Wettbewerbs der großen europäischen Mächte, der Franzosen, der Russen, der Deutschen, der Briten, der Italiener, im 19. Jahrhundert. Jede wünschte eine dominierende Präsenz in Jerusalem, und daher zeigt unsere Stadtlandschaft die Zwiebeltürme der russischen Kirche, die Spitztürme der anglikanischen Kirche und die Türme des italienischen Krankenhauses. Das Augusta-Victoria-Hospital auf dem Berg Scopus war von dem Stammschloß der Hohenzollern inspiriert, und die Dormitio-Abtei auf dem Berg Zion folgte der Palastkapelle Karls des Großen in Aachen. Die architektonische Muttersprache half auch den Pilgern, die sofort die Gebäude erkennen konnten, in denen sie willkommen waren.

Das Turgemanposten-Museum

Ich kann einen Spaziergang in diesem Gebiet nicht abschließen, ohne einen Besuch im Turgemanposten-Museum in der Hel Hahandasa Street zu empfehlen, das links von der Mea Shearim Street und noch einmal links an der Hauptstraße steht. Die Kreuze, an denen

Das Mandelbaumhaus im Jahre 1948. Es war der einzige Grenzübergang in Jerusalem und von Soldaten der Vereinten Nationen bewacht.

man vorbeikommt, gehören zu einer rumänischen Kirche.

Es mag zuzeiten schwer sein, eine belebte Kreuzung zu überqueren und sich vorzustellen, daß sie einmal ein verlassenes Grenzgebiet war, aber es gibt keinen in meiner Generation und der nächsten, der nicht, und sei es eine Schicht unterhalb des vollen Bewußtseins, Erinnerungen an die geteilte Stadt hat mit Mauern, plötzlich endenden Straßen, Stacheldraht und Panzerfallen.

Als ich eines Tages mit einer Gruppe von Teenagern zusammentraf, erfuhr ich aus ihren Fragen, daß die jungen Leute keine Ahnung davon hatten, was eine geteilte Stadt bedeutete. Wenn sie die Bedeutung der Toleranz für die Zukunft der wiedervereinigten Stadt begreifen sollten, mußten wir zuerst ein grundlegendes Verständnis für das Wesen einer geteilten Stadt schaffen.

Der letzte israelische Armeeposten in den Jahren der Teilung war in einem Haus einquartiert, das einmal der Familie Turgeman gehört hatte, unmittelbar hinter dem Mandelbaumtor (das sich an ein Haus anschloß, das der Familie Mandelbaum gehörte). Das Mandelbaumtor war kein Tor, sondern ein Checkpoint, ein Grenzübergang, der von den Vereinten Nationen überwacht wurde.

Einmal fuhr ich mit dem deutschen Verleger Georg von Holtzbrinck durch die Stadt. Er war ein Freund seit langem und hatte den Wunsch, etwas für Jerusalem zu tun. Ich schlug ihm verschiedene Projekte vor, deren Realisierung wir uns erhofften. Es war Mitternacht, als wir zum einstigen Mandelbaumtor kamen, der Vollmond beleuchtete unseren Weg. Meine Vorstellung, hier an der alten Grenze ein Museum einzurichten, um für die junge Generation die Geschichtsepoche der geteilten Stadt zu dokumentieren, überzeugt ihn unmittelbar. Er dachte dabei auch an das Schicksal Berlins.

Das Haus wurde ausgebaut, behielt aber weitgehend sein äußeres Gesicht mit den Zerstörungen von und vor 1967. Als das Datum für die offizielle Einweihung feststand, konnte Georg, schwer erkrankt, nicht mehr reisen, seine Tochter Monika kam an seiner Statt. Der Einweihungstag des Museums und sein Todestag wurden eins.

Inzwischen sind bald sieben Jahre vergangen. Während dieses Buch im November 1989 in Druck geht, durchschneiden neue tiefe innere Konflikte Jerusalem, und Berlin ist wie durch ein Wunder nicht mehr die geteilte Stadt, die es Jahrzehnte hindurch war.

Da es der ursprüngliche Zweck des Museums war, israelische Schulkinder zu belehren, waren die Texte beinahe ausschließlich in hebräischer Sprache gehalten. Aber die Fragen von Touristen, die ebensowenig über diese Periode in der Geschichte Jerusalems unterrichtet waren, veranlaßten uns, Schilder in englischer Sprache hinzuzufügen.

11
Die Innenstadt Jerusalems

Während er seinen ökologischen Nachteil haben mag, gibt es wahrscheinlich keinen besseren Punkt, um diesen Spaziergang durch die Innenstadt Jerusalems zu beginnen als die Verkehrsinsel des Kikar Tsarfat, der Place de la France. Erbaulich ist er, ruhig ist er nicht.

Der Platz erhielt seinen Namen um die Mitte der fünfziger Jahre, und er spiegelt die leidenschaftliche Romanze zwischen Israel und Frankreich wider, die in der Partnerschaft des Sinai-Feldzugs gipfelte. Dieser Platz und verschiedene Namen in der Stadt – Pierre Koenig Street, das Maison de France an der Hebräischen Universität – erinnern an diese Liebesaffaire.

Eine Romanze bringt oft Geschenke mit sich, und Jerusalem wurde mit der Gabe eines Springbrunnens der Stadt Paris umworben. Während sich heute ein Heer von Experten die passende Placierung für ein Geschenk dieser Art ausdenken würde, hatten die Jerusalemer damals mit ihrer »Spare-jeden-Tropfen«-Psychose kein Geschick in der Aufstellung von Brunnen. Die alten Jerusalemer erinnern sich an die Belagerung während des Unabhängigkeitskrieges, als der gleiche Eimer Wasser zuerst zum Geschirrspülen, dann zum Kleiderwaschen, dann zum Aufwaschen der Böden und schließlich zum Spülen der Toiletten verwendet wurde. Jerusalem war nie eine Stadt der Brunnen gewesen.

So installierte man einen Springbrunnen, der für einen breiten Boulevard gedacht war, auf dieser winzigen Verkehrsinsel. Es ist zweifelhaft, ob jemand den Brunnen vor der Aufrichtung in Betrieb gesetzt hatte, denn erst als er stand und die Hähne aufgedreht wurden, erkannte man die mißliche Situation: Mit voller Kraft betrieben, wurde der Springbrunnen zu Jerusalems erster automatischer Autowaschanlage, ganz zu schweigen von den unerwünschten Schauern, die auf unschuldige Fußgänger niedergingen.

Die naheliegende Lösung bestand darin, den Brunnen mit der geringsten Kraft zu betreiben. Die rauschenden Kaskaden, die sich die Pariser Stadtväter vorgestellt hatten, verkümmerten zu einem traurigen Tröpfeln. Da dies noch Jerusalems »trockene« Periode (die Zeit vor dem Bau öffentlicher Schwimmbäder) war, wurde der Brunnen als lokales Hydrant-Äquivalent für Badende genutzt, aber ohne Filter und Drainage beleidigte das Schwimmloch Augen und Nase.

Wir entfernten es und ersetzten es durch eine ungewollt brunnenförmige Beleuchtungsanlage, aber der Platz rief nach wie vor nach einer ästhetischen Verbesserung. Der Ruf wurde über die Straße hinweg von den neuen Besitzern des Kings Hotel gehört, die die Verschönerung des Platzes übernommen haben. Praktisch ist er ja auch ihr Vorgarten.

Seit 1988 dient dieser Platz als Arena für politische Wortgefechte. Eine wöchentliche Demonstration jeden Freitagnachmittag von »Frauen in Schwarz«, einer Gruppe jüdischer Frauen, die gegen die Besetzung arabischer Territorien protestieren, ruft die entsprechenden Gegendemonstranten auf den Plan, und die Atmosphäre ist oft erhitzt ohne Rücksicht auf den Freitagnachmittags-Verkehrsstau.

Die Kreuzung ist nicht nur ein Verkehrsknotenpunkt, sondern auch ein Scheideweg der jüngsten Geschichte der Stadt. Wenn wir nach Osten, in Richtung der Altstadt, blicken, ist das eindrucksvolle Gebäude zu unserer Rechten Terra Sancta. Von dem bekannten italienischen Architekten Antonio Barluzzi entworfen, von dem auch Dominus Flevit und die Kirche der Nationen in Gethsemane (s. S. 62) stammen, wurde Terra Sancta 1927 von der katholischen Kirche als Institution für höhere Studien gebaut. Hauptsächlich

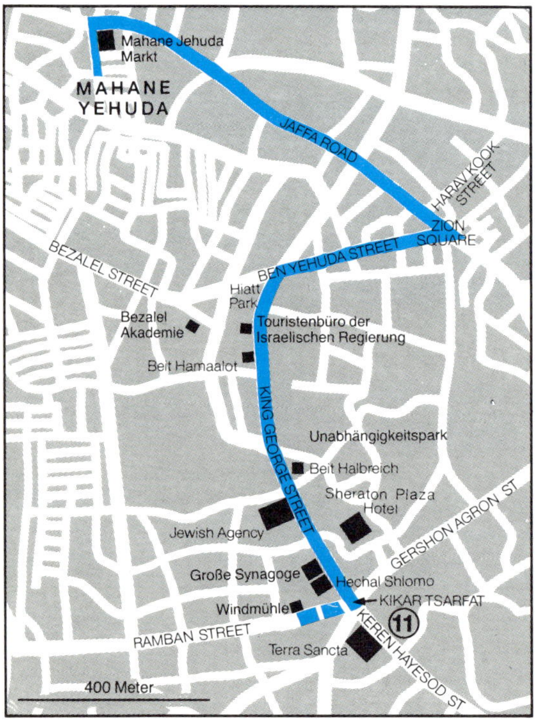

für arabische junge Männer gedacht, hatte sie auch eine kleine Anzahl jüdischer Studenten, da die Kirchenschulen für ihre gute Ausbildung bekannt waren. Neben dem üblichen Lehrplan bildete sie die Studenten auch kaufmännisch aus, damit sie einmal den Besitz der Familie verwalten konnten. Verwaltungsdienst wurde ebenfalls zu einer Zeit unterrichtet, in der er nicht nur eine beliebte, sondern auch vornehme Karriere war.

Das Gebäude nimmt trotz seiner massiven Wirkung nur einen Bruchteil des etwas über einen Hektar großen Grundstücks ein. Mindestens 8000 m^2 sind unentwickelt. Das Gebäude selbst ist unterbesetzt, es beherbergt nur wenige Franziskaner und einige Büros.

Aber wie in so vielen Winkeln Jerusalems finden wir auch hier eine einzigartige Jerusalemer Persönlichkeit, Pater Godfrey. Neben seiner religiösen Berufung ist er ein begeisterter Archäologe, der, ein Fachmann auf diesem Gebiet, eine bemerkenswerte Sammlung kleiner archäologischer Objekte besitzt. Sein Wissen über Jerusalem ist enzyklopädisch, und ich kann nur erleichtert darüber sein, daß er noch keinen Reiseführer für die Stadt geschrieben hat.

Die Kirche ist bereit, dieses Grundstück zu verpachten. Einmal hatte ein ultra-orthodoxer Jude die Absicht, das Gebäude zu kaufen, aber er stieß auf ein Hindernis: auf dem Gebäude steht eine auffällige Statue der Madonna, deren Entfernung die Kirche nicht zustimmte. Wahrscheinlich wird ein Koppelungsgeschäft zustande kommen, bei dem der Käufer einen öffentlichen unterirdischen Parkplatz und öffentlichen freien Raum in den Gesamtplan aufnimmt.

Wir haben die Absicht, nach links durch die King George Street in das Gebiet der Innenstadt weiterzugehen, aber bevor wir zum Kings Hotel kommen, sollten wir nach links blicken. Wir sehen eine restaurierte Windmühle aus dem 19. Jahrhundert in der Ramban Street, wo Boutiquen und ein chinesisches Restaurant die Stelle einer Schleifmühle eingenommen haben. Das heutige Rehavia-Viertel existierte damals noch nicht, und unsere Phantasie muß die Olivenbäume, Wege und leeren Felder dieser Periode heraufbeschwören. Das ganze Gebiet gehörte der griechisch-orthodoxen Kirche, damals der größte Grundbesitzer in der Heiligen Stadt. Selbst heute kommt sie wahrscheinlich gleich an zweiter Stelle nach der Landbehörde der israelischen Regierung, die die Ländereien im staatlichen Bereich von den Briten »erbte«, die sie von den Ottomanen übernommen hatten.

Die Griechen hatten die Windmühle in diesem isolierten ländlichen Gebiet errichtet, da sie Weizen anbauten, wo keine Olivenhaine waren. Das Mehl wurde an die Armen verteilt, der Rest auf dem Markt verkauft.

In den dreißiger Jahren diente das Bauwerk als Büro des berühmten deutschen Architekten Erich Mendelsohn, der nach Jerusalem eingeladen worden war, um die Hebräische Universität auf dem Berg Scopus zu entwerfen. Er wohnte in der Mühle von 1935 bis 1941, entwarf die Universität, das Hadassah-Krankenhaus auf dem Berg Scopus und das Gebäude der Bank Leumi am Beginn der Jaffa Road. Von dieser Windmühle ging die Jerusalemer Variante des internationalen Architekturstils aus.

In den fünfziger Jahren war der Bewohner der Windmühle – passenderweise – der holländische Konsul. Sie wurden dann an einen Bauunternehmer verkauft, der sie abreißen und ein fünfstöckiges Haus mit zwölf Wohnungen bauen wollte, was einen großen finanziellen Gewinn an dieser günstigen Stelle bedeutet hätte. Wir versuchten verzweifelt, das zu verhindern, obwohl wir nicht die Mittel hatten, den Bauunternehmer angemessen zu entschädigen. Ein Vorschlag, die Mühle zu zerlegen und im nahegelegenen Unabhängigkeitspark wiederaufzubauen, wurde abgelehnt. Da es keine praktische Alternative gab, mußten wir – schweren Herzens – die Genehmigung zum Abriß erteilen. Trotzdem war die scheinbar hoffnungslose Schlacht noch nicht verloren. Ein talentierter junger israelischer Architekt entwarf einen Plan, wonach die Mühle von einem Wohnhaus in ein Geschäftshaus verwandelt werden sollte und der Bauunternehmer als eine Art Kompensation zusätzlichen Raum oben und hinten schaffen durfte. Die Windmühle schien gerettet.

Der Bauunternehmer stimmte zu, aber dann waren die Nachbarn gegen diesen Plan und verhinderten die Arbeiten von 1975 bis 1987. Danach war der Bauunternehmer nicht mehr interessiert und verkaufte die Mühle an eine im Immobiliengeschäft bekannte kanadische Familie. Diese Familie ging einen Schritt über kommerzielle Überlegungen hinaus und verbesserte den baulichen Zustand der Mühle, wie es sich für eine historische Stätte gehört.

Ein Blick nach rechts, bevor wir die Straße überqueren, zeigt ein mehrstöckiges Gebäude, den Supersol, so genannt nach dem Supermarkt im Erdgeschoß. Nachdem das moderne Zeitalter in unser Leben Einzug gehalten hat, ist die Aufregung, die der erste Supermarkt der Stadt verursachte, nur noch schlecht vorstellbar, obwohl er erst 1961 eröffnet wurde. Bis dahin wurden Lebensmittel und Haushaltsartikel auf dem Markt oder im Tante-Emma-Laden an der Ecke gekauft, und das Angebot beschränkte sich auf die Grundnahrungsmittel: Eier, Mehl, Öl, Milch, Käse, Salz und Brot. Büchsenöffner existierten nicht in Haushalten, in denen heute der Mikrowellenherd herrscht.

Zu Jerusalems Riesenschritt in das moderne Zeitalter gehört nun der Abendverkauf im Supersol (und das Einkaufen rund um die Uhr mittwochs und donnerstags). Für den Besucher der Stadt, den es spät am Abend noch nach einer heißen Baguette gelüstet und der nicht die Möglichkeit hat, quer durch die Stadt zur die ganze Nacht geöffneten Angel's Bakery zu fahren, ist dies die richtige Adresse. (Ein beliebter Scherz der Tel Aviver, die Jerusalem als eine verschlafene Stadt betrachten, lautet: »Welches sind die drei Orte, wo in Jerusalem nach Mitternacht noch etwas los ist? Die

In der King George Street. Links Hechal Shlomo, das die Büros des Oberrabbinats beherbergt, rechts die Große Synagoge.

West-Mauer, Angel's Bakery und die Unfallstation im Krankenhaus.«)

Ich werde für die Architektur des Supersol-Gebäudes keine Entschuldigung vorbringen. Der Architekt plante das Gebäude auf Stelzen, um den Ausblick auf die Altstadt offen zu lassen, aber die massiven Pfeiler verdecken ihn zum größten Teil. Der ursprüngliche Plan sah noch zwei weitere Stockwerke vor, aber die Baukommission erhob Einspruch dagegen. Vielleicht wurden dadurch die architektonischen Proportionen verzerrt.

Wir beginnen unseren Spaziergang längs der Westseite der King George Street und kommen am Hechal Shlomo vorbei, wo sich die Büros des Oberrabbinats befinden. Im Jahre 1958, mit dem zehnten Jahrestag der Staatsgründung und dem Vertrauen, daß die erste Brücke zu einem neuen Staatswesen erfolgreich überschritten worden war, kamen monumentale staatliche Institutionen in Mode. Das Rabbinat zeugt von dieser Vorliebe, und Sir Isaac Wolfson in London beauftragte ein Team von Architekten, Dr. Alexander Friedman und Meir Rubin, deren Namen immer wieder auftauchen, wenn wir die King George Street entlanggehen. Sir Isaac, der von englischen Traditionen durchdrungen war, zahlte sogar dafür, daß das Gelände gegenüber Hechal Shlomo nie bebaut wurde, so daß der Blick auf das Gebäude nicht verstellt werden konnte. Das kleine Wolfson-Museum, in dem jüdische Kultgegenstände ausgestellt sind, kann besichtigt werden.

Das nächste Gebäude zur Linken ist die neue Große Synagoge, 1982 gebaut und ebenfalls ein Werk von Dr. Friedman. Die Kritik an ihrer grandiosen Erscheinung ist ein lokaler Sport, aber die Opposition, die ich öffentlich ausdrückte, hatte rein pragmatische Gründe. Es hätte vielleicht eine gewisse Rechtfertigung für die Große Synagoge vor 1967 gegeben, wo sie ein Pilgerziel für Juden in aller Welt gewesen wäre, aber sobald die West-Mauer wieder zugänglich war, verlor dieser Zweck viel von seiner Gültigkeit. Mit dem Geld für diese Synagoge hätte man ein Dutzend Synagogen in den neuen Stadtvierteln bauen können, wo sie dringend benötigt werden. Daher boykottierte ich trotz meines tiefen Respekts vor der Familie Wolfson, dem Hauptsponsor dieses Unternehmens, die offizielle Einweihung. Doch ich muß zugeben, daß die Touristen von dieser Synagoge angezogen werden und von ihrem Stil mit den reichen Ornamenten beeindruckt sind.

Dies ist zwar ohnehin ein Buch für Spaziergänger, aber ich möchte darauf hinweisen, daß dieser Teil der King George Street während des Gottesdienstes am Shabbat für den Fahrzeugverkehr gesperrt ist.

Das Gebäude, das wir an der Ecke erreichen, ist das der Jewish Agency. Es wurde von Yohanan Ratner entworfen, einem Kommandeur der Haganah und Mitgründer der Technion-Universität in Haifa. In den Jahren 1926-27 gewann er einen großen Wettbewerb, den die Zionist Organization in London ausgeschrieben hatte. Sie wollte ihre bis dahin in der ganzen Stadt verstreuten Büros zentralisieren. Das Gebäude ist hufeisenförmig, mit der Zionist Organization in der Mitte, der Keren Hayesod zur Linken und dem Jewish National Fund zur Rechten. Der Innenhof dient dazu, das Gebäude von der Hauptstraße abzusetzen. Es ist typisch für die bessere Architektur jüdischer öffentlicher Bauten, einfach und doch kraftvoll.

Im Jahre 1948 gelang es den Arabern, ein mit Sprengstoff beladenes Auto an das Gebäude heranzubringen, und es gab dreizehn Todesopfer. Daraufhin wurden Schutzwälle gebaut, die eine festungsähnliche Enklave schufen. Diese Mauern wurden erst 1988 abgerissen, und der Passant kann nun wieder die Schönheit des Gebäudes bewundern.

Das Sheraton Plaza Hotel auf der anderen Straßenseite steht an der Stelle, die für ein neues Rathaus vorgesehen war, das Modell wartete auf mich, als ich 1965 Bürgermeister wurde (siehe S. 12).

Die Stadtverwaltung hatte 1963 zusammen mit dem Verband der Architekten und Ingenieure einen nationalen Wettbewerb ausgeschrieben. Sowohl den ersten als auch den zweiten Preis gewann Professor Alfred Mansfeld, der einen Entwurf für ein Hochhaus (erster Preis) und ein niedriges Gebäude (zweiter Preis) vorlegte. Als ich das Amt des Bürgermeisters übernahm, verschwanden beide Pläne in der Schublade. Professor Mansfeld gewann zusammen mit der Architektin Dora Gad auch den Wettbewerb für das Israel-Museum, und diese Pläne hatten ein glücklicheres Schicksal.

Ich leugne nicht, daß das Plaza Hotel ein Fehler war. Es stört die Silhouette und die Landschaft. Interessanterweise gab es zwar einen größeren Aufruhr, nachdem es gebaut war, aber der Entwurf ging mit geringer öffentlicher Opposition durch das Labyrinth der Planungskommissionen. Mein einziger Trost ist, daß es ein gutes Hotel ist.

Das Haus neben dem Plaza Hotel ist entweder ein verfallenes Familienhotel aus der Zeit der Jahrhundertwende, das Land of Israel Hotel – oder ein Luxushotel aus den frühen neunziger Jahren, je nachdem, wie schnell sich die Räder des Fortschritts drehen und wann Sie diesen Bericht lesen. Das neue Hochhaus wird vielleicht die Häßlichkeit seines Nachbarn mildern.

Wir gehen an einer leeren Parzelle vorbei und erreichen ein bogenförmig angelegtes Gebäude, das der Yeshurun-Synagoge dient. In den dreißiger Jahren von einer religiösen Gemeinde errichtet, die als liberal galt, wurde das Gebäude von Dr. Friedman und Meir Rubin als Bibliothek der Synagoge entworfen, die auf dem angrenzenden Grundstück entstehen sollte. Diese Synagoge wurde nie gebaut. Man denkt jetzt daran, auf dem leeren Grundstück eine kommunale Einrichtung zu bauen. Hechal Shlomo, das dreißig Jahre später gebaut wurde, ist beinahe eine genaue Kopie von Dr. Friedmans Entwurf für die nicht gebaute Yeshurun-Synagoge.

Das hohe Gebäude gegenüber ist Beit Halbreich, das wie viele Gebäude Jerusalems nach dem Bauunternehmer benannt wurde. Es ist berühmt wegen seiner Höhe, und immer wieder stürzten sich Selbstmörder von ihm hinunter. Die Kinder nennen es das »städtische Sprungbrett«.

Wenn wir die Straße überqueren, können wir am Rande des Unabhängigkeitsparks entlanggehen, den die Briten angelegt hatten. Während des Unabhängigkeitskrieges war dieses offene Gebiet eine Gefahrenzone ersten Grades, denn es war den arabischen Heckenschützen ausgesetzt. Da die King George Street eine Hauptverkehrsstraße war, wurde eine Betonmauer errichtet, die Deckung bot und erst wieder abgerissen wurde, als die Wiedervereinigung der Stadt sie überflüssig machte. Den Eingang des Parks schmückt eine Skulptur von Hans Arp.

Das Konzept der Stadt als lebendes Museum hatte in Jerusalem keine Tradition, wenn auch die Hadrianbüste, die die Säule am Damaskustor geziert haben soll, als erster Schritt zu einer Aufstellung von Skulpturen im Freien betrachtet werden könnte. Und der Billy-Rose-Kunstgarten am Israel-Museum ist immer noch Kunst in einem abgegrenzten Raum. Das zweite Gebot – »Du sollst dir kein Bildnis machen« – war der bildenden Kunst nicht förderlich.

Die Inspiration zur Aufstellung von Skulpturen in der ganzen Stadt kam 1968 von einem Ehepaar, das eine bekannte Galerie in New York besaß, Arthur und Madeleine Lejwa, Flüchtlinge aus Polen, die sich einen Namen in der internationalen Kunstwelt gemacht hatten. Ihre Idee war keine bloße Laune, sondern ein bis ins kleinste ausgedachter Plan. Sie wollten dieses Programm mit einem großen Werk von Hans Arp, *Die Schwelle Jerusalems*, beginnen. Ich mußte erst noch überzeugt werden. Meine Bedenken waren wie üblich pragmatischer Natur. Ich fragte mich, ob es klug sei, große Kunstwerke an öffentlichen Orten aufzustellen, ohne vorherige ausgedehnte erzieherische Bemühung. Die Lejwas meinten, die erzieherische Wirkung werde von der Existenz der Kunst ausgehen, und ihre Überzeugungskraft war so stark, daß sie meine Zweifel zerstreute. Noch keine offen ausgestellte Skulptur wurde beschädigt.

Das Tirat Batsheva Hotel auf der westlichen Seite der King George Street wurde in den späten sechziger Jahren für gläubige Touristen gebaut, bevor die größeren Hotels begannen, speziell für die Bedürfnisse dieser Gemeinde zu sorgen. Der angrenzende Parkplatz gehört der russischen Regierung (nicht der russischen Kirche wie andere Stätten in der Stadt), und in den fünfziger Jahren, als die guten Beziehungen zwischen Rußland und Israel ihren Höhepunkt erreichten, wollte man hier die Russische Botschaft errichten.

Nach dem Abbruch der Beziehungen zwischen Israel und Rußland im Jahre 1967 herrschte ein reges Interesse hier zu bauen. Ich war dagegen, unwiderrufliche Entscheidungen zu treffen, und erlaubte daher nur die Verwendung als Parkplatz. Im Jahre 1988, mit dem Tauwetter in den israelisch-sowjetischen Beziehungen, erhob augenblicklich die erste russische konsularische Mission Anspruch auf Entschädigung für die Verwendung des Bodens.

Das Wohnhaus an der Ecke, Beit Hamaalot, das auch durch die Zusammenarbeit von Friedman und Rubin entstand, war bemerkenswert, als es in den dreißiger Jahren gebaut wurde. Es ist ein weiterer Prototyp des internationalen architektonischen Stils dieser Zeit. Die Anlage mit Eigentumswohnungen hatte sogar einen Lift aufzuweisen.

Auf der westlichen Seite der Straße kommen wir am Ministerium für Tourismus und am Touristenbüro der israelischen Regierung vorbei. Wenn Sie Fragen oder Bitten haben, können Sie hier Hilfe suchen.

Nichts deutet darauf hin, daß in diesem Gebäude einmal die Knesset untergebracht war. Damals wurde die Gegend von der Polizei gesperrt, wenn das Parlament tagte, was die Straße zum Aufmarschgebiet für große Demonstrationen der einen oder anderen Art machte. Vielleicht die bemerkenswerteste war die 1952 von dem Oppositionsmitglied Menachem Begin angeführte, als die Frage der Annahme von deutschen Reparationszahlungen erörtert wurde.

Die Läden in dem Gebäude gegenüber der Knesset erinnern nicht mehr an das frühere Café Pygmalion, einen winzigen Raum, den Parlamentsmitglieder gerne besuchten. Zweifellos wurden an den kleinen Tischen hier ebenso viele Regierungsgeschäfte erledigt wie im Plenarsaal der Knesset.

Der Hiatt-Park auf der linken Seite der Straße, wo einmal die Menorah stand, die jetzt ihren Platz vor der (neuen) Knesset hat, wird oft von Spaziergängern besucht. Die Skulptur von Miró, *Tête*, ist ein Geschenk von Muriel und Phil Berman aus Allentown, Pennsylvania, die die Idee der Lejwas aufgegriffen haben.

Der Hiatt-Park scheint in eine grubenartige Formation abzufallen. Amateurgeologen sollten nicht in Fachzeitschriften nach einer Begründung für dieses Phänomen suchen, denn die Erklärung ist ganz einfach. In den dreißiger Jahren war dort ein Grundstück von einer jüdischen Familie gekauft worden, die die Fundamente für ein Hotel aushob – und dann plötzlich kein Geld mehr hatte. Ein arabischer Bauunternehmer und Ingenieur, George Schieber, kaufte das Grundstück, baute aber nie darauf. So ist dieses Stück als die »Schieber-Grube« bekannt.

Die heutigen Pläne sehen den Bau eines großen unterirdischen Parkplatzes vor, mit der Verpflichtung, den Park wiederherzustellen, wenn die Arbeit beendet ist. Ich kann nur hoffen, daß diese Pläne Früchte tragen, denn ich stelle mir nur ungern vor, daß die »Schieber-Grube« in «Kollek-Grube« umbenannt wird.

Die Ben Yehuda Fußgänger-Zone

An der Straßengabelung gehen wir nach rechts in die Ben Yehuda Fußgänger-Zone,einen Arm von Jerusalems innerstädtischem »Dreieck« – Ben Yehuda Street, Jaffa Road und King George Street. Jahrelang schien es so, als spielte sich das ganze Leben in diesem Dreieck ab, und diesen Eindruck hat man heute noch.

Bis 1982 war Ben Yehuda ein Verkehrsengpaß, die Wagen standen Stoßstange an Stoßstange, und jedermann hupte ausgiebig (und rechtswidrig). Wir schlugen eine Fußgängerpromenade vor, stießen aber auf die beiden vertrauten Hindernisse: Finanzierung und Opposition der Bewohner. Die Geschäftsleute waren überzeugt, daß wir die Innenstadt Jerusalems zum Tod verurteilten, während wir behaupteten, daß gerade der stockende Verkehr die Innenstadt lahmlegte.

Wir konnten nicht jeden überzeugen, aber wir erhielten die nötigen Genehmigungen und begannen mit der Arbeit. Die Opposition änderte ihre Meinung, bevor noch der letzte Pflasterstein gelegt war. Die Promenade – der *midrachov* (eine Kombination aus den hebräischen Wörtern für Gehsteig und Straße) – war sogleich ein Erfolg.

Anläßlich einer »Internationalen Konferenz für die Restaurierung Historischer Städte« im Jahre 1986 führte William H. Whyte, ein weltbekannter Planungsexperte eine wissenschaftliche Untersuchung des *midrachov* durch: er setzte sich einfach in ein Café und zählte die Passanten. Und dann erklärte er den *midrachov* für einen Erfolg. Wir hatten das Gefühl gehabt, daß er ein Erfolg war, aber nun hatten wir die empirische Bestätigung.

Der Gang durch die Ben Yehuda sollte ein Erlebnis »im freien Fall« sein, ohne Reiseführer in der Hand und ohne vorherige Planung. Folgen Sie Ihren Augen und folgen Sie Ihrem Instinkt, trinken Sie hier einen Kaffee und kaufen Sie dort ein Souvenir. An Sommerabenden ist ein *midrachov*-Bummel ein Muß mit all unseren Künstlern, Kunsthandwerkern und Musikern, die sich den Platz auf dem Gehsteig streitig ma-

Die Ben Yehuda Fußgängerzone.

chen. Ich lasse Sie unbehelligt das Ende der Ben Yehuda, den Zion Square, erreichen.

Wir biegen nach links in die Jaffa Road ein. Auf der anderen Seite der Jaffa Road beginnt die Harav Kook Street, die zum Ticho-Haus und zur Haneviim Street führt. Wenn wir uns der ersten großen Kreuzung nähern, der zwischen der Jaffa Road und der von links kommenden King George Street, einer anderen Spitze unseres Dreiecks, kommen wir an einem Gebäude mit einer Arkade vorbei, das als das »Gebäude der Pfeiler« bekannt ist. Die Eisenträger, die am Dach hervorstehen, scheinen auf einen ursprünglichen Plan hinzudeuten, ein vielstöckiges Gebäude zu errichten, was für ein so wertvolles Grundstück im Zentrum der Stadt auch logisch wäre, aber familiäre Komplikationen erwiesen sich zweifellos als Hindernis.

Während der späteren Jahre der Mandatszeit war das »Generali Building« am unteren Ende der Jaffa Road (zwei Blocks vom Rathaus entfernt) ein Büro- und Geschäftszentrum. Als die Mandatsregierung hier ihr Hauptquartier einrichtete, wurde das ganze Gebiet mit Stacheldraht eingezäunt, so daß es für Nichtbriten unzugänglich war. Die Vertriebenen übersiedelten in das »Gebäude der Pfeiler«.

Die Verkehrsampel an dieser Kreuzung war die erste – und jahrelang die einzige – Verkehrsampel der Stadt. Noch in den sechziger Jahren verabredeten sich Jerusalemer »an *der* Verkehrsampel«. Vor ihrer Einrichtung wurde der Verkehr von einem britischen Polizisten auf einer Plattform im Kolonialstil mitten auf der Kreuzung geregelt.

Wir gehen weiter die Jaffa Road hinauf, bis wir endlich unser Ziel erreichen, den offenen Markt Mahane Yehuda, eine Mischung von Bildern, Lauten und Gerüchen, eine Vermählung von Ost und West, der Schiebekarren der Lower East Side und der Buden des marokkanischen Suq.

Seine Lage ist nicht zufällig. Hier ging der Hauptstrom des Verkehrs vom Hafen Jaffa zum Jaffator vorbei, der die Basis für die Entwicklung Jerusalems längs der Jaffa Road bildete. Mahane Yehuda war der Eingang zur Stadt, der Ort, an dem sich die Händler logischerweise mit ihren Waren niederließen. Während der ottomanischen Periode war der Markt ein Gewirr von Hütten. Die Briten beschlossen in den zwanziger Jahren, ein wenig Ordnung zu schaffen. Charles Ashbee plante einen eleganten Markt mit Läden um einen zentralen Hof herum, aber auch diese Idee endete auf dem immer größer werdenden Friedhof für nicht realisierte Architektenentwürfe.

Der Markt breitete sich wahllos weiter aus und war nicht vorbereitet auf den plötzlichen Ansturm des Fahrzeugverkehrs. Wir haben versucht zu helfen, wo

Unten: Winterschnee in der Jaffa Road.

Die Kreuzung Jaffa Road/King George Street.

AGFA

es möglich war, wir haben die Marktstraßen für Autos gesperrt und ein Dach gebaut, um zu verhindern, daß der Handel an regnerischen Tagen buchstäblich ins Wasser fällt. Ein geplanter Umbau wird die Arbeits- und Lebensbedingungen angenehmer machen und dennoch den Charakter erhalten, den die Jahrzehnte geformt haben.

Ich lasse Sie in dieser Wunderwelt zurück – um die Menschen zu beobachten, um herumzuwandern, um einzukaufen und, natürlich, um zu essen.

Der eingezäunte Teil der Jaffa Street während der späteren Jahre des Britischen Mandats (1917–1948). Das »Generali-Gebäude« (das ursprünglich einer italienischen Versicherungsgesellschaft gehörte) ist am Löwen auf dem Dach erkenntlich.

12
Die Rundfahrt mit dem 99er Bus

Keine Vereinigung von Etymologen oder Philologen wird die Klassifizierung der Rundfahrt mit dem 99er Bus als Spaziergang vorschreiben oder genehmigen. Ich verzichte daher auf Entschuldigungen und sage nur, daß es für die Nichtmarathonläufer unter uns keine bessere Möglichkeit gibt, die Stadt zu umrunden.

Jerusalem ist keine Millionenstadt, aber die auf den Stadtplänen mit Sternchen oder Nummern hervorgehobenen Stätten liegen geographisch weit auseinander. Und wenn wir auch ein ausgezeichnetes Bussystem haben, so ist es auf die Bedürfnisse der örtlichen Bevölkerung zugeschnitten und nicht auf die des Besuchers, Touristen oder Pilgers.

Der 99er Bus fährt stündlich vom Parkplatz am Fuße des Abhangs gegenüber dem Jaffator ab (Sonntag bis Donnerstag von 9 bis 5 Uhr, am Freitag von 9 bis 2 Uhr). Vier besonders ausgebildete Fahrer befahren diese Route und liefern einen laufenden Kommentar in Englisch und Hebräisch.

Sie können eine Karte für eine Fahrt kaufen und die Route vom Anfang bis zum Ende fahren, was neunzig Minuten dauert, oder Sie kaufen eine Tages- oder Zweitageskarte, mit der Sie unterwegs beliebig oft aus- und wieder zusteigen können. Der Fahrer verteilt Broschüren mit einem Plan der Route.

Der Verkehr in Jerusalem erreicht schwindelerregende Proportionen am Freitagnachmittag, wenn das Rennen gegen die Shabbat-Schlußzeiten seinen Höhepunkt findet. Wenn Sie also den Mittagsbus nehmen, rechnen Sie für die ganze Route zwanzig Minuten hinzu.

Der »Spaziergang« mit dem 99er Bus hat sein eigenes Format, und ich erwähne daher nur einige Orte, die in den elf vorausgegangenen Kapiteln nicht beschrieben wurden.

Der Bus fährt die Mea Shearim entlang und erreicht das Mandelbaumtor und das Turgemanposten-Museum zur Linken, er setzt seine Fahrt durch die

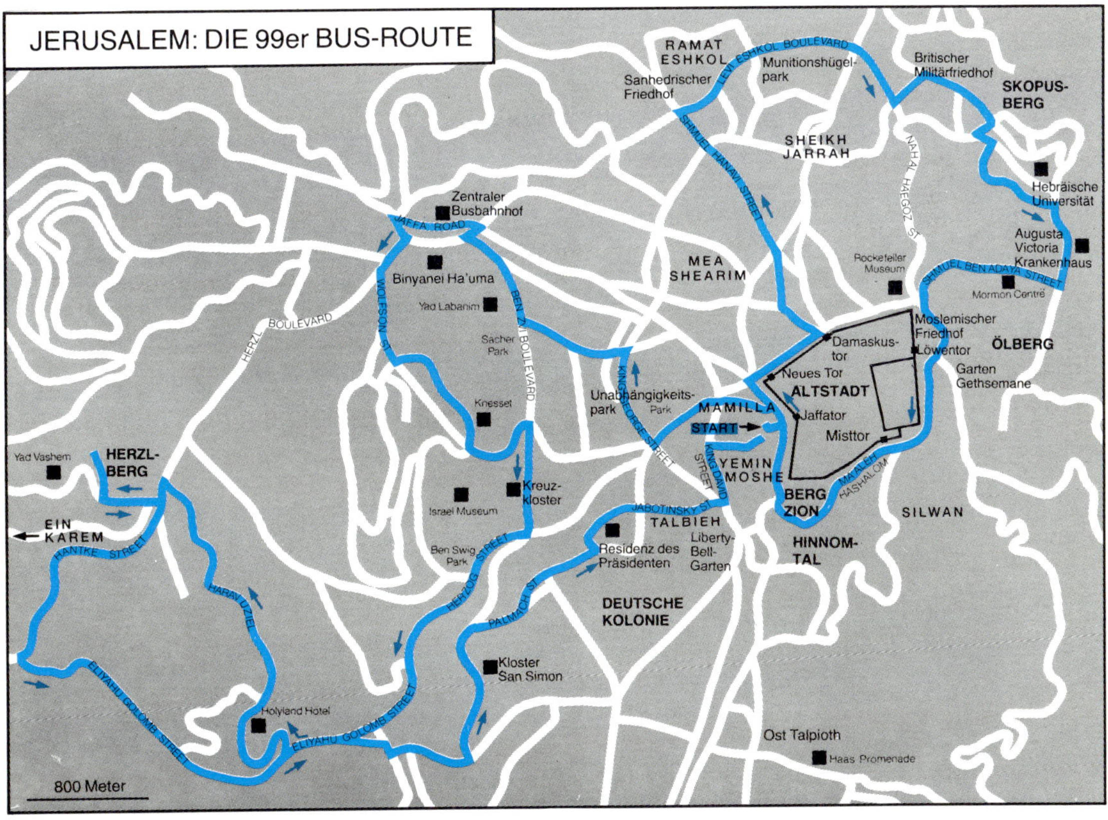

Shmuel Hanavi Street fort und biegt an der Verkehrsampel beim Shmuel-Hanavi-Viertel nach rechts ab. Gebaut, um die Massenimmigration der fünfziger Jahre aufzunehmen, lag dieses Viertel hart an der Grenze. Sicherheit diktierte den Baustil, daher die schmalen Fensterschlitze.

Der Bus ist wahrscheinlich schon längst nach rechts abgebogen. Der Sanhedria-Friedhof zur Linken enthält Gräber, die vermutlich auf die des Sanhedrin, des obersten Rats und Gerichts im Judaismus des Zweiten Tempels, zurückgehen, und einen neuen Friedhof aus dem 20. Jahrhundert. Er wird noch benutzt, wenn auch selten. Die meisten Begräbnisse finden auf dem Har-Hamenuhot-Friedhof (der von der Straße nach Tel Aviv aus zu sehen ist) und auf dem Friedhof auf dem Ölberg statt.

Auf der rechten Seite, direkt hinter der Alliance School, befindet sich der »Munitionshügel«-Park, ein offensichtlicher Widerspruch in sich. Der Munitionshügel war eine jordanische Stellung, wo wir 1967 schwere Verluste erlitten. Als es unseren Truppen endlich gelang, den Hügel zu nehmen, konnten sie sich nur über das Arsenal und das komplizierte Labyrinth von Schützengräben wundern, das sie vorfanden. Wir hatten den Plan, alle Spuren der Teilung der Stadt zu beseitigen, aber wir beschlossen, diesen Hügel mit seinem Grabennetz zum Andenken an die Männer, die hier fielen, zu lassen wie er war. Jedes Jahr im Frühling findet hier am Jerusalem-Tag, an dem der Wiedervereinigung der Stadt gedacht wird, eine offizielle Feier statt.

Auf der Hauptkreuzung steht auf der linken Seite eine große weiße Skulptur, Liebermans *Glaube*.

Der Bus wendet sich nach rechts kurz vor dem britischen Soldatenfriedhof – 3000 Gräber von Soldaten, die im Ersten Weltkrieg fielen (mit einer eigenen Abteilung für jüdische Soldaten). In den zwanziger Jahren hatte die britische Regierung die Verpflichtung übernommen, den offenen Blick vom Friedhof auf die Altstadt für immer zu erhalten, und es wurden 125 Pfund gesammelt, um das Land, das sich in Privatbesitz befand, zu diesem Zweck zu kaufen. Das Geld verschwand jedoch endgültig. In unseren Planungskommissionen übernahmen wir es, diese Verpflichtung zu erfüllen. Das Land wurde der Hebräischen Universität als Sportplatz zugewiesen, so daß es genutzt werden kann, ohne verbaut zu werden.

Der Berg Scopus

Die Abteilung des Hadassah-Krankenhauses auf dem Berg Scopus befindet sich zur Linken. Sie versorgt dieses ganze Gebiet, beinahe die Hälfte ihrer Patienten sind Araber. Der Campus der Hebräischen Universität auf dem Berg Scopus dient 10 000 Studenten. In der Euphorie der Rückkehr auf den Berg Scopus bedeckte eine Nonstop-Baumanie den Campus mit einer Verteidigungsanlagen ähnlichen Architektur. Wenn wir an den modernen Studentenwohnheimen zur Rechten vorbeigehen, erreichen wir das Goldsmith-Gebäude, ein Überbleibsel des ursprünglichen Campus von 1925. In diesem Gebäude ist die Rothberg School for Overseas Students untergebracht, die während des Schuljahrs und zu den Sommerkursen Tausende ausländischer Studenten nach Jerusalem lockt.

Der Bus fährt den Campus entlang und biegt in einen Aussichtsweg ein, von dem aus man einen unbehinderten Blick auf die Altstadt hat.

Der Bus fährt zurück zum Jaffator und beendet damit seine erste Schleife, fährt durch Mamilla und King George Street, dann setzt er am Sacher-Park vorbei auf dem Ben Zvi Boulevard seine Route fort. Der pyramidenähnliche Bau im Park ist das Soldatendenkmal *Yad Labanim* neben dem Clore-Soldatenheim. Die barackenähnlichen Hütten wurden in den frühen fünfziger Jahren für das Außenministerium gebaut; es war das letzte Ministerium, das sich in Jerusalem niederließ. So malerisch diese Hütten sind, sie stellen kaum geeignete Büroräume dar: ein passendes Bürogebäude ist geplant.

Binyanei Ha'uma

Wir machen eine Wendung, und das riesige Gebäude zur Linken ist Binyanei Ha'uma, das Jerusalemer Tagungszentrum. Eine erstaunliche Tatsache ist, daß dieses riesige Gebäude 1950 errichtet wurde, als unser Staat kaum flügge geworden war. Aber wie so oft verdankt dieses Zentrum sein Entstehen der Leidenschaft eines einzelnen Mannes, Yevzeroff, eines Freundes des Revisionistenführers Zev Jabotinsky.

Die Lebensmittel waren noch rationiert, und Yevzeroff träumte von Tourismus großen Stils, von internationalen Kongressen, Konferenzen und Tagungen. Ich erinnere mich, wie er Moshe Sharett im Außenministerium, das sich damals noch in Tel Aviv befand, ein Architektenmodell brachte. Ich war damals auf der Seite der ungläubigen Thomase und hielt das Ganze für voreilig, aber nur wenige konnten seiner Überredungskunst widerstehen. Er gewann – und er hatte recht.

In den späten achtziger Jahren war dieses einst bahnbrechende Gebäude, das auch für Konzerte der israelischen Philharmoniker verwendet wurde, antiquiert und im Verfall begriffen. Ich kämpfte einen endlosen Kampf mit der Jewish Agency, der das Gebäude gehörte, aber ich hatte Schwierigkeiten, die Notwendigkeit von Renovierungen und Umbauten nachzuweisen. Wo war Yevzeroff, als ich ihn

---

Die Hebräische Universität auf dem Berg Scopus.

Das Augusta-Victoria-Hospital, links nach dem Mount-Scopus-Campus, ist seit seinem Bau um die Jahrhundertwende für verschiedene Zwecke verwendet worden und beherbergt jetzt die Lutheran World Federation.

Das arabische Dorf Silwan über dem Kidrontal und der Stadt Davids.

brauchte? Als ich eines Abends in einem Konzert saß, fiel mir plötzlich die Armlehne meines Sessels in den Schoß. Ich nahm sie mit nach Hause und schickte sie am nächsten Tag mit einem Brief ab.

Ich weiß nicht, ob es angemessen ist, einen Abschnitt über ein Jerusalemer Ereignis hinzuzufügen, das nur alle zwei Jahre stattfindet, aber da ich eine besondere Vorliebe dafür habe, hoffe ich, daß Sie es mir nachsehen.

Die Internationale Jerusalemer Buchmesse im Binyanei Ha'uma wurde 1963 unter meinem Vorgänger, Mordechai Ish-Shalom, eingeführt. Sie war zunächst eine bescheidene Veranstaltung, bildete aber die Grundlage für ein immer umfangreicheres Unternehmen. Die Messe von 1989 zog 1000 Verlage einschließlich solchen aus Ungarn, den Leiter der Moskauer Buchmesse und einen Vertreter aus China an. Die Russen und die Jugoslawen arbeiteten ein gemeinsames Verlagsprojekt aus, zweifellos von der Aura Jerusalems inspiriert.

Die Messe bot von Anfang an die Gelegenheit, den Jerusalempreis an einen Autor zu verleihen, dessen Schriften das Thema der »Freiheit des Individuums in der Gesellschaft« behandeln. Die Preisträger sind über die ganze Welt verteilt: Bertrand Russell, Ignazio Silone, Jorge Luis Borges, Octavio Paz, Max Frisch, Graham Greene, Simone de Beauvoir, V. S. Naipaul, Milan Kundera und Isaiah Berlin, um nur einige Namen zu nennen. Die Anwesenheit solcher Autoren verleiht der Buchmesse einen zusätzlichen literarischen Glanz. Seit 1983 wird auf der Messe auch ein internationales Forum des Aspen Institute for Humanistic Studies über Themen veranstaltet, die mit Büchern und dem Verlagswesen zu tun haben.

Eine Wendung nach links bringt uns zum Jerusalemer Zentralen Busbahnhof. Der Bus setzt seine Fahrt fort und biegt bald rechts in die Herzog Street ein. Bei der nächsten Verkehrsampel heißen uns der Ben-Swig-Park und die Skulptur des israelischen Künstlers Yehiel Shemi willkommen. Dieser Park ist ein Geschenk von Ben Swigs Partner Jack Weiler, einer einzigartigen Persönlichkeit in der Geschäftswelt, in der jüdischen Welt und in der zionistischen Welt. Er ist ein Mann, der dieser Welt viel Wärme und Liebe gibt und tiefer Gefühle fähig ist. So steht er bei der Einweihung jedes Projekts, das er Jerusalem gegeben hat, auf dem Podium, um zu sprechen, und bald kommen ihm die Tränen. »Nun, Teddy«, ruft er dann, »du wolltest mich zum Weinen bringen, und du hast es geschafft.«

Das Szenarium für die Einweihung des Swig-Parks wich vom Manuskript ab. Einige Monate, bevor der Park vollendet war, hatten wir Jack gebeten, sein Geschenk zu erweitern, so daß wir dem Park ein Kunstwerk hinzufügen konnten. Er stimmte bereitwillig zu. Er hatte das Werk vorher nicht gesehen und stand bei der Einweihung plötzlich vor einem Gewirr von Trägern und Platten aus Stahl. Als die Reihe an ihm war, vor das Mikrofon zu treten, sprach er bewegt von seinem Verhältnis zu Jerusalem und zu seinem verstorbenen Partner. »Und, Teddy«, schloß er, »über diese Skulptur rede ich später noch mit dir.«

Er war entsetzt, ja beleidigt. Er forderte ihre sofortige Entfernung. Am nächsten Tag rief er mich im Büro an. »Gut, Teddy, du kannst den Schund im Park lassen.« Ich wunderte mich über diese plötzliche Sinnesänderung. Hatte ihm jemand spät am Abend noch einen Schnellkurs in moderner Kunst gegeben? Keineswegs. Er hatte den Park noch einmal besucht und gesehen, wie Kinder begeistert auf der Skulptur herumkletterten. Wenn die Kinder ihre Freude daran hatten, konnte sie bleiben.

Wir kommen an Israel Orions Skulptur *Jakobsleiter* zu unserer Rechten vorbei; sie ist wirklich eine Leiter in den Himmel, denn sie führt sonst nirgends hin. Zur Linken sehen wir die YMHA/YWHA, ein bahnbrechendes Gebäude für unser Netzwerk von Gemeindezentren.

Das Holyland Hotel

Wir wenden uns nach rechts dem Holyland Hotel zu. Die langsame Fahrt bergauf gibt uns Zeit für einen Ausblick auf das Panorama der neuen Stadt: die nahe gelegenen Wohnviertel, das israelische Tenniszentrum, das Gilo-Viertel in der Ferne und das Manhat-Viertel (einst ein arabisches Dorf, wie das Minarett bezeugt) auf der linken Seite.

Wir kommen zum Modell Jerusalems zur Zeit des Zweiten Tempels auf dem Grundstück des Holyland Hotels. Ein gewisser Kroch, ein deutscher Einwanderer aus Leipzig, hatte das Hotel an einer Stelle gebaut, die damals das Ende der Welt war, und große Voraussicht und einen guten Geschäftssinn bewiesen. Er hatte noch einen anderen Einfall: ein genaues Modell Jerusalems zur Zeit des Zweiten Tempels zu schaffen, was er zusammen mit Professor Avi-Yonah auch tat – zum Gedenken an seinen Sohn, der im Unabhängigkeitskrieg gefallen war.

Vor der Wiedervereinigung der Stadt war dieses Modell der Schlüssel zu einer fernen Tür, und die Touristen strömten hier zusammen. Es hat jedoch nichts von seiner Beliebtheit eingebüßt; im Gegenteil, es dient dem neuerwachten Interesse an der Geschichte dieser Periode. Ausgrabungen haben bewiesen, daß das Modell erstaunlich genau ist, nur einige Stücke des Puzzles fehlen.

Der Herzl-Berg

Der Bus nähert sich bald dem Herzl Boulevard gegenüber dem Herzl-Berg. Zu unserer Rechten liegt der Soldatenfriedhof, eine quälende Erinnerung an den

Das Modell des Zweiten Tempels auf dem Grundstück des Holyland Hotels.

schweren Zoll, den dieser Staat gezahlt hat. Der nationale Gedenktags-Gottesdienst am Vorabend des Unabhängigkeitstages findet hier statt, und der Kummer der Tausende, die sich auf dem Hügel versammeln, wird zu einem einzigen Schmerz.

Der Herzl-Berg ist die Begräbnisstätte Theodor Herzls, des Begründers des Zionismus, und prominenter nationaler Führer wie Levi Eshkol und Golda Meir.

Herzl war zunächst auf dem jüdischen Friedhof in Wien begraben worden, und in meiner Jugend pilgerten alle zionistischen Organisationen am Herzl-Tag zu seinem Grab. Nach der Schaffung des Staates flog Gideon Ruffer, der spätere Botschafter Rafael, im Namen der Jewish Agency nach Wien, um mit den verschiedenen Besatzungsbehörden wegen der Überführung von Herzls sterblichen Überresten zu verhandeln. Ich erinnere mich noch gut an das Telegramm, das meldete, daß »Mr. Herzl mit den sterblichen Überresten von Mr. Ruffer« um die und die Zeit ankommen werde.

Kurz nachdem ich Bürgermeister geworden war, schlug die Jewish Agency vor, Herzls Grab mit einer Glaskuppel zu überdachen, um es »prominenter« zu machen. Nichts kann so prominent sein wie der schlichte schwarze Stein, in den der Name Herzl eingemeißelt ist. Ich bekämpfte und verhinderte diese Verschandelung.

Zev Jabotinsky starb 1940 in den Vereinigten Staaten, und sein Testament enthielt eine Klausel mit seinem Wunsch, in dem noch ungeborenen jüdischen Staat begraben zu werden. Die damaligen Führer der Arbeiterpartei erhoben Einwände dagegen, daß er auf dem Herzl-Berg wiederbestattet werde, weil sie fürchteten, das könnte die Revisionistische Partei, die spätere Herut-Partei, stärken. Ich hielt dieses Argument für dürftig und half mit, Ministerpräsident Levi Eshkol zu überreden, diese sektiererischen und parteiischen Überlegungen zu ignorieren und die Bedingungen des Testaments Jabotinskys zu erfüllen.

Yad Vashem

Wir wenden uns nach rechts zum Yad Vashem, dem Museum des Holocausts. Es ist kein leichter Besuch, aber er ist ein Muß, und wenn Sie mit dem 99er Bus die durchgehende Fahrt machen und nicht aussteigen können, bringt Sie ein Bus oder ein Taxi hierher.

Yad Vashems Avenue der Gerechten unter den Völkern ist mit Bäumen zum Gedenken an einzelne Nichtjuden bepflanzt, die während der Nazizeit unter großen persönlichen Gefahren das Leben von Juden retteten. Es gab Juden, die jahrelang suchten, um ihre Retter ausfindig zu machen.

Ich habe oft an diesen Gedenkfeiern (einschließlich der zu Ehren Dr. Willem Sandbergs, des ersten Beraters des Israel-Museums) teilgenommen. Jede Geschichte ist ein Wunder für sich. Vor einem steht ein Deutscher oder Pole oder Holländer oder eine Französin, alt, kränklich, und dennoch spürt man die Gegenwart eines Helden. Man sieht eine Familie, denn der eine Mensch, der gerettet wurde, hat eine Familie gegründet, und sie existiert nur wegen der Vornehmheit und Tapferkeit eines anderen. Und man spürt die unsichtbaren Bande, die diese Menschen vereinigen.

Das niedrige Gebäude zur Rechten ist eine Halle, in deren Boden die Namen der Vernichtungslager der Nazis eingeschrieben sind. Eine Gedächtniskerze brennt ständig.

Im Hauptgebäude dokumentiert eine chronologische Darstellung das Geschehene. Die nackte Einfachheit von Yad Vashem ist eindrucksvoller als jede moderne Multimedia-Show. Neu hinzugefügt wurde eine Kindergedenkstätte zur Erinnerung an die 1,5 Millionen Kinder, die getötet wurden. Wie kann man die Ermordung von 1,5 Millionen Kindern begreifen?

Der Bus hat Yad Vashem längst verlassen und ist zur Kreuzung am Herzl-Berg zurückgekehrt. Die rote Skulptur an der Kreuzung ist *Homage to Jerusalem – Stabile*, das letzte größere Werk Alexander Calders. Calder kam eigens nach Jerusalem, um den Platz für dieses Stabile auszuwählen, und nachdem er die Stadt so oft durchquert hatte wie der 99er Bus, entschied er sich für diese Stelle.

Skulptur in der Yad-Vashem-Gedenkstätte für die Opfer des Holocausts.

Der Blick nach rechts umfaßt das Dorf Ein Kerem, wo Johannes der Täufer geboren wurde, und das Hadassah-Krankenhaus in Ein Kerem, mit den Fenstern Chagalls.

Einc Wendung nach links bringt uns zum »Ungeheuer«, dem ausgesprochenen Liebling unserer Kinder. Es ist eine Spielskulptur von Niki de Saint Phalle, genannt der *Golem* – das Ungeheuer. Wir dachten zuerst daran, es im Stadtzentrum aufzustellen, aber wir änderten unsere Meinung und begünstigten eines der weniger privilegierten Viertel, um den Kindern Grund zu geben, stolz auf »ihr Ungeheuer« zu sein.

Die Route zurück zu unserem Ausgangspunkt führt uns am San-Simon-Viertel und am San-Simon-Kloster vorbei. In der Mitte dieses Parks steht ein jahrzehntealter Panzer, der während des Unabhängigkeitskrieges die südliche Flanke Jerusalems beschützte. Schließlich grüßt uns wieder die vertraute Windmühle, wenn wir nach links in die King David Street einbiegen, Mamilla durchqueren und zum Platz am Jaffator zurückkehren.

Sie haben einen guten Teil Jerusalems hinter sich gebracht – ohne Blasen an den Füßen.

Epilog

Ein Epilog wird definiert als ein Schlußkapitel, das weitere Kommentare, Interpretationen oder Informationen liefert. Ich hoffe, einen Epilog sowohl zu meinen Gedanken als auch zu Ihren Spaziergängen, ob auf dem Pflaster oder in einem Lehnstuhl unternommen, geben zu können.

Ich wähle die Haas-Promenade für diese Seiten der Betrachtung, denn in einer Stadt mit großartigen Aussichten ist dies der Gipfel der großartigen Aussichten. Das Terrain der Promenade, Niemandsland in der geteilten Stadt, erlebte heftige Kämpfe am Beginn des Sechstagekrieges, nachdem die Jordanier das nahegelegene UN-Hauptquartier eingenommen hatten. Die Gedenktafel für die israelischen Soldaten, die in dieser Schlacht fielen, bezeugt, wie schwer sie war.

Das UN-Hauptquartier, das festungsähnliche Gebäude hinter den Bäumen, diente ursprünglich dem Britischen Hochkommissar, und daher stammt der Name des angrenzenden Wohnviertels, Armon Hanatziv, der »Palast des Kommissars«. Dieses Viertel liegt hinter der Eisenskulptur der mexikanischen Künstlerin Helen Escobedo. Das seltsam gewinkelte Gebäude, das man von diesem Werk aus sieht, ist das Saltiel-Gemeindezentrum, entworfen von dem mexikanischen Architekten Mathias Goeritz.

Kurz nach der Wiedervereinigung der Stadt erkannten kommerzielle Planer, daß diese Anhöhe eine potentielle Goldmine war: Häuser konnten zu astronomischen Preisen verkauft werden. Wir lehnten den Ansturm der Gesuche nicht kurzerhand ab, sondern konsultierten das Jerusalem-Komitee, unseren internationalen Beirat. Die Bauvorschläge wurden geprüft und analysiert und erörtert. Der Entschluß des Komitees war einstimmig: keine Häuser.

Der berühmte Architekt Larry Halprin aus San Francisco wurde von der Familie Haas, die ebenfalls aus San Francisco stammt, ausgewählt, um diese eindrucksvolle Promenade zu schaffen. Als Mitglied des Jerusalem-Komitees war Larry Halprin in die Kompliziertheiten dieses Unternehmens eingeweiht.

Wenn ich die Promenade entlanggehe, bin ich erstaunt über ihren Erfolg. Hunderte von Besuchern schlendern umher, entspannen sich und träumen, ganz zu schweigen von denen, die am Samstagnachmittag Drachen steigen lassen und sich die klimatische Mitwirkung des Hügelkamms zunutze machen. Vor der Existenz der Promenade begegnete man hier ab und zu einem Vorübergehenden, einem Beduinen mit einem Hirtenstab in der Hand oder einem amerikanischen Touristen mit einem Sony-Walkman.

Nichts inspiriert so wie der Erfolg, und ein Gang westwärts auf der Haas-Promenade führt zur Gabriel-Promenade, die zum Gedenken an einen jungen Jerusalemer, Gabriel Sherover, geschaffen wurde. Wegen des steilen Hangs geht es bei diesem Gang auf und ab mit einer guten Anzahl Stufen dazwischen, obwohl es auch einen Zugang für Behinderte gibt. Aber gerade diese Stufen schaffen die wechselnden Ausblicke und die Winkel, die Augenblicke des Alleinseins gewähren.

Es gibt eine ganze Reihe von Gedanken, die ich mitteilen möchte, und deshalb sollten Sie sich einen bequemen Platz aussuchen, entweder auf den Balustraden oder den Bänken, auf dem einladenden Rasen darunter oder im Restaurant, das auch für das leibliche Wohl sorgt.

Mein ursprünglicher Plan für dieses Buch sah eher eine definitive Behandlung als eine transitorische vor. Ich hatte die Absicht, einen Reiseführer zu schreiben, nicht eine politische Abhandlung oder einen auf den neuesten Stand gebrachten journalistischen Bericht. Doch die laufenden Ereignisse erzwangen die Aufnahme eines solchen Berichts auch für den Touristen, obwohl das Gesagte veraltet sein kann, bevor noch das Buch erscheint.

Das Jahr 1988 fügte dem allgemeinen Lexikon der Welt ein neues Wort hinzu: »Intifada«, der arabische Aufstand. In Gaza beginnend, breitete er sich rasch auf die West Bank und dann auf Jerusalem aus. Aber die Vergleichbarkeit zwischen dem, was in Gaza und in der West Bank und dem, was in Jerusalem geschah, gewährt schon einen aufschlußreichen Einblick in die Natur unserer Stadt.

Wir haben zwar schwierige Tage erlebt, aber nichts von der Art dessen, was in den internationalen Medien berichtet wurde. Wir haben schon vor langer Zeit gelernt, daß wir uns unter dem Mikroskop der Weltöffentlichkeit befinden, aber die Lektion muß immer neu gelernt werden. Wir erfahren, daß man über einen einzigen Stein, der in Jerusalem geworfen wird, ausführlicher berichtet als über 5000 moslemische Kurden, die im Irak vergast, oder über 20 000 Rebellen, die in Syrien getötet werden.

Nicht nur die Intensität der Auseinandersetzungen war in Jerusalem schwächer, sondern auch ihre Natur. Das heißt nicht, daß die arabischen Jugendlichen von

Jebel Mukabar keine Steine warfen, die die Fensterscheiben im benachbarten jüdischen Viertel Armon Hanatziv zerschlugen. Diese beiden Viertel hatten friedlich Seite an Seite gelebt, und dennoch wurden beide Opfer der Intifada.

Die arabische Bevölkerung in Jerusalem war einem unaufhörlichen Druck ausgesetzt, den Aufstand zu intensivieren. Die arabische politische und journalistische Führerschaft ist in Jerusalem konzentriert, da sie hier dem zivilen Gesetz untersteht und nicht dem militärischen wie in Gaza oder in der West Bank. Sowohl die Araber als auch die Juden genießen eine freie Presse, wenn auch beide einer leichten militärischen Zensur unterworfen sind. Es gibt, oft gerechtfertigte, Beschwerden, daß die Zensur der arabischen Presse strenger ist, aber trotzdem findet man nirgends im Nahen Osten eine freiere arabische Presse.

Der Aufstand in Jerusalem besaß trotz seiner begrenzten Natur ein Element der Überraschung. Auch ich war überrascht – trotz meiner häufigen Warnungen vor Selbstgefälligkeit. Es war uns gelungen, Toleranz und harmonische Koexistenz zu fördern, aber es blieb ein heikles Gleichgewicht, das durch die Ereignisse in Gaza und in der West Bank gestört wurde.

Obwohl alle 1500 arabischen städtischen Arbeitnehmer trotz täglicher Aufforderung zu streiken zur Arbeit kamen, und obwohl das arabische Gesundheitszentrum und ähnliche Einrichtungen ihre Tätigkeit fortsetzten – arabische Kunstlehrer aus Gaza kamen regelmäßig zu einem wöchentlichen Kurs im Ruth-Jugendflügel des Israel-Museums –, ging das Leben nicht seinen gewohnten Gang.

Am meisten schockiert waren diejenigen, die den starken Patriotismus der Araber Jerusalems nicht begriffen, den wir nie entmutigt hatten. Im Jahre 1967 folgten wir einem Kurs, der in der modernen Geschichte selten ist. Grenzveränderungen hatten immer einen Wechsel der Staatsbürgerschaft oder eine erzwungene Auswanderung mit sich gebracht, so in Elsaß-Lothringen, dem Sudetenland oder Schlesien. Wir jedoch boten den Arabern die Möglichkeit der israelischen Staatsbürgerschaft an, erlaubten ihnen aber auch, die jordanische zu behalten. Wir genehmigten den Lehrplan der Arabischen Liga in den Schulen der Stadt und ermöglichten es damit den Schülern, ihre Studien an arabischen Universitäten im Ausland fortzusetzen. Wir sanktionierten offene Brücken mit Jordanien und gestatteten den beiderseitigen Zugang der Bevölkerung der East Bank und der West Bank. Es ist wenig bekannt, daß in den letzten zwei Jahrzehnten über 100 000 Besucher aus Ländern, mit denen wir uns zumindest nominell im Krieg befinden – Jordanien, Irak, Saudi-Arabien etc. – Israel für Familienbesuche oder Pilgerfahrten betreten haben.

Ich kann nicht prophezeien, was den Besucher Jerusalems nächste Woche, nächsten Monat oder nächstes Jahr erwarten wird, aber ich kann schildern, was heute geschieht. Alle Geschäfte in Ostjerusalem und in der Altstadt, die Arabern gehören, befinden sich in einem von der PLO angeordneten Teilstreik und haben nur von 9 Uhr morgens bis Mittag geöffnet. An Tagen, an denen zum vollen Streik aufgerufen wird, haben sie auch am Vormittag geschlossen.

Während der ersten Tage der Unruhen, als nur zu oft spontane Entscheidungen getroffen wurden, beschloß die Polizei, die arabischen Geschäftsleute zu zwingen, ihre Geschäfte auch am Nachmittag zu öffnen. Eine Delegation arabischer Kaufleute erklärte mir, warum die Lage unverändert bleiben werde: »Wenn wir den Anordnungen der Polizei zuwiderhandeln, erhalten wir eine Geld- oder Haftstrafe; wenn wir den Anordnungen der Intifada zuwiderhandeln, werden unsere Geschäfte verbrannt, unsere Wagen zertrümmert, und unsere Kinder sind in Gefahr.« Die Waage der Furcht schlug deutlich nach der anderen Seite aus, die Anordnungen der Polizei wurden aufgehoben.

Die meisten Tage sind ruhig, obwohl jeder Zwischenfall das Potential einer augenblicklichen Eskalation in sich birgt. Zurückhaltung ist unbedingt erforderlich, und die Bürde dieser Zurückhaltung lastet immer schwerer auf den Gemäßigten aller Seiten, die kämpfen müssen, um den Extremismus im Zaun zu halten.

Trotz der Sisyphusnatur dieser Aufgabe läßt sich die heutige Situation nicht mit der Traurigkeit der geteilten Stadt vergleichen. Das arabische Jerusalem während jener Periode wurde zugunsten der jordanischen Hauptstadt Amman vernachlässigt: keine Regierungsbüros wurden hier untergebracht, die wirtschaftliche Entwicklung kam zum Stillstand, da alle Investitionen nach Transjordanien umgeleitet wurden, die Einrichtung schulischer und kultureller Institutionen unterblieb aus internen politischen Gründen. Die Folge davon war, daß Ostjerusalem einen Teil seiner Bevölkerung, die Gebildeten und die Geschäftsleute, verlor, die nach Amman, in die arabische Welt und in die nichtarabische Welt abwanderten. Die Einwohnerzahl stagnierte während der ganzen Periode und überschritt nicht 65 000, während Amman von 45 000 Einwohnern im Jahre 1947 auf 300 000 im Jahre 1967 anwuchs.

Im Gegensatz dazu verdoppelte sich während der zwei Jahrzehnte unter israelischer Regierung die moslemische Bevölkerung Jerusalems auf 130 000. Wer uns anklagt, daß wir die arabische Präsenz in der Stadt auszulöschen versuchten, sollte diese Zahlen zur Kenntnis nehmen.

Auch im israelischen Sektor der geteilten Stadt war die Lage nicht leicht. Zehntausende von jüdischen Flüchtlingen mußten aufgenommen werden. Die Einwohnerzahl stieg von 84 000 im Jahre 1949 auf 123 000 im Jahre 1951 und auf 195 000 im Jahre 1966. Nur wenige Einwanderer waren des Hebräischen kundig, viele hatten keine Berufsausbildung. Wir mußten die Mittel finden, diesen Massenstrom unterzubringen, zu schulen – und in manchen Fällen sogar zu bekleiden.

Die Wiedervereinigung der Stadt kam plötzlich und

Die Haas-Promenade in Osttalpiot und der Blick auf die Altstadt und darüber hinaus.

ungeplant. Die Improvisation wurde zur Methode. Es gab wenige Präzedenzfälle.

Wir standen vor zwei Aufgaben, die wichtiger waren als alles andere: wir mußten Toleranz und Verständnis zwischen zwei Völkern fördern, die in Feindschaft und Krieg miteinander gelebt hatten, und wir mußten die vernachlässigte Ostjerusalemer Gemeinde mit Dienstleistungen versorgen, die den in Westjerusalem gebotenen möglichst nahe kamen. Beide Aufgaben waren für sich selbst überwältigend, beide erforderten außer riesigen Budgets den Kampf gegen extremistische Kräfte.

Wir können die komplexen Probleme des Nahen Ostens nicht im Rathaus Jerusalems lösen, aber wir können uns bemühen, die Fundamente gegenseitiger Toleranz zu stärken. Es muß klar sein, daß sichere nationale Grenzen nicht auf die Versprechungen der Heiligen Schrift gegründet noch durch militärische Stärke allein garantiert werden können. Friede und sichere Grenzen beginnen im Geist der Menschen und in den Schulbüchern der Kinder.

Die Internationalisierung ist eine Idee, die sporadisch auftaucht, obwohl sie offensichtlich praktisch undurchführbar ist. Die Moslems werden niemals Ungläubige als Autorität über ihre heiligen Moscheen akzeptieren, und die Vereinten Nationen sind in arabischen Augen ebenso Ungläubige wie die israelische Regierung. Selbst die jüdischen Führer, die der Internationalisierungsklausel des Teilungsplans von 1947 zustimmten – unter dem Druck, einen jüdischen Staat zu erreichen und ein Heim für jüdische Flüchtlinge aus islamischen Ländern und Überlebende der Konzentrationslager der Nazis zu schaffen – wären heute nicht mehr imstande einzuwilligen.

Eine zweifache Souveränität wurde erörtert und eine arabische Hauptstadt neben einer jüdischen Hauptstadt vorgeschlagen. Die doppelte Souveränität ist keine gangbare Lösung. Zwei Gesetze? Zwei Polizeikräfte? Eine Zollgrenze? Wie lange würde es dauern, bis die Mauern wieder erschienen, der Stacheldraht und die Minen?

Jerusalems spirituelle Einzigartigkeit als die Geburtsstätte des Monotheismus ist offensichtlich. Jerusalem wird 667 Mal in der Bibel erwähnt. Für Juden ist es *die* Quelle der Spiritualität. Drei Jahrtausende lang, seit der Zeit König Davids, war Jerusalem die erwählte Hauptstadt. Und als es kein jüdisches Staatswesen gab, blieb Jerusalem das emotionale Zentrum des verstreuten jüdischen Volkes, dessen Sehnsüchte sich in seinen täglichen Gebeten ausdrückten: »An den Ufern Babylons saßen wir und weinten, wenn wir Zions gedachten.«

Für Christen gibt es auch andere Stätten der Verehrung, sei es Rom, Konstantinopel, Lourdes oder auch Bethlehem, aber die Geschichte Jesu erreicht ihren Höhepunkt in dieser Stadt. Und für die Moslems spielt Jerusalem, wenn auch Mekka und Medina mit einem höheren Grad von Heiligkeit erfüllt sind, eine wichtige Rolle.

Doch es muß festgehalten werden, daß es in den Jahrhunderten moslemischer Herrschaft – Omaijaden, Aijubiden, Mamelucken, Ottomanen und in jüngster Zeit Jordanier – nie einen arabischen Herrscher gab, der Jerusalem zu seiner Hauptstadt machte, obwohl es sich dazu anbot. Und da weder Mekka noch Medina zur Hauptstadt Saudi-Arabiens erwählt wurden, sondern Ar Rijad, kann man feststellen, daß die Heiligkeit einer Stadt im Islam nicht das *sine qua non* für die Einrichtung einer Hauptstadt ist.

Ich bin davon überzeugt, daß eine Lösung möglich ist, wenngleich ich ebenso davon überzeugt bin, daß es sich um eine völlig neue, originale Idee handeln muß. Die Schwierigkeit, unsere Probleme zu erklären, liegt darin, daß es keine vergleichbaren Situationen gibt, und die Menschen neigen dazu, vertraute Vorbilder zu suchen. Kreativität wird Präzedenzfälle ersetzen müssen.

Vielleicht wird ein neues Konzept, funktionelle Souveränität, an die Stelle der geographischen Souveränität treten müssen. In den letzten Jahren haben wir Nachbarschaftsräte, sogenannte *minhalot*, geschaffen, um die Bürger zur Teilnahme an der lokalen Verwaltung zu ermutigen. Die *minhalot* besitzen keine gesetzliche Autorität, was sie für die arabische Bevölkerung akzeptabel macht, da sie nicht Einsprüchen auf der Basis von Fragen der Souveränität unterworfen sind. Zugleich sind sie für unsere Politiker des rechten Flügels annehmbar, die vielleicht das Wort Stadtgemeinde ablehnen könnten, da sie uns im Verdacht haben, der arabischen Bevölkerung »zu viel« Unabhängigkeit geben zu wollen. Ein erweitertes System von *minhalot* könnte schließlich eine Rolle in einem permanenten Arrangement spielen, indem es sich zu einem Rahmen für die Selbstverwaltung durch autonome Gemeinden entwickelt.

Im Jahre 1977 schrieb ich einen Artikel in der Zeitschrift *Foreign Affairs*, die in den Vereinigten Staaten erscheint. Ich sprach von den vier Prinzipien, die uns in Jerusalem leiten und die noch immer unsere Entscheidungen und Handlungen diktieren:

1. Es soll freien Zugang zu allen heiligen Stätten (ohne Rücksicht auf die Nationalität) geben, und diese sollen von Ihren Anhängern verwaltet werden. Dieses Prinzip schließt die Verpflichtung ein zu verhindern, daß religiöse Versammlungen für politische Zwecke mißbraucht werden, ob durch Juden, Christen oder Moslems.
2. Alles, was möglich ist, soll getan werden, um die ungehinderte Entwicklung arabischer Lebensweise unter den Arabern in der Stadt zu gewährleisten und Moslems und Christen eine praktische religiöse, kulturelle und kommerzielle Bestimmung über ihr eigenes Leben zu sichern.
3. Alles, was möglich ist, soll getan werden, um gleiche staatliche, städtische und soziale Dienstleistungen in allen Teilen der Stadt zu gewährleisten.
4. Ständige Bemühungen sollten unternommen werden, die kulturellen, sozialen und ökonomischen Kontakte unter den verschiedenen Elementen der Jerusalemer Bevölkerung zu festigen und gleichzei-

tig die kulturelle und sogar die nationale Identität jeder Gruppe zu erhalten.

Wir werden manchmal getadelt, weil noch ein Unterschied zwischen den Dienstleistungen in Ost- und Westjerusalem besteht, aber leider braucht es mehr als neunzehn Jahre, um die Vernachlässigung von Jahrhunderten wiedergutzumachen. Außerdem gibt es zwar jüdische Spender der Jerusalem Foundation, die Projekte für die arabische Gemeinde finanzieren, aber dieses Verständnis ist nicht weit verbreitet. Daher gibt es, trotz einiger großzügiger christlicher Spenden, immer wieder eine Differenz in den philanthropischen Mitteln, die für öffentliche Projekte zur Verfügung stehen.

Wir bemühten uns einmal, die Hilfe reicher Araber, die im Ausland leben, zu gewinnen, so wie wir die Hilfe von Juden gewonnen hatten, aber mit geringem Erfolg. In einem Fall machte sich ein früherer Jerusalemer Araber, der in Washington lebte, erbötig, eine arabische Kindertagesstätte zu unterstützen, aber er erhielt Drohungen und stellte seine Spenden ein.

Die Araber wissen, daß das Rathaus jeden Tag für ihre Bedürfnisse, für ihre Würde kämpft. Traurigerweise schwimmt es noch oft gegen den Strom, besonders seit den Unruhen. Ich bedaure, daß sich die Araber nicht an den demokratischen politischen Auseinandersetzungen beteiligen, denn sie könnten sich wirksamer als ich für ihre Bedürfnisse einsetzen. Die arabische Bevölkerung hat das Recht, sich an den Gemeindewahlen zu beteiligen. Bis zum Aufstand machten viele von diesem Recht Gebrauch, aber sie fürchteten wegen interner Drohungen immer, einen Kandidaten für den Stadtrat aufzustellen.

Jerusalem ist nicht ein Schmelztiegel wie Amerika, wo alle Einwanderer danach streben, Amerikaner zu sein. Jerusalem ist ein Mosaik, wo nationale Identitäten wie Griechen, Armenier und Araber jahrhundertelang erhalten und gefördert wurden. Wir ärgern uns oft über den Mangel an Fairneß, mit dem die Welt Israel beurteilt, aber wir müssen uns selbst nach unseren eigenen Maßstäben beurteilen und beurteilen lassen, ohne Rücksicht darauf, welches die Maßstäbe anderer sein mögen oder wie die Welt sie einschätzt.

Die härteste Lektion, die wir zu lernen hatten, ist die, daß es leichter ist, einen Staat oder eine Hauptstadt zu proklamieren, als sie zu bauen. Nichtsdestoweniger bin ich überzeugt, daß in diesem Jahrhundert der gescheiterten Ideologien Liberalismus, Faschismus und Kommunismus die Rückkehr des jüdischen Volkes nach Zion 2000 Jahre nach der Vertreibung als einzigartiges historisches Ereignis, als eine der erfolgreichsten sozio-politischen Bewegungen des 20. Jahrhunderts beurteilt werden wird.

Wir wissen, daß sich die Geschichte nicht geradlinig fortbewegt, und gefangen in ihren Zickzackbewegungen weiß man oft nicht, wo man ist. Die Geschichte ist ein langsamer Prozeß, und wir müssen verstehen, daß manche Probleme Generationen gebraucht haben und brauchen werden, bis sie eine Lösung finden, – so bei den Iren, den Basken oder den Wallonen. Wenn wir lernen, Geduld zu haben, werden es vielleicht auch andere lernen.

Eine weiteres Handicap ist der Mangel an demokratischen Traditionen unter den Jerusalemern. Die 100 000 Mitglieder der ultra-orthodoxen jüdischen Gemeinden leben in kleinen Theokratien, in denen das Rabbinat oft erblich ist. Die 200 000 Jerusalemer, die Einwanderer aus moslemischen Ländern oder aus Osteuropa sind, brachten keine Tradition der Teilnahme an öffentlichen Angelegenheiten oder der demokratischen Entscheidungsfällung mit. Die Christen leben in Gemeinden, die von ihren Ältesten und von der Geistlichkeit beherrscht werden; und die Moslems haben nirgends eine demokratische Tradition oder einen demokratischen Staat. In Jerusalem waren die Moslems beherrscht worden von türkischer Tyrannei, britischem Paternalismus und jordanischer Diskriminierung; nichts davon führt zur Entwicklung demokratischer Überzeugungen.

Die Stadt besitzt wenig Autorität, um formelle und dauerhafte Arrangements zu treffen, denn wir funktionieren noch unter dem von den Briten geerbten Kolonialkodex. Die Gemeinden der Stadt fühlen sich zu Recht unsicher mit den informellen Arrangements, die wir eingeführt haben, da sich zukünftige städtische oder staatliche Verwaltungen nicht an sie gebunden fühlen könnten. Wenn wir diese Arrangements legalisieren könnten, wäre es möglich, diese Unsicherheit und Spannungen zu mildern.

Die formelle Garantie der Rechte jeder Gruppe wird dazu beitragen, daß sich eines Tages die passive Hinnahme von Gewaltlosigkeit und Toleranz in einen bewußten Stolz auf den Frieden in Jerusalem und die Anerkennung anderer Volksgruppen verwandelt. Praktische und unspektakuläre Bemühungen sind nötig, um diesen Prozeß zu beschleunigen. Vielleicht befördert der Aufstand ein Gefühl des Stolzes der palästinensischen Bevölkerung ähnlich dem Stolz, der das ägyptische Volk erfüllte, als es im Krieg von 1973 den Suezkanal überquerte. Man sagt, daß Sadat ohne den Stolz auf diesen Anfangserfolg kein Abkommen mit Israel durchgesetzt hätte. Daß die israelische Armee später, umgeben von der ägyptischen Dritten Armee, ihrerseits den Suezkanal überschritt und in Sichtweite Kairos stand, war bedeutungslos.

Vielleicht sind mehrere Generationen nötig, um Angst, Ressentiments und religiösen Fanatismus auszulöschen. Aber nur eine vereinigte Stadt kann gewährleisten, daß Jerusalem, das zu oft das Schlachtfeld heiliger Kriege war, eine Stadt des Friedens sein wird, eine Stadt mit genügend spirituellem Raum, um ihre Vielfalt von Glaubensbekenntnissen und Ideologien zu fassen.

Zeittafel

20. Jh. v. Chr.	Das kanaanitische Jerusalem Erste Erwähnung auf ägyptischen Tonfigurinen (Verwünschungstexte) Abraham begegnet Melchisedek, dem König von Salem
1000 v. Chr.	König David macht Jerusalem zur Hauptstadt des Vereinigten Königreichs Israel
967 v. Chr.	König Salomo baut den Ersten Tempel
587 v. Chr.	Nebukadnezar zerstört Jerusalem und den Tempel Verbannung der Juden nach Babylon
537 v. Chr.	Rückkehr der Juden aus Babylon
515 v. Chr.	Vollendung des Zweiten Tempels
332 v. Chr.	Alexander der Große erobert das Land Ende der persischen Periode; Beginn der hellenistischen Periode
169 v. Chr.	Der Seleukidenkönig Antiochus IV. Epiphanes plündert den Tempel
167–141 v. Chr.	Hasmonäischer Befreiungskrieg
164 v. Chr.	Wiedereroberung des Tempelbergs und Neueinweihung des Tempels
63 v. Chr.	Pompejus erobert Jerusalem. Beginn der römischen Periode
37–34 v. Chr.	Herrschaft Königs Herodes des Großen
26–36 n. Chr.	Pontius Pilatus römischer Statthalter von Judäa
ca. 33 n. Chr.	Kreuzigung Jesu
66–70	Der Große Aufstand – Krieg der Juden gegen die Römer
70	Titus erobert Jerusalem und zerstört den Zweiten Tempel
132–135	Aufstand der Juden unter Bar Kochba
135	Völlige Zerstörung Jerusalems durch Kaiser Hadrian
324	Beginn der byzantinischen Periode
326	Besuch Königin Helenas, der Mutter Konstantins des Großen, die die Orte von Ereignissen bestimmt, die mit den letzten Tagen Jesu verbunden sind, und den Bau von Kirchen anregt, die dieser Ereignisse gedenken
Ende 6. Jh.	Madaba-Karte von Jerusalem
614	Persische Eroberung
629	Rückeroberung durch die Byzantiner
ca. 638	Der Kalif Omar betritt Jerusalem
691	Vollendung des Felsendoms
1099	Die Kreuzfahrer nehmen Jerusalem ein
1187	Saladin erobert Jerusalem von den Kreuzfahrern zurück
1250–1517	Mameluckenzeit
1517	Ottomanische Eroberung Jerusalems
1538–40	Sultan Suleiman der Prächtige baut die Stadtmauern wieder auf
1860	Erste jüdische Siedlung außerhalb der Stadtmauern
1917	General Allenby zieht in Jerusalem ein Beginn des Britischen Mandats
1947	Ein Beschluß der Vereinten Nationen teilt Palästina in einen jüdischen und einen arabischen Staat und erklärt Jerusalem zur internationalen Stadt
14. Mai 1948	Ende des Britischen Mandats Der Staat Israel wird proklamiert Fünf arabische Armeen greifen Israel an
28. Mai 1948	Das Jüdische Viertel in der Altstadt fällt
April 1949	Das Waffenstillstandsabkommen wird unterzeichnet Jerusalem wird zwischen Israel und Jordanien aufgeteilt
13. Dezember 1949	Jerusalem wird zur Hauptstadt des Staates Israel erklärt
5. Juni 1967	Die Jordanier greifen Westjerusalem an Beginn des Sechstagekrieges
7. Juni 1967	Israelische Truppen nehmen die Altstadt ein Jerusalem ist wiedervereinigt

Verzeichnis der Sehenswürdigkeiten

Zu Ihrer Information: Am Anfang dieses Verzeichnisses finden Sie alle touristischen Informationsbüros aufgelistet. Alle anderen Orte werden alphabetisch aufgeführt.

Trotz der größtmöglichen Sorgfalt bei der Überprüfung der hier gegebenen Informationen können sich immer wieder Änderungen ergeben. Vor einem Besuch sollten Sie sich daher der Richtigkeit der Angaben noch einmal vergewissern.

Touristenbüro der Israelischen Regierung
King George Street 24 – Tel. 241281
Jaffator – Tel. 282295/6
So bis Do 8.30 –17 Uhr
Fr 8.30 –14 Uhr

Städtisches Informationsbüro für Touristen
Jaffa Road 17 – Tel. 228844
So bis Do 9 – 13 Uhr

Christliches Informationszentrum
Innerhalb des Jaffators – Tel. 287647
Mo bis Fr 8.30 – 12.30 Uhr
15 – 18 Uhr (im Winter bis 17.30 Uhr)
Sa 8.30 – 12.30 Uhr

Al Aqsa Moschee, Felsendom
Haram al Sharif (Eingang am Misttor) – Tel. 283313, 272358
Sa bis Do 8 – 15 Uhr
Während des Ramadan: 8 – 11 Uhr
An moslemischen Feiertagen geschlossen
Eintrittsgebühr für Moschee und Museum

Archäologisches Seminar
Chabad Street 36, Jüdisches Viertel – Tel. 282221

Armenische Kathedrale zu St. James
Armenisches Viertel – Tel. 282331
Mo bis Fr 15 – 15.30 Uhr
Sa und So 14.30 – 15.15 Uhr

Armenischer Friedhof
Berg Zion
Tägl. 8 – 17 Uhr

Armenisches Museum
Armenisches Viertel
Mo bis Sa 10 – 16.30 Uhr
Sonntags geschlossen
Eintrittsgebühr

Bethesdateich, s. St. Annenkirche

Botanische Gärten, s. Hebräische Universität

Bus 99
Parkplatz unterhalb des Jaffators – Tel. 551868, 534596, 247783
Abfahrt jede volle Stunde
So bis Do 9 – 17 Uhr
Fr 9 – 14 Uhr
Gebühr

Chaba Museum für Jüdische Mikrographische Kunst
Haneviim Street – Tel. 244242
So bis Do 9 – 12 Uhr

Coenaculum, Raum des Letzten Abendmahls
Berg Zion
Tägl. 8.30 Uhr – Sonnenuntergang
Freitagnachmittags geschlossen

Damaskustor, Römischer Platz
Sultan Suleiman Street – Tel. 224403/4
Sa bis Do 9 – 17 Uhr
Fr 9 – 14 Uhr
Eintrittsgebühr

Stadt Davids – Archäologische Ausgrabungen
Unterhalb des Misttors, außerhalb der Stadtmauer – Tel. 224403/4
Sa bis Do 9 – 16 Uhr
Fr 9 – 14 Uhr
Eintrittsgebühr

Grab König Davids
Berg Zion – Tel. 719767
So bis Do 8 Uhr – Sonnenuntergang
Fr 8 – 13 Uhr

Davidsturm, s. Zitadelle

Dominus-Flevit-Kirche
Gethsemane – Tel. 285837
Tägl. 8 – 11.30 Uhr
15 – 17 Uhr

Dormitio-Abtei
Berg Zion – Tel. 719927
Mo bis Sa 8 – 12 Uhr
14 – 16 Uhr
So 9 – 12 Uhr
14 – 18 Uhr

Ecce-Homo-Basilika,
Kloster der Schwestern von Zion
Via Dolorosa – Tel. 282445
Mo bis Sa 8.30 – 12.30 Uhr
14 – 17 Uhr

Eleonakirche, s. Paternosterkirche

Erlöserkirche (Lutheranisch)
Muristan Street – Tel. 282543
Mo 9 – 13 Uhr
Di bis Sa 9 – 13 Uhr
14 – 17 Uhr

Felsendom, s. Al Aqsa Moschee

Gartengrab
Conrad Schick Lane, Seitenstraße der Shechem (Nablus) Road – Tel. 283402
Mo bis Sa 8 – 12.15 Uhr
14.30 – 17.15 Uhr

Geißelungskapelle
Via Dolorosa – Tel. 282936
Tägl. 8 – 12 Uhr
14 – 18 Uhr
(im Winter: 13 – 17 Uhr)

Museum der Geteilten Stadt,
s. Turgemanposten-Museum

Garten Gethsemane
Gethsemane – Tel. 283264
Mo bis Mi, Fr und Sa 8.30 – 11.45 Uhr
14.30 – 17 Uhr (im Winter bis 16 Uhr)
So und Do 14.30 – 15.30 Uhr

Gethsemanekirche, Kirche der Nationen
Gethsemane – Tel. 283264
Tägl. 8 – 12 Uhr
14.30 – 18 Uhr (im Winter bis 17 Uhr)

Grabeskirche
Christliches Viertel – Tel. 284213
Tägl. 4.30 – 20 Uhr (im Winter bis 19 Uhr)

Museum des Griechisch Orthodoxen Patriarchats
Christliches Viertel – Tel. 284006
Mo bis Fr 9 – 13 Uhr
15 – 17 Uhr
Sa 9 – 13 Uhr

Große Synagoge
King George Street 58 – Tel. 247112
So bis Do 9 – 13 Uhr
Fr 9 – 11 Uhr

Hebräische Universität, Botanische Gärten,
Givat Ram Campus
Ruppin Street – Tel. 585111
So bis Do Führungen um 10 Uhr
Botanische Gärten ständig geöffnet

Hebrew Union College
King David Street 13 – Tel. 203333
So bis Do 10 – 16 Uhr
Fr und Sa 10 – 14 Uhr

Hechal Shlomo (Oberrabbinat), Wolfson-Museum
King George Street 58 – Tel. 247112
So bis Do 9 – 13 Uhr
Fr 9 – 12 Uhr

Herodianische Villen, s. Wohl-Museum

Herzl-Museum
Herzlberg – Tel. 531108
So bis Do 9 – 17 Uhr
Fr 9 – 13 Uhr

Kammer des Holocaust
Berg Zion – Tel. 716841, 719767
So bis Do 9 – 18 Uhr
Fr 9 – 13.30 Uhr
freiwillige Eintrittsgebühr

Museum des Holocaust, s. Yad Vashem

Holyland Hotel Modell des alten Jerusalem
Bayit Vegan, am Holyland Hotel – Tel. 788118
Tägl. 8 – 17 Uhr
Eintrittsgebühr
Eintrittskarten für Samstag müssen am Tag vorher erworben werden.

Ruine der Hurva-Synagoge
Jewish Quarter Road – Tel. 288141
So bis Do 9 – 17 Uhr
Fr 9 – 13 Uhr

Museum für Islamische Kunst
Palmach Street 2 – Tel. 661291/2
So bis Do 10 – 17 Uhr
Sa 10 – 13 Uhr
Eintrittsgebühr

Israel-Museum, Schrein des Buches,
Billy-Rose-Skulpturengarten
Ruppin Street, Hakirya – Tel. 698211
So bis Do 10 – 17 Uhr
Di 16 – 22 Uhr (im Sommer 10 – 22 Uhr)
Schrein des Buches, das ganze Jahr über 10 – 22 Uhr
Fr und Sa 10 – 14 Uhr
Eintrittsgebühr

Israelitischer Turm
Jüdisches Viertel – Tel. 286288
So bis Do 9 – 17 Uhr
Fr 9 – 13 Uhr
Eintrittsgebühr

Jüdische National- und Universitäts-Bibliothek
Hebräische Universität, Givat Ram Campus – Tel. 585026
So bis Mi 9 – 19 Uhr
Do 9 – 15 Uhr
Fr 9 – 13 Uhr
An allen Feiertagen geschlossen

Gedenkstätte des Jüdischen Viertels
Jewish Quarter Road – Tel. 288141
So bis Do 9 – 17 Uhr
Fr 9 – 13 Uhr

Knesset (Parlament)
James de Rothschild Boulevard, Hakirya – Tel. 554111
nur So und Do 8.30 – 14.30 Uhr
Paß erforderlich

Mariengrab
Gethsemane
Tägl. 6.30 – 12 Uhr
14 – 17 Uhr

Modell des Ersten Tempels
Jüdisches Viertel – Tel. 286288
So bis Do 9 – 17 Uhr
Fr 9 – 13 Uhr
Eintrittsgebühr

Montefiore-Windmühle und -Museum, s. Yemin Moshe

Munitionshügel-Museum (Givat Hatachmoshet)
Eshkol Boulevard – Tel. 828442
So bis Do 9 – 17 Uhr (im Winter bis 16 Uhr)
Fr 9 – 13 Uhr

Kirche der Nationen, s. Gethsemane Basilika

Old Yishuv Court Museum
Or Hahayim Street 6 – Tel. 284636
So bis Do 9 – 14 Uhr
Eintrittsgebühr

Ophel Ausgrabungen
Innerhalb des Misttors, südlich der West-Mauer – Tel. 224403/4
So bis Do 9 – 16 Uhr
Fr 9 – 14 Uhr
Eintrittsgebühr

Paternosterkirche, Eleonakirche
Ölberg – Tel. 283143
Mo bis Sa 9 – 11.45 Uhr
15 – 16.30 Uhr

Museum und Bibliothek des Pontifikalen Bibelinstituts
Emile Botta Street 3 – Tel. 222843
Mo, Mi, Fr 9 – 12 Uhr

Raum des letzten Abendmahls, s. Coenaculum

Rockefeller Archäologie Museum
Sultan Suleiman Street – Tel. 283151, 282251
So bis Do 10 – 17 Uhr
Fr und Sa 10 – 14 Uhr
Eintrittsgebühr

Salomos Steinbrüche, Zedekias Höhle
Sultan Suleiman Street, zwischen Damaskustor und Herodestor – Tel. 224403/4
Tägl. 9 – 14 Uhr
Eintrittsgebühr

St. Alexander Kapelle
Dabbagha Street 25, Altstadt – Tel. 284580
Tägl. 9 – 15 Uhr
(an der Glocke läuten)

St. Andreas Kirche von Schottland
Gegenüber dem Bahnhof – Tel. 714659

St. Annenkirche, Bethesdateich
Via Dolorosa – Tel. 283285
Mo bis Sa 8 – 12 Uhr
14.30 – 18 Uhr (im Winter 14 – 17 Uhr)

St. Maria Magdalena Kirche
Gethsemane – Tel. 282897
Di und Do 10 – 11.30 Uhr

St. Peter in Gallicantu Kirche
Östlich des Berges Zion – Tel. 283332
Mo bis Sa 8.30 – 11.45 Uhr
14 – 17.30 Uhr (im Winter bis 17 Uhr)

Sephardische Synagogen
Eingang zum Jüdischen Viertel – Tel. 224371
So bis Do 9 – 15 Uhr
Fr 9 – 13 Uhr
Eintrittsgebühr

Stadtmauerpromenade
Eingang am Damaskustor (und Jaffator) – Tel. 224403/4
So bis Do 9 – 16 Uhr
Fr 9 – 14 Uhr
Eintrittsgebühr

Steuermuseum
Agron Street 32 – Tel. 703333
So, Di, Do 13 – 16 Uhr
Mo, Mi, Fr 10 – 12 Uhr

Ticho Haus Museum
Harav Kook Street 7–9, Stadtzentrum –
Tel. 245068, 244186
Museum
So, Mo, Mi, Do 10 – 17 Uhr
Di 10 – 22 Uhr
Café – Bistro
So bis Do 10 – 23.45 Uhr
Fr 10 – 14.45 Uhr
Sa eine Stunde nach Sonnenuntergang – 23.45 Uhr

Turgemanposten-Museum, Museum der Geteilten Stadt
Hel Hahandasa Street 1, Ecke Shivtei Yisrael –
Tel. 281278
So bis Do 9 – 16 Uhr
Fr 9 – 13 Uhr
Eintrittsgebühr

Verbranntes Haus
Jüdisches Viertel – Tel. 287211
So bis Do 9 – 17 Uhr
Fr 9 – 13 Uhr
Eintritt frei
Erkundigen Sie sich nach den Zeiten für die Audiovisuelle Vorführung

Wilson-Bogen
West-Mauer
So, Di, Mi 8.30 – 15 Uhr
Mo und Di 12.30 – 15 Uhr
Fr 8.30 – 12 Uhr

Wohl-Museum, Herodianische Villen
Nähe Hurva-Platz, Jüdisches Viertel – Tel. 288141
So bis Do 9 – 17 Uhr
Fr 9 – 13 Uhr
Eintrittsgebühr

Wolfson-Museum, s. Hechal Shlomo

Yad Vashem, Museum des Holocaust
Herzlberg – Tel. 531202
So bis Do 9 – 16.45 Uhr
Fr 9 – 13.45 Uhr

Yemin Moshe Windmühle und Montefiore-Museum
Yemin Moshe, Seitenstraße der King David Street
So bis Do 9 – 16 Uhr
Fr 9 – 13 Uhr

Zedekias Höhle, s. Salomos Steinbrüche

Zitadelle, Davidsturm
Innerhalb des Jaffators – Tel. 283273
Museum für die Geschichte Jerusalems
Sa bis Do 10 – 17 Uhr (im Sommer bis 19 Uhr)
Fr 10 – 14 Uhr
Son et Lumière Programm
Englisch – täglich 21.30 Uhr
Hebräisch – täglich 20.30 Uhr
Französisch – Mo, Mi, Sa 22.30 Uhr
Deutsch – So, Di, Do 22.30 Uhr
Fr keine Vorführungen
Oben angegebene Uhrzeiten gelten für den Sommer, während der anderen Jahreszeiten sind alle Vorführungen eine Stunde früher. Warm anziehen.

Register

Kursiv gesetzte Seitenzahlen verweisen auf Abbildungen